金代图书出版研究

出版研究

Study on Bibliogony in Jin Dynasty

李西亚 著

中国社会科学出版社

图书在版编目（CIP）数据

金代图书出版研究／李西亚著．—北京：中国社会科学
出版社，2015.9
　ISBN 978 - 7 - 5161 - 6800 - 4

　Ⅰ.①金…　Ⅱ.①李…　Ⅲ.①图书出版—文化史—
研究—中国—金代　Ⅳ.①G239.294.64

中国版本图书馆 CIP 数据核字（2015）第 192169 号

出 版 人　赵剑英
责任编辑　罗　莉
责任校对　佳　文
责任印制　戴　宽

出　　　版　中国社会科学出版社
社　　　址　北京鼓楼西大街甲 158 号
邮　　　编　100720
网　　　址　http://www.csspw.cn
发 行 部　010 - 84083685
门 市 部　010 - 84029450
经　　　销　新华书店及其他书店

印刷装订　三河市君旺印务有限公司
版　　　次　2015 年 9 月第 1 版
印　　　次　2015 年 9 月第 1 次印刷

开　　　本　710×1000　1/16
印　　　张　18
插　　　页　2
字　　　数　308 千字
定　　　价　68.00 元

序

　　近年来，中国古代出版史研究虽然引起学者们的关注，但至今也没有一部论述金代出版史的专著问世，影响我们对中国古代出版史的完整认识。

　　实际上，在中国古代出版史中，没有金代出版史的研究，将无法形成一条完整的链条。10 世纪至 13 世纪的中国大地上并立着多个民族政权，先是与北宋并存的契丹族建立的辽朝，继而是与南宋划江而治的女真族建立的金朝。金代在文化上传承了中国传统文化，尤其是继承了辽与北宋的成就，在与辽、南宋并立的 120 年时间里，与周边各族及其政权持续不断地进行着文化交流，实现了金朝文化的逐步发展与完善，在中国北方的广大区域内，取得了出色的出版成就。早在 1940 年，郑振铎就指出金代所刻版画《四美图》："因为太精美了，有人怀疑其不是金代之作，而将其时代排后到元、明之际（14 世纪后半期）。"[①] 张博泉先生也在 80 年代指出金"平水印刷术超过北宋，而且南宋、元也不能与之相比，开后来元刻平话附图及明刻传奇附图之先声。"[②] 然而由于历史研究者中还有很多人对民族政权的文化发展存有偏见，对金代出版史没有给予足够的关注，使得金代在出版方面的贡献长期湮灭于历史的长河之中。青年学者李西亚向来勤奋好学，攻读博士学位期间，不畏艰辛，敢于攻坚，选取金代图书出版史进行探索与研究，历时四载终于写成博士论文。毕业后在此基础上写了数篇论文终成《金代图书出版研究》一书，弥补了中国古代出版史没有金代图书出版专著的缺憾，对推进中国出版史和

---

① 郑尔康：《郑振铎艺术考古文集》，文物出版社 1988 年版，第 356 页

② 张博泉：《金史简编》，辽宁人民出版社 1984 年版，第 9 页。

金代文化的研究，具有重要的学术价值。

作者立意创新，在诸多问题上提出独到见解，尤其是从金代图书出版的视角，探讨作为中国历史上少数民族政权之一的金政权对中华民族的历史文化认同，具有突出的思想价值和理论价值。关于历史上各少数民族政权对汉族历史文化的认同问题，一直受到学界同仁的高度重视，正如向燕南等人所著的《历史文化认同与中国统一多民族国家》一书中指出的，"公元 10 世纪到公元 19 世纪中叶中华民族各民族间的认同传统"，"无论是在历史认同方面，还是在文化认同方面，都有着突出表现的。"① 和大多数研究者较为趋同的是，向著也主要从心理、制度及道统等三个方面来研究历史文化认同问题。"所谓文化认同的传统，由表及里大致存在着物质、制度和思想三个层次，而最能表现主体文化情感认同意识的，则主要是在心理、制度和道统方面的认同。"② 作者在本书中也从图书出版的角度阐释了金人的民族历史文化认同问题。作者指出，金代统治者对汉文书籍的搜求与刻印，表面上来看是中原汉文化对金朝统治者的吸引，是金统治者加强统治的需要，但实质上金统治者对图书出版的认识与态度，更深层面体现的是作为统治民族的女真族对中华民族历史文化的认同。这就使得金代图书出版问题的研究，上升到了一定的理论高度。

作者能够从传播与历史的多维视角来认识金代图书出版的发展过程。从出版的视角研究出版的历史，以史学的方法研究历史的出版。站在大的历史视角下，纵向探讨了金代出版上承辽、宋，下迄元、明的历史地位与作用。横向分析了金与同时期南宋和西夏出版业之间的相互交流与影响。站在文化传播的角度考察金代图书出版与金代社会之间的关系。所有这些，均使这部著作有别于以往的出版史，具有了一个全新的研究视角。

作者用力甚勤，发掘了大量史料，钩稽贯串，爬梳分析，克服了金代出版史研究史料匮乏的困难。不仅反复查阅《金史》和金人文集笔记，还注意利用宋、辽、西夏、元和高丽等各政权的史料，注意将各个政权

---

① 向燕南等：《历史文化认同与中国统一多民族国家》，河北人民出版社 2013 年版，第 32 页。

② 同上书，第 42 页。

分散的金代图书出版的资料以剥茧抽丝的方式整理出来，分析史料背后隐藏的金代图书出版信息。如对石刻资料中墓刻碑文的解读，对《道藏》的翻阅。作者不仅注重文献资料和考古资料的搜集，还注意查阅现存的金代出版实物，分析其装帧、版式特色等等。可以说，作者在资料搜集方面投入了极大精力，举凡能够使用的资料大体搜览殆尽，极大地丰富了该书的写作内容和各方面的信息。所表现出的勤奋与对史料的考证功力，使得《金代图书出版研究》这部学术著作得以与读者见面。

作者对金代图书出版管理和家宅刻书等项作了探索性研究，并以新的史料，对《金史·艺文志》、金代刻书地点、刻书机构等进行增补，发前人之所未发，显示出作者的考证功力与见识。本书还有《金代经部书籍各类及数量统计表》等"附表"多达十篇，表现出作者对学术的执着追求和工作的认真细致。

马克思在《资本论》的法文译文中曾讲到："在科学上没有平坦的大道，只有不畏劳苦沿着陡峭山路攀登的人，才有希望达到光辉的顶点。"通过此书，可以想见作者为研究金代图书出版问题所付出的努力与艰辛。希望她能在此基础上再接再厉，在学术研究的道路上不断前行，取得更加丰硕的成果。

笔者对金代出版史并无研究，怎奈李西亚盛情邀请为其大作写上几句话，不好推辞，只好写了上面一些话，难中肯綮，尚请作者和读者诸君批评指正。

吉林大学　赵永春
2015 年 9 月

目　录

绪　　论

一　选题意义与研究范围

辽宋夏金时代正值我国出版业的黄金时期，女真人建立的金政权继承了辽与北宋已有的出版成果，并在此基础上继续向前发展，将出版业拓展到了更广阔的边疆地区。在印刷技术方面，金朝甚至超越了南宋的发展水平，"平水印刷术超过北宋，而且南宋、元也不能与之相比，开后来元刻平话附图及明刻传奇附图之先声"，① 对推动我国北方地区出版事业的发展作出了重要贡献，并对元朝的出版业产生了重要影响。因而，金代出版业的发展，在我国出版史上发挥了承前启后的作用，是中国古代出版史中不可或缺的一部分。出版作为文化事业的一部分，是文化传播的重要途径之一，金代出版业的发展在促进文化传播及金代社会发展方面发挥了重要作用，金代社会政治、经济和文化各方面成就的取得都与出版有着紧密的关系。因此，无论从出版史研究的角度，还是从金史研究的角度来看，金代图书出版研究都具有十分重要的意义。

目前学界对金代图书出版的研究还存在一些不足，主要体现在两方面。第一，前人的研究虽然取得了一些成果，但多是针对各出版环节的单独研究，没有将金代图书出版的各个环节整合起来进行系统研究。因此，将金代图书出版活动的各个环节串联起来进行全方位的整体研究是非常必要的，有助于我们更清晰地认识金代图书出版发展变化的原因、特点及其与金代社会所产生的相互影响，进一步探讨出版与社会文化发展之间的互动关系，寻找出版发展的规律。第二，前人对金代图书出版

---

① 张博泉：《金史简编》，辽宁人民出版社 1984 年版，第 9 页。

的研究仍是运用传统出版学的研究方法，使用旧的研究模式，多数文章与著作存在低水平重复现象。其原因是没有新的出版史料的发现，在研究上难于创新，这就要求在研究上寻求新的研究方法，建立新的研究体系。近年来传播学理论的引进为出版研究走出旧的范式提供了出路，将传播学理论引入出版研究是近些年新兴的研究出版现象的方法，并已有一些研究成果产生，但对于金代图书出版传播的研究目前还无人问津。本书从传播学的角度对金代图书出版进行了研究，并对以前研究相对薄弱的金代图书编纂、金代刻书地点、金代图书的流通等相关问题进行了深入研究。在展示金代图书出版全貌的同时，探析金代图书出版的特点、作用与影响。

研究图书出版首先必须明确"出版"这一概念的内涵和外延，以确定本书所研究的对象和范围。"出版"一词在不同的历史时期有不同的含义，在不同的认识视角下有不同的理解，因此，学界对于出版的定义一直没有形成统一的认识。目前主要有两要素说和三要素说。两要素说的主要观点认为，兼具复制与发行两个步骤的活动即为出版，如《世界版权公约》对"出版"的定义是："可供阅读的或视觉可以感知的著作物以有形的形式加以复制并向公众广泛发行。"即将著作物通过某种手段或技术制作出多个复制件，再将这些复制品向公众传播，就是出版。只对作品进行复制或是只对原件进行发行都不能称为出版。如我国古代，印刷术发明以前，通过手抄的方式，将著作制成多份手抄本的复制件，再拿到市场上出售，即为出版。印刷术发明以后，雕版印刷成为复制作品的主要手段。以两要素标准界定出版含义的表述有很多，不一一列举。三要素说的主要观点认为，出版是兼具编辑、复制与发行三个步骤的活动。如《大不列颠百科全书》（1973）对"出版"的定义是："对书写的著作物的选择、复制与发行。"国内很多学者也采用此说，如许力以提出："出版，是通过一定的物质载体，将著作制成各种形式的出版物，以传播科学文化和进行思想交流的一种社会活动。"[①] 全冠军认为："出版就是将知识、思想或信息产品经过加工以后，以手抄、印刷或其他一切方式复

---

　　① 许力以：《出版和出版学——中国大百科全书·新闻出版·总论》，许办以：《许力以出版文集》，中国书籍出版社 1993 年版，第 3 页。

制在一定物质载体上,并通过出售或其他途径向社会传播的活动。"① 于翠玲则认为:"著述者提供的原创文本,通过媒介(版本载体、复制技术)或中介环节(专业化的媒介机构)达到向公众发布以及扩散传播目的的行为,就是出版。"② 以上用三要素说界定的出版概念,在复制与发行这两要素之上增加了编辑要素。一般而言,两要素说代表早期的或起码的出版活动,三要素说代表成熟的出版活动。研究出版史需以三要素说作为出发点,考察历史上包括两要素在内的所有出版现象,进而探讨出版活动产生与发展的历史过程。③

现在大多数人均认同三要素说,本书也采用了这种观点,即认为出版是指对知识、信息进行加工,并复制到有形的物质载体之上,再通过此复制件将信息内容传递给众多的受众,以实现信息流通和共享的社会活动。该定义指出了出版的三个基本环节为编辑、复制与流通。但由于宋金时期的图书编辑还未完全从编纂中分离出来,仍属于图书编纂、编撰的范围,并不像现代出版社的编辑是与著述完全分离的性质。此时的出版还不是成熟的出版活动,因此,依据三要素的定义,本书中金代图书出版的研究对象主要包括金代图书的编纂、金代对图书出版的管理、金代图书的刻印、金代图书的装帧设计以及金代图书的流通与典藏,并在此研究的基础上对金代图书出版的特点、作用与影响进行分析总结。

二　研究现状

有关金代图书出版的研究虽然已有了一些成果,但主要集中于图书印刷的单项研究,忽略了图书的编纂与流通环节。一些印刷与出版的通史性著作对金代的论述也都较为简略,同时更没有一部针对金代图书出版进行专门研究的专著面世。

(一)金代图书出版发展的历史条件研究
目前学界关于金代图书出版发展的历史条件的研究可以说比较多,

① 仝冠军:《出版概念研究中的三种倾向》,《出版广角》2008年第11期。
② 于翠玲:《"出版"溯源与中国出版活动的演变》,《延安大学学报》2008年第2期。
③ 刘光裕:《中国出版史的研究对象和范围——关于编撰中国古代出版通史的基本看法》,《出版科学》2008年第3期。

凡是论及金代印刷或出版的研究均对此有所涉及，但主要是局限于金政
权所实行的文化、教育、宗教等政策的宏观层面，而且集中于探讨文化
方面的原因，经济方面的发展条件无人提及。有代表性的观点主要有以
下几种。

张秀民《辽、金、西夏金刻书简史》首次谈到金搜集宋的图书典籍
情况，可以说是对金代雕版印刷业发展原因的探析。①

张树栋等人的《中华印刷通史》在论及金代刻书事业发展的原因时
认为，金政权重视发展文化事业和图书典籍的收藏。②

李致忠在《历代刻书考述》一书中分析了金代刻书的社会背景，认
为女真文字的创制，兴学立教、尊孔读经、科举选士，乃至于大量索取
宋刻图籍板片，烘托起了刻书业发展的文化氛围。③

冯方的《辽金刻书业的发达及其原因》一文对金代刻书业发达的原
因论述较为全面，大致有以下四个方面：（1）仰慕唐宋汉文化，统治者
大力提倡；（2）金统治者设立学制及科举取士，皆重视儒教；（3）统治
者提倡佛教、道教；（4）通过战争，大肆掠夺宋的财富，外加书籍、刻
书板片及能工巧匠。所侵占宋的北部地区，又多为汉人，这些亦成为金
刻书发达不可缺少的条件。④

（二）金代图书出版管理研究

目前学界对于金代图书出版的管理问题关注的并不多，研究成果只
是集中于对在平水所设的出版管理机构的考证上。

目前学界认为金在平水设立了当时唯一的出版管理机构，有关这方
面的论述，最早的论断出自清代钱大昕《钱氏日钞·跋〈新刊礼部韵
略〉》，钱氏认为金于平阳设有刻书机构，其官职为"书籍"，平水书坊主
王文郁曾任此职。元朝设于此的经籍所是"因金之旧"。⑤ 这是最早关于

① 张秀民：《辽、金、西夏刻书简史》，《文物》1959 年第 3 期。
② 张树栋等：《中华印刷通史》，台北：财团法人印刷传播兴才文教基金会 2004 年版，第
246 页。
③ 李致忠：《历代刻书考述》，巴蜀书社 1990 年版，第 151—155 页。
④ 冯方：《辽金刻书业的发达及其原因》，《古籍整理研究学刊》1994 年第 2 期。
⑤ 杨绍和：《楹书隅录》卷 3，续修四库全书编委会编：《续修四库全书》，上海古籍出版
社 2002 年版，史部目录类，第 926 册，第 589 页。

金代出版管理机构的论述，此结论一直沿用至今。

留庵编纂《中国雕版源流考》① 把元朝太宗八年（1236）六月"立经籍所于平阳"（平水也称平阳，详见后文）。误作为金太宗八年之事。1925 年卡特在《中国印刷术的发明和它的西传》② 一书中也将元太宗八年立经籍所一事误认为发生于金代。此后这一误读还被一些著作沿用，如张秀民著《中国印刷史》，肖东发主编《中国编辑出版史》③，谢灼华主编《中国图书和图书馆史》④，高信成著《中国图书发行史》⑤ 等。

北京图书馆编写的《中国版刻图录》⑥ 一书也认为平水私人开设的书坊很多，因此金元两朝政府都在当地设立了管理书籍出版的机构。

张博泉在《金代经济史略》⑦ 一书中也承认金在平水设有专门出版机构，并对其职责进行了初次定性，认为这一机构负责管理当地的民营书坊和书铺。

李晋林在《金元时期平水刻版印刷考述》一文中对平水所设书籍管理机构从两方面进行了较为深入的探讨，首先进一步对钱大昕的观点进行论证，再次确认平阳所设机构的职官名应为"书籍"，金代平水书坊主王文郁曾任这一官职。其次对这一机构的性质和职责进行了推测，认为其与其他官方手工业管理机构类似，"负责平阳当地官方和民营雕版手工业的管理和税收"⑧。

从以上研究成果可以看出目前学界均认为金于平水设有刻书管理机构，但是其论据还不够充分，对于这一机构的性质和职责也只是进行了推测，并未形成确切的结论，所以对平水刻书管理机构的设置及其性质问题还需进一步探讨。而金代统治者对图书出版的态度、金代其他图书出版管理机构及相关出版管理措施等问题还无人问津，这也为本书的研究留下了较大的拓展空间。

① 留庵：《中国雕版源流考》，商务印书馆 1918 年版。
② ［美］卡特：《中国印刷术的发明和它的西传》，胡志伟译，商务印书馆 1968 年版。
③ 肖东发：《中国编辑出版史》，辽宁教育出版社 1996 年版。
④ 谢灼华：《中国图书和图书馆史》，武汉大学出版社 2005 年版。
⑤ 高信成：《中国图书发行史》，复旦大学出版社 2005 年版。
⑥ 北京图书编：《中国版刻图录》，文物出版社 1961 年版。
⑦ 张博泉：《金代经济史略》，辽宁人民出版社 1981 年版。
⑧ 李晋林：《金元时期平水刻版印刷考述》（上），《文献》2001 年第 2 期。

（三）金代图书的编纂与翻译研究

1. 明末清初对金代图书编纂概况的统计与研究

关于金代图书编纂情况的研究最早应从清初《金史·艺文志》的编撰开始，由于元人编写的《金史》无艺文志，金代图书的著述情况一直不明，直到明末清初才有人开始对金代艺文状况进行整理，相继问世了六种金代艺文志，倪灿和卢文弨的《补辽金元艺文志》（金代部分）、金门诏的《补三史艺文志》（金代部分）、纪昀的《钦定续文献通考经籍考》（金代部分）、钱大昕的《补元史艺文志》（金代部分）、龚显曾的《金艺文志补录》和孙德谦的《金史艺文略》。龚显曾的《金艺文志补录》采录《全金诗》《四库书目提要》《中州集》《归潜志》《国史经籍志》《经义考》《爱日精庐藏书志》等各书中记载的金人撰述，并以倪灿、金门诏两种三史补志和钱大昕《补元史艺文志》所附辽金部分著录图书，补其缺略，以成此志。分四部40类，著录书籍451种。孙德谦的《金史艺文略》采录金人著述，共有409种。大部分加以考证，并标注出处。今人杨家骆编有《新补金史艺文志》，在汇集以上六部艺文志基础上，增收清代黄虞稷的《千顷堂书目》。

庄仲方的《金文雅》是最早的金代诗文总集，全书16卷，共选入80人的作品，包括赋、五言古诗、七言古诗、诏令、册文、奏疏等27类，卷首有作者的生平简介。张金吾《金文最》[①]搜集有金一代之文成120卷，所收金文远远超过《金文雅》，全书包括赋、骚、册文、制诰、策问、奏疏、铭等42类。陈衍《金诗纪事》是一部金人的诗评汇编，共16卷，专收金人"有事之诗"，涉及180余人。此书采用传统的诗纪事形式，汇集了比较丰富的资料。此书现有今人王庆生增订本[②]，增补240人的作品。这两部金代诗文选集，为了解金代著述情况提供了丰富的资料。

以上成果主要是对金代图书的种类、数量与内容的整理和辑佚，较少对其进行评述，这种情况在新中国成立以来学界对金代图书编纂的研究方面得到了改变。

---

① （清）张金吾：《金文最》，中华书局1990年版。
② 陈衍辑撰，王庆生增订：《金诗纪事》，上海古籍出版社2003年版。

2. 新中国成立以来对金代图书编纂的综合性研究

新中国成立以来，金史研究的范围日益扩大，金代图书的编纂问题也逐渐被纳入到一部分学人的视野之中。与明末清初之季仅关注金代图书种类与数量所不同的是，当代金史研究者更多的是开始注重金代图书内容的研究，并增加了分析述评的内容。总的来看，这方面的研究成果可分为两类，一类是从金代文化成就的角度进行论述；另一类是从图书编撰角度进行的研究，下面分别从这两方面进行介绍。

张博泉先生在 20 世纪 80 年代初出版的《金史简编》一书中，曾专辟"金朝文化"一章对金代的文学、哲学和史学、科技和医学成就做了全面的论述，并对各学科有代表性著述的编纂情况及其内容进行了较为详细的介绍。① 何俊哲等人的《金朝史》② 和李桂芝的《辽金简史》③ 在总结金代史学和文学编纂成就的基础上，对所涉及的各类著述也进行了较为具体的介绍。周惠泉的《金代文学研究》一书，则针对金代文学方面的 16 种著述进行了评介。④ 刘时觉的《金代医籍年表》一文，著录了现存的从 1127 年到 1279 年间北方医学古籍，并分别列出每部图书的成书时间、作者、卷数和刊行时间。⑤ 宋德金所著《中国历史·金史》一书在金代科技成就一编中对金代语言文字、儒学、史学、文学以及自然科学与医学成就进行了全面梳理，涉及各学科著述的编纂情况，特别是对金代史学编纂情况进行了较为详细的论述。⑥ 齐木德道尔吉的《辽夏金元史征·金朝卷》一书，则在阐述金代的文学、戏曲及史学成就时涉及了相关著作，但该书主要以罗列史料为主，较少对图书内容等问题进行评论。⑦

曹之的《中国古籍编撰史》一书，主要是对金朝官修经史和编撰家及其编纂事例进行了介绍。⑧ 其还在《辽金元图书编撰考略》一文中从官

① 张博泉：《金史简编》，辽宁人民出版社 1984 年版。
② 何俊哲等：《金朝史》，中国社会科学出版社 1992 年版。
③ 李桂芝：《辽金简史》，福建人民出版社 2001 年版。
④ 周惠泉：《金代文学研究》，文津出版社 2000 年版。
⑤ 刘时觉：《金代医籍年表》，《中医药学报》2004 年第 6 期。
⑥ 宋德金：《中国历史·金史》，人民出版社 2004 年版。
⑦ 齐木德道尔吉：《辽夏金元史征·金朝卷》，内蒙古大学出版社 2007 年版。
⑧ 曹之：《中国古籍编撰史》，武汉大学出版社 1999 年版。

修书、私人著书、图书内容、编撰形式等方面论述了金图书编撰的成就，并介绍了官方的修书机构，主要有国史院、详校所、详定所和译经所等。① 张树栋等著的《中华印刷通史》一书，考察了金代所刻书籍在编纂形式和版本类型方面新的发展变化，认为在金代出现了比较多的对某些原有刻本的新版本，或对经、史著作的注解、摘要。② 郭阳、高万丽的《论宋辽夏金元时期的历史编辑》一文则对金代历史编撰情况进行了简要介绍，并指出金代史学编撰兴盛，是金朝习染汉风的缘故。③

3. 对金代图书翻译问题的研究

金代女真人创制了自己的文字，并用女真文翻译了大量汉文经史书籍，关于金代书籍的翻译研究有张秀民的《辽、金、西夏金刻书简史》，首次论及金代书籍翻译机构，并统计了金代翻译经史书籍的数量共 15 种。莎日娜的《辽金元时期儒家经典图书的编译及出版》一文则主要介绍了金对儒家经典图书的出版编译情况。④ 何宛英的《金代史学与金代政治》一文认为金代翻译史籍体现了女真人对汉文化的认同。⑤ 杨军的《女真语、汉语与女真文化》⑥ 一文指出金世宗用女真文翻译汉文经史，其本意为提倡女真文化，但事实上却起了相反的作用，促进了汉文化的传播。

综合以上内容可以看出，目前对金代图书编纂与翻译问题的研究取得了一些成果，但也存在着一些问题。具体表现在：一是对金代编纂图书的种类与数量的统计还不够全面，仍有一些遗漏；二是对于金代图书翻译的研究还较为宏观，对于图书翻译机构的设置、翻译图书的种类及其影响等方面还少有人问津。

① 曹之：《辽金元图书编撰考略》，《图书馆工作与研究》2000 年第 1 期。
② 张树栋、庞多益、郑如斯：《中华印刷通史》，印刷工业出版社 1999 年版。
③ 郭阳、高万丽：《论宋辽夏金元时期的历史编辑》，《河南社会科学》1997 年第 4 期。
④ 莎日娜：《辽金元时期儒家经典图书的编译及出版》，《内蒙古大学学报》1997 年第 1 期。
⑤ 何宛英：《金代史学与金代政治》，《北京师范大学学报》1998 年第 3 期。
⑥ 杨军：《女真语、汉语与女真文化》，韩世明主编：《辽金史论集》（第 10 辑），中国社会科学出版社 2007 年版。

（四）金代刻书研究

1. 对金代刻书地点的研究

最早对金代刻书地点进行研究的是张秀民 1959 年发表的《辽、金、西夏刻书简史》一文，通过考证后张秀民认为，"金代十九路中有刻书地点可考的共九路"，刻书中心有中都、南京、平阳①和宁晋四处。② 张先生的这一结论，基本上为后来的学者所沿用。如李致忠的《古代版印通论》③《历代刻书考述》④《中国出版通史·宋辽夏金元卷》⑤ 等著述，均采用此说。

2. 对金代刻书系统的研究

我国古代刻书系统一般分为官方刻书、私人刻书、寺院和宫观刻书三大系统，官刻指中央和地方各官署的刻书，私人刻书包括坊肆刻书、家宅刻书。目前对于金代刻书系统的研究主要集中于中央和地方官署刻书、坊肆刻书和寺院宫观刻书三个方面，还没有家宅刻书的研究成果。

（1）对官方刻书的研究

1935 年张秀民在《金源监本考》⑥ 中第一次对金国子监刻书进行考证，指出金代国子监刻书可与宋国子监媲美。具体考证出金国子监印本 33 种，以及疑似国子监刻本的女真字译本 15 种。1959 年张秀民又于《辽、金、西夏刻书简史》⑦ 中指出金代官方刻书机构除国子监外，还有史馆也参与刻书。

李致忠的《历代刻书考述》⑧ 叙述了金代官方刻书概况，指出金代官方刻书首推国子监，在金国子监设立之前，北宋汴京旧监仍在刻书，可视为金代国子监刻书的序幕。另外又指出《地理新书》和《东狩射虎赋》也是金国子监所刻，并推测金的官方刻书机构还有弘文院、秘书监、史

① 平阳也称平水，详见下文。
② 张秀民：《辽、金、西夏刻书简史》，《文物》1959 年第 3 期。
③ 李致忠：《古代版印通论》，紫禁城出版社 2000 年版。
④ 李致忠：《历代刻书考述》，巴蜀书社 1990 年版。
⑤ 李致忠：《中国出版通史·宋辽西夏金元卷》，中国书籍出版社 2008 年版。
⑥ 张秀民：《金源监本考》，《图书季刊》1935 年第 1 期。
⑦ 张秀民：《辽、金、西夏刻书简史》，《文物》1959 年第 3 期。
⑧ 李致忠：《历代刻书考述》，巴蜀书社 1990 年版。

馆等。此后李致忠先生还出版了《古代版印通论》①和《中国出版通史·宋辽西夏金元卷》，基本沿续《历代刻书考述》中的结论。

对金代官方刻书机构和所刻书籍进行论述的成果还有很多，但都没有超越以上两部著作的研究结论，因此这里不一一赘述。

以上对金代官刻的研究中还有一些问题需要进一步探讨，如对于官方刻书机构的考证还不全面，官方刻书的数量、特点及作用等问题的分析还无人论及，都有深入研究的必要。

（2）对书坊刻书的研究

由于金代平水为书坊中心，所以对金代坊刻的研究也大多集中于对平水书坊的研究。平水是金代的主要刻书中心之一，学界对金代刻书地点的研究基本上是围绕着平水的相关问题而展开，具体来讲主要有以下几个方面。

第一，关于平水名称及其地理位置的研究。

平水也称平阳，其原因于霞裳在《金元时期平水印刷业初探》②一文中有所探讨。于霞裳认为："平水板书籍的刻印早在金平水县设置之前，故'平水'并非取义于县名。因'平阳府倚郭有平水，是平水即平阳也'。故金人刻书不称平阳而称平水。"在这里，于先生否认了先前有人提出的"平水"一名取自平水县的说法，认为平水名称的由来是因为平阳府附近有一条被称为"平水"的河流，所以金朝人向来称平阳所刻之书为平水板书籍，因而平水也就成了平阳的另一称呼。刘纬毅的《山西古代刻书考略》③一文则认为，由于山西临汾在平水之阳，故古称平阳，又作平水，并得出了平水即今山西临汾的结论。

至于平水的准确地理位置，学界目前基本形成统一认识。最早是刘国钧在《中国书史简编》④一书中提出：金代刻书中心在平水，而平水就是现在山西的洪洞和赵城县。毛春翔《古书版本常谈》⑤一书则认为，"平水在今山西境内，据说其地当在今新绛县境。"后张承宗在《金代刻

---

① 李致忠：《古代版印通论》，紫禁城出版社 2000 年版。
② 于霞裳：《金元时期平水印刷业初探》，《山西师范学院学报》1958 年第 2 期。
③ 刘纬毅：《山西古代刻书考略》，《山西大学学报》1979 年第 2 期。
④ 刘国钧：《中国书史简编》，高等教育出版社 1958 年版。
⑤ 毛春翔：《古书版本常谈》，中华书局 1962 年版。

书中心平水考辨》① 一文中则通过考证得出金代"平阳府"为今天的临汾、平水为"今山西临汾一带"的观点，否定了以上"平水在洪赵一带"及"平水在今新绛县"的两种说法。李晋林在《金元时期平水刻版印刷考述》② 一文中进一步论证了张承宗的观点，认为平水非金平水县，而是山西临汾的别名，又由于历史上临汾曾称平阳县，故"平水"指的就是金的平阳。宋德金在其论著《金史》③ 一书中也认为平水即山西临汾，别称平水，以城南有汾水支流平水而得名，故所刻书籍称"平水板"。另外如魏隐儒在《古籍版本鉴定丛谈》④ 一书中也对张承宗的观点表示了认同。

由上可知，不论平水因何而得名，平阳和平水均指一地已成为了大家的共识，大多数学者同意平水即现在山西临汾的观点。

第二，关于平水成为金代刻书中心原因的研究。

清代版本学家叶德辉在《书林清话》⑤ 一书中撰有"金的平水刻书之盛"一文，指出金代平水汇集了众多的书坊，成为金代坊刻最集中的地区，形成这一状况的原因是"金源分割中原不久，乘以干戈，惟平水不当要冲，故书坊时萃于此"，即平水地区不是军事要地，很少受到战争的破坏，社会环境安定，因此书坊业在这里发展起来。

王欣夫在《文献学讲义》⑥ 中也认为平水环境较为安定，北宋的文人和刻工为了躲避战乱大多迁居到这里，政府鉴于这种情况便在平水设立了刻书管理机构。

于霞裳在《金元时期平水印刷业初探》中补充钱大昕的观点，分析平水成为金代刻书业中心其原因有三："第一，受北宋的影响，河东南路在北宋时已兴起刻书之风；第二，具备雕版印刷所需要的木、纸、墨等物质条件；第三，平阳非兵家要地，得以休息恢复。"⑦

①　张承宗：《金代刻书中心平水考辨》，《苏州大学学报》1982 年第 2 期。

②　李晋林：《金元时期平水刻版印刷考述》（上），《文献》2001 年第 2 期。

③　宋德金：《金史》，人民出版社 2004 年版。

④　魏隐儒：《古籍版本鉴定丛谈》，印刷工业出版社 1984 年版。

⑤　（清）叶德辉：《书林清话》卷 4，中华书局 1957 年版，第 89 页。

⑥　王欣夫：《文献学讲义》，上海古籍出版社 1986 年版。

⑦　于霞裳：《金元时期平水印刷业初探》，《山西师范学院学报》1958 年第 2 期。

　　张博泉在《金代经济史略》①一书中指出平水阳印刷业发达的原因有以下两点：第一，金代山西南部因受战争创伤最轻，对生产的破坏也较小，经济环境相对安定；第二，具备印刷业发展的良好物质条件，如平水当地盛产刻版所用的枣木和梨木，重视造纸所用的原材料竹子的种植，以及具有优越的造墨条件等。

　　张承宗在《金代刻书中心平水考辨》②一文中根据杨守敬的手跋"考金元之世，平阳立经籍所，故一时书坊印板，麇集于此"，指出平水刻书发达的另一种原因是金在平阳设立了"经籍所"，这一刻书管理机构的设置，吸引了大多数书坊汇集到平水经营。

　　李致忠在《历代刻书考述》③中综合了张博泉与张承宗两人的观点，认为平水社会环境安定，又拥有丰富的印刷物质条件，再加上官书局的带动，是促使平水成为金代刻书中心的原因。

　　李晋林《唐宋时期山西刻版印刷史考述》④一文分析指出宋时的山西具备了刻版印刷业发展所需的政治、经济、文化环境和物质资源，认为山西的刻版印刷事业有着得天独厚的优势和历史条件，也为金元时期山西平水刻版印刷业进入辉煌阶段做了有力注脚，驳正了学术界流行的"平水本"外来之说。

　　以下是平水书坊的研究成果介绍。

　　清代版本学家叶德辉在《书林清话》⑤一书中根据各家藏书目录考证出金平水书坊共有 7 家，所刻书籍可考的有 13 种，这是对金代坊刻最早进行研究的著作。张秀民在《辽、金、西夏刻书简史》中考证出平水 4 家书坊及其所刻书籍，并在其后来的《中国印刷史》一书中又对平水书坊所刻书籍有进一步补充。张博泉在《金代经济史略》一书中对金代平水刻书有较高的评价，认为"平水印刷术超过北宋，而且南宋、元也不能与之相比，开后来元刻平话附图及明刻传奇附图之先声"。⑥王欣夫在

　　①　张博泉：《金代经济史略》，辽宁人民出版社 1981 年版。

　　②　张承宗：《金代刻书中心平水考辨》，《苏州大学学报》1982 年第 2 期。

　　③　李致忠：《历代刻书考述》，巴蜀书社 1989 年版。

　　④　李晋林：《唐宋时期山西刻版印刷史考述》，《山西师大学报》（社会科学版）1999 年第 1 期。

　　⑤　《金时平水刻书之盛》，（清）叶德辉：《书林清话》卷 4，中华书局 1957 年版。

　　⑥　张博泉：《金代经济史略》，辽宁人民出版社 1981 年版。

《文献学讲义》① "金代平阳刻书的盛况"中认为平水刻书业的繁荣不亚于同宋的浙、蜀、闽三省，并针对叶德辉的研究又补充了12种平水所刻的书籍。漆侠、乔幼梅著《辽夏金经济史》② 一书对金代平水坊刻情况进行了叙述与评价，认为金代雕版印刷业相当繁荣。李晋林在《金元时期平水刻版印刷考述》③ 中统计了现在所知的金平水刻本，现存实物加上见于文献记载的总数为24种，刻坊共10家。戚福康在《中国古代书坊研究》④ 中估计金代平水有书坊20家以上，书坊刻书在数量、种类和某些书籍的装帧设计方面超过了已经较为发达的官刻。张树栋等著的《中华印刷通史》⑤ 讨论了金代坊肆的特点，认为金代的书坊从内容到形式，注意多出版印刷大众喜闻乐见的书籍，以满足群众的需要，也便于营利。图书内容品种丰富多彩，对于活跃书籍市场，传播知识、发展学术和提高社会文化水平，具有重要意义。

以下是对其他地区书坊的零星研究。

张秀民在《辽、金、西夏刻书简史》中考证出金代书坊还有汴梁书坊刻《如庵小稿》、宁晋荆氏书坊刻《五经》等书和太原刘氏书坊《伤寒直格》。后人的研究均遵从张秀民先生的观点，不一一列举。宋德金在《金史》⑥ 中认为金太宗、熙宗年间，女真"内地"民间已有刻书作坊。

综上可见，对金代书坊的研究主要集中于对平水书坊的研究，对平水以外各地书坊还缺少足够的重视。并且对平水书坊的研究也主要集中于对平水书坊的名称、数量和所刻书籍的考证，对于书坊的经营管理状况较少涉及，目前也只有一部著作对金代书坊刻书及经营特点进行了论述。

（3）对寺院与宫观刻书的研究

张秀民在《辽、金、西夏金刻书简史》中论及金代佛经的刊刻时指出金代崇佛，大寺庙成为大地主和高利贷者，因此有钱刻经来宣扬佛法。张秀民还在该书中对金代宫观刻印道藏的情况进行了考证，指出亳县太

---

① 王欣夫：《文献学讲义》，上海古籍出版社1986年版。
② 漆侠、乔幼梅：《辽夏金经济史》，河北大学出版社1994年版。
③ 李晋林：《金元时期平水刻版印刷考述》（上），《文献》2001年第2期。
④ 戚福康：《中国古代书坊研究》，商务印书馆2007年版。
⑤ 张树栋、庞多益、郑如斯等：《中华印刷通史》，印刷工业出版社1999年版。
⑥ 宋德金：《金史》，人民出版社2006年版。

清宫印过《道藏》，中都天长观刻有《大金玄都宝藏》。

金代寺院雕印了一部《大藏经》，1933 年在山西赵城广胜寺首次发现了这部《金藏》的原本，这是迄今为止发现的数量最多的金代出版实物。因为金代刻本流传下来的实物较少，所以《赵城金藏》引起了学界的广泛关注，对金代寺院刻书的研究也主要集中在对《金藏》的研究上。

1935 年蒋唯心发表了《金藏雕印始末考》①，将其对《金藏》的研究成果公之于众，蒋唯心在对《金藏》内容仔细研读的基础上，结合史料记载考证了《金藏》的刻印始于皇统九年（1149），到大定十三年（1173）完成，刻印佛经的发起者为崔法珍，刻印地点为山西解州天宁寺，并分析了《金藏》的版式和装帧。

李富华《〈赵城金藏〉研究》② 一文重新考证，认为《赵城金藏》最早的刻印时间是天眷二年（1139），否定了蒋唯心所说的皇统九年（1149）。

何梅在《赵城金藏的几个问题》③ 一文中通过对《赵城金藏》的进一步考察和研究，指出《金藏》的开刻时间仍是蒋唯心考证的皇统九年（1149），否定了李富华所说的刻于金天眷二年（1139）的观点，还在文中指出了《赵城金藏》中同本异译经的排序有错误及错误产生的原因。

张德光在《关于赵城〈金藏〉研考中几个问题的商榷》④ 一文中据山西绛县现存元大德元年（1297）《雕藏经主重修太阴寺碑》的记载，分析指出《金藏》是由天宁寺寔公法师和崔法珍大师二人先后主持完成的，补充了前人认为《金藏》由崔法珍一人募刻的说法，并指出《金藏》的雕印，是依赖平水成熟的雕印技术完成的。

综上可以看出，目前关于金代刻书系统的研究还不全面，对金代家宅刻书的研究还无人问津，对于各刻书系统的专门研究中也还存在盲点，有些问题需要进一步的深入探讨。

（五）金代图书的装帧设计

张秀民的《中国印刷史》对金代图书所用字体、简化字、避讳及装

---

① 蒋唯心：《金藏雕印始末考》，支那内学院 1935 年版。
② 李富华：《〈赵城金藏〉研究》，《世界宗教研究》1991 年第 4 期。
③ 何梅：《赵城金藏的几个问题》，《中国典籍与文化》2008 年第 3 期。
④ 张德光：《关于赵城〈金藏〉研考中几个问题的商榷》，《文物世界》2006 年第 1 期。

式等进行了考论，指出金本中已经大量使用简化字。李致忠《古代版印通论》对现存金代刻本的版式进行了介绍。以往的研究对金代图书版式的描述与介绍都比较详尽，不足之处在于没有探讨其与图书传播的关系，也就不能发现这一环节与实现出版目的的关系。

（六）金代图书流通研究

图书流通是图书出版的最后一个环节，也是图书社会价值得以实现的关键步骤，但由于人们对此关注不够，所以金代图书流通的研究成果并不多。以下为有关金代图书流通的主要著作。

张秀民在《中国印刷史》中首次论及金代图书的流传，指出西夏曾向金购买儒、释书籍，宋流向金的书籍多，而金流向宋的则较少，现知由金入宋的图书有《宋徽宗谢表》《释书品次录》。郑士德著《中国图书发行史》① 从图书发行的角度对金代书坊的经营策略和金代图书市场热销的图书种类进行了考察。该书指出中都书坊印卖考试参考书；平阳书坊印卖小说、戏剧唱本、年画、医书、类书；宁晋书坊印卖儒家经典。书坊的经销之道在于，刊刻书籍适销对路，刻印精美，定价低廉，薄利多销。金代图书市场长销书有热销燕京的北宋名人诗文集，此外还有年画和谢表等。该书还指出藏书家的收藏对书籍流通的影响。来新夏在《中国图书事业史》② 中也谈到金代书籍与南宋之间的流通。陶晋生《女真史论》一书中关于金宋间书籍交流的方面采用了张秀民的研究成果，同时还进行了补充，认为王若虚的《经史辨惑》一书曾流到南宋。③ 程千帆、徐有富撰《校雠广义·典藏编》④ 中通过对金孔天监《藏书记》一文内容的分析指出，金时图书流通思想已经深入人心，并在社会上产生了广泛的共识与影响。

以下为有关金代图书流通研究的主要论文。

---

① 郑士德：《中国图书发行史》，高等教育出版社 2000 年版。
② 来新夏：《中国图书事业史》，上海人民出版社 2009 年版。
③ 陶晋生：《女真史论》，台北：食货出版社 1981 年版，第 125 页。
④ 程千帆、徐有富撰：《校雠广义·典藏编》，《程千帆全集》卷 4，河北教育出版社 2000年版。

刘浦江在《文化的边界——两宋与辽金之间的书禁与书籍流通》①一文论述了宋金之间通过榷场贸易与走私贸易两个渠道进行的书籍流通情况，并对参与流通的具体书籍进行了考证，文中还反驳了陶晋生关于王若虚著作传入南宋的观点，并指出金初期对南宋实行书禁政策。甄士龙《薛史的亡佚与金朝的禁书》②一文认为金朝对《旧五代史》的禁用与《旧五代史》的亡佚有关，并推测金朝禁用《旧五代史》是为了尊崇欧阳修。薛瑞兆《论金国与南宋之间的艺文交流》③一文对金宋之间艺文交流的渠道和参与流通的书籍进行了详细考证，指出金与南宋之间艺文交流的渠道有移民携带、谍人窃取和榷场买卖。孙丽军《金代的图书事业》④一文也涉及了一些金代图书流通情况。

从上面的介绍可以看出，目前学界对金代图书流通的研究只注意金与周边政权之间的图书交流，未能对金政权内部的图书流通进行考论。即使是对金与周边政权的图书交流的研究，也只谈到金与南宋之间图书流通，未涉及金与西夏以及金与蒙古之间的图书流通情况。关于图书流通对图书出版的影响及对金代社会的影响也几乎无人论及。

综上所述，金代图书出版的研究还存在盲点，如金对图书出版的管理，金代家宅刻书状况，金政权内部的图书流通方式，金的图书向西夏、蒙古的流通，金代图书出版与金代社会之间的互动关系等，这些都值得我们进行深入探讨和研究。

三　研究思路及研究方法

1. 研究思路

本书除绪论外共分七章，现将每章的大体写作思路论述如下。

首先是绪论，这部分介绍本书的选题意义，梳理学术界的研究现状，总结目前研究存在的不足，并阐述本书的研究思路与方法。

第一章是金代出版业发展的历史条件与概貌。出版的发展受社会经

---

① 刘浦江：《文化的边界——两宋与辽金之间的书禁与书籍流通》，载张希清等主编《10—13世纪中国文化的碰撞与融合》，上海人民出版社2006年版，第138页。

② 甄士龙：《薛史的亡佚与金朝的禁书》，《书品》2005年第1期。

③ 薛瑞兆：《论金国与南宋之间的艺文交流》，《民族文学研究》2007年第1期。

④ 孙丽军：《金代的图书事业》，《图书馆建设》2003年第1期。

济、政治和文化的影响，因此，在这章中主要对金代出版发展的各方面原因进行论述。首先，探讨金代统治者对图书出版的重视，这是金代出版得以兴起的重要原因。金在与辽、宋战争中大量搜集图书典籍及刻书板片，迁北宋雕刻工人入金等措施，为金代图书出版业的发展奠定了前期的物质和技术基础。其次，探讨金代经济发展对图书出版业的推动。主要论述手工业、商业和榷场贸易中图书交换对出版业发展的带动。最后论述金代文教事业的勃兴对图书出版业的促进。在本章中还将对金代图书出版发展概貌进行介绍，对整个金代的图书出版情况进行分期，以期呈现金代图书出版的大致面貌。

第二章是金代对图书出版的管理。本章主要探讨金代对图书出版采取的管理措施。首先，对图书出版的管理机构进行论述，主要考察图书出版机构的设置与职能等情况。其次，从对出版活动的导向与限制两方面阐述金代的出版管理措施。

第三章是金代图书的编纂。这里的编纂主要指图书的著述过程和刻版之前对图书的校勘整理。图书编纂是图书出版的前提，没有图书的编纂，出版将成为无源之水，无本之木。金有国120年，图书纂述的成果是非常丰富的，虽然由于诸多原因，流传到今天的金代图书已经为数不多，但从相关记载当中我们仍可看出金代图书编纂的兴盛。本章中将从经、史、子、集四个方面讨论金代图书编纂情况，对具有代表性的图书编纂过程简要介绍。同时在本章中笔者还将对前人所撰《金史·艺文志》进行整理，并将对其进行补录。

第四章是金代的刻书。本章主要对刻书地点与刻书系统两个问题进行深入探讨。首先，对金代刻书地点进行研究。明确金代有哪些地方参与刻书，对于从空间上认识金代出版的发展具有重要意义。这一部分主要通过考证补充前人的研究成果，新增金代刻书地点8处。

其次，对金代刻书系统进行论述。金代的图书刻印系统分为官方刻书、私人刻书、寺院和宫观刻书三大部分。官方刻书主要指中央和地方各官署的刻书，私人刻书包括坊肆刻书、家宅刻书等。在官方刻书中主要对以国子监为代表的各刻书机构的刻书内容和刻书特点进行论述。在书坊刻书中，考察各地书坊及其刻书情况，特别对金平水成为坊刻中心的原因进行分析，对平水出版管理机构问题进行探讨。家宅刻书是金代出版研究中较为薄弱的地方，目前学界还无人论及，笔者在搜集资料的过程中发现金代家宅刻书情况较多，也较有特点，是值得深入挖掘的。因此，本章将重点对金代家宅刻书的目的、刻书方式、所刻书籍品种、数量等进行考论。对于寺院和宫观刻书则主要考察寺院与宫观发展对刻书的需求与促进，并对其刻书的经费来源进行分析。

第五章金代图书的装帧设计。本章针对金代图书的字体、行格、字号、避讳、简化字及插图与装式等进行介绍，总结金代出版在外观形式上的特点，分析其与金代文化及与宋代出版的关系。

第六章是金代图书的流通与收藏。这一章将对金代图书的流通方式、图书收藏对图书流通的影响进行论述。图书流通是图书作为精神产品实现其社会价值的重要环节，也是图书出版目的得以实现的关键步骤。金代图书的流通方式多样，有学校教材的颁发与使用、政府的搜求与赐赠、国内市场中的图书买卖、民间的赠送与传抄、与周边政权的图书交流等。本章欲考察这些方式下图书流通的具体情况。本章还欲从藏书观的进步、藏书风气的高涨以及藏书群体的增加等几方面来揭示图书收藏对图书流通的影响。

第七章是金代图书出版的特点、作用与影响。本章将从特点、作用和影响几方面对金代出版进行综合分析。在金朝统治的120年中，中国北方的出版业取得了不菲的业绩，甚至有的是具有开创性意义的。作为少数民族政权下的出版业，呈现了其显著的发展优势与独有的特色。本章还将分析图书出版对金代文化教育的发展、对女真人汉化以及对元代图书出版的影响等问题。

2. 研究方法

（1）在研究方法上改变以往孤立的研究模式，将出版放到大的社会背景下进行研究。出版作为文化的一部分，与社会的政治经济文化之间是一个互动的关系。出版的发展受到政治、经济及文化环境的制约，反过来出版也对政治和文化发挥着反作用。因此，研究出版活动不能脱离社会这个大环境，同时也要看到出版对其生存发展环境的影响。本文在分析各种出版活动及出版现象时，既要研究其产生的政治、经济、文化根源，同时也要分析出版对当时社会产生的各种影响。

（2）出版史是历史学与出版学、传播学、经济学的交叉学科，因此若要科学地研究金代出版史必须综合运用历史学、出版学、传播学、经济学的研究方法对金代图书出版进行探讨，才能全面准确地认识金代出版活动的本质。

（3）出版既是一种文化活动，同时在商品经济条件下又是一种商业活动，其发展变化离不开经济规律的指引，因此，在本书的研究中要充分利用文化史的研究方法、经济学的相关原理来分析金代的各种出版活动。

第一章

金代图书出版发展概貌

金朝是由兴起于我国北方的少数民族女真族建立的政权，其与南宋划淮河而治，统治我国淮河以北的广大地区近一百二十余年。在这一个多世纪的时间里，金政权实现了政治、经济、文化等各方面的快速发展，带领我国北方的各族人民共同创造了有金一代的灿烂文化。作为众多文化活动之一的图书出版也获得了较大发展，迎来了新的发展契机。不仅在山西等地产生了新的出版中心，在出版技术方面也有了进步，出版业扩展到我国北部边疆地区，既丰富了我国古代出版史的内容，也为后来元代出版的发展奠定了坚实的基础。列宁曾经指出："在分析任何一个社会问题时，马克思主义理论的绝对要求，就是要把问题提到一定的历史范围之内。"① 这就要求我们只有将金代出版置于当时特定的社会历史环境下进行考察，认真分析影响出版活动的社会环境，包括政治、经济、文化、技术、地理等诸多因素，才会发现金代出版业发展与繁荣的主要原因所在。金代图书出版能在较短的时间内取得丰硕的成果应该说是当时的社会历史条件发展的产物，本章将探讨影响金代图书出版发展的社会环境及主要影响因素，并对金代图书出版的主要发展阶段进行概述。

第一节　金代图书出版业发展的历史条件

任何事物的发展过程都不是孤立的，是在诸多因素的相互作用下完

---

① 中共中央马克思恩格斯列宁斯大林著作编译局编：《论民族自决权》，《列宁选集》卷2，人民出版社 1960 年版，第 512 页。

成的。金代图书出版业的发展具有了较为有利的历史条件，首先是统治者的重视与支持奠定了其发展的基础。统治者采取的措施使金代出版得以继承辽与北宋原有的出版成果和技术条件，具有起点较高的优势，自然发展起来速度也会较快。其次，在出版已成为一种商业活动的情况下，金代商品经济的恢复与发展，为出版业的运行营造了一个适宜的经济环境。再次，金代文教事业的兴起及发展则成为推动图书出版向前发展的主要动力。在此历史条件下，金代图书出版取得了丰硕的出版成果，出版技术也达到了当时比较先进的水平。

一　金代统治者对图书出版业的重视

女真人起源于白山黑水之间，在辽时还处于契丹族的统治之下，长期过着半游牧半渔猎的生活，仍处于部落组织阶段。后来，其中的完颜部统一了女真各部。统一后的女真人不甘于辽人的残暴统治，在阿骨打的带领下开始了反辽斗争。从此之后，女真人迅速崛起，于 1115 年建立大金政权，这一年为大金收国元年。建国前的女真人没有自己的文字，与其他民族交往时多用契丹字，因而当建国后的女真人开始与文明社会接轨时，最重要的一件事就是着手创制本民族文字。天辅三年（1119），完颜希尹利用契丹字与汉字的偏旁创制女真字成功，由朝廷下令颁行，成为女真政权的官方通用文字。同时统治者在女真人中开展了学习女真字的教育，于各地设女真字学校，教授女真字。创制本民族文字一事说明此时的女真人已经认识到文化对本民族发展的重要意义，是女真人开始文化建设的标志。刚刚建国的女真人急需精神食粮来提高自身的文化素养，图书是人类精神文化产品，是文化的载体，具备了文化传播这一社会功能。因此，接下来金统治者进行文化建设的措施就是搜罗辽与北宋图书文籍，将北宋的雕版印刷工匠北迁。统治者对待图书及图书出版的态度与政策对金代图书出版的发展起到了至关重要的作用，战争中获得的大量图籍刻版也为金政权的图书事业发展积累了充足的条件。

1. 搜集辽、北宋的图籍、刻版

金在与辽、宋战争中十分注重对图书典籍及雕版印刷板片的搜集与保藏。在战争中，物质财富的掠夺固然占据了重要部分，但在获得大量物质满足的同时，金统治者并没有忽视精神财富的吸取。战争之初，金统治者就认识到图书典籍对政权发展的重要性，并确定了"征索图书"①
"拘收文籍"② 的策略。天辅五年（1121），金对辽发动全面攻势时，太
祖特别下诏"若克中京，所得礼乐仪仗图书文籍，并先次津发赴阙"。③
在面对战争胜利后的诸多事件时，统治者能将搜罗图书文籍命令以诏书
的形式下达，足见对图书典籍的重视程度之高。天会三年（1125）金灭
辽后，收得了辽代皇室的全部藏书，开始了金政权图书积累的第一步。
在一系列搜集图书、刻版的活动中，金统治者充分看到北宋图书出版的
丰富成果和重要性，并给予了足够的重视，在对北宋的战争中加大了对
图书和刻版的搜集力度。如对北宋汴京的图书及刻版的搜求是有步骤、
分多次进行的，从中央官府扩大到平民书坊，只要是图书集中的地方均
列入搜罗的范围。太宗天会三年（1125）发动对宋战争，天会五年
（1127）破宋汴京，尽取国子监、三馆秘阁及鸿胪寺的书籍、板片。赵子
砥《燕云录》载："靖康丙午（1126）冬，金人既破京城，当时下鸿胪
寺取经板一千七百片。"④

　　据《靖康纪闻》载，靖康元年（1126）十二月初四日，"金人遣使
命检视府库，拘收文籍"⑤。十二月二十三日，"金人索监书藏经，如苏黄
文及《资治通鉴》之类，指名取索。仍移文开封府，令见钱支出收买，
开封府直取书籍铺"⑥。靖康二年（1127）正月九日，始取国子监书板、
三馆秘阁四部书。

　　"十九日金人移文索禅学通经僧行数十人""索应刊经板"⑦ 等。宋
人多次将书籍和印版送往金营，仅运送这些物品所用的士兵就多达几千
人。"二十九日，差董迪权司业监，起书籍等，差兵八千人运赴军前。"⑧

　　① （金）刘祁：《归潜志·辨亡》卷12，中华书局2007年版，第135页。

　　② （宋）徐梦莘：《三朝北盟会编·靖康中帙四十六》卷7，上海古籍出版社2008年版，第538页。

　　③ （元）脱脱等：《金史·太祖纪》卷2，中华书局1975年版，第36页。

　　④ （宋）徐梦莘：《三朝北盟会编·靖康中帙七十三》卷98，上海古籍出版社2008年版，第723页。

　　⑤ （宋）丁特起：《靖康纪闻》，中华书局1985年版，第14页。

　　⑥ 同上书，第17页。

　　⑦ 同上书，第37页。

　　⑧ （宋）徐梦莘：《三朝北盟会编·靖康中帙五十三》卷78，上海古籍出版社2008年版，第587页。

从以上史料记载的情况可以看出金人进入汴京后，首先搜罗已经印刷成册的图籍，之后收取印书所用的刻版，包括国子监书板，佛经板片等。

2. 迁北宋的出版工人入金

只有以上这些条件还不足以发展本国的出版业，于是金政权接下来的举措便是对相关技术工人的北迁。两宋时期正是我国雕版印刷的繁盛阶段，雕版印刷而成的书籍，需经过写版、刻版、刷墨等若干程序才能最后完成，其中主要的程序都是由刻版工人来具体操作，所以一部印本书的内容和版本质量如何，很大程度上取决于刻工技术水平的高低。金若要发展自身的出版业，只有已出版的书籍和已完成的刻版是远远不够的。因此，优秀的刻版技术工人也成为掠夺目标之一。天会五年（1127），金从汴京不仅掠走了徽、钦二帝及皇室成员，还将城内的伎艺、工匠、娼优等一同解往金源内地，"华人男女驱之北上，无虑十余万"，据《南征录汇》记载"各色工艺三千人"[1]。其中不乏从事雕版印刷的工人，如"打造金银、系笔和墨、雕刻图画工匠三百余人"[2]。一月三十日庚申，取"国子监书库官，太常寺官吏，秘书省书库官……"[3] 北宋国子监书库官的前身是"印书钱物所"，是国子监中专门负责刻书的机构，后由于兼判国子监李至奏称其名称近俗，而于淳化五年（994 年）改为"国子监书库官"，"掌印经史群书，以备朝廷宣索赐予之用，及出鬻而收其直以上于官"[4]。国子监书库官掌管刻印经史及其他各种书籍，同时还负责管理国子监所刻图书的出售，并将售书所得上交于官府。秘书省的书库官也是负责图书的刻印与管理的。金索要这些人员的目的很明确，就是为金政权的图书刻印与收藏筹备有经验的管理人员。

金政权对图书、刻版及雕版印刷技术工匠的索取，经历了战前准备、战后的搜集与迁移的过程。从这一系列连续的行为来看，金对辽与北宋图籍的收求，并非史书中所讲为防止后人耻笑而采取的权宜之计。据

---

① （宋）确庵、耐庵编，崔文印笺证：《靖康稗史笺证》，中华书局 2010 年版，第 124 页。

② （宋）徐梦莘：《三朝北盟会编·靖康中帙五十二》卷 77，上海古籍出版社 2008 年版，第 583 页。

③ （宋）徐梦莘：《三朝北盟会编·靖康中帙五十三》卷 78，上海古籍出版社 2008 年版，第 587 页。

④ （元）脱脱：《宋史·职官五》卷 156，中华书局 1977 年版，第 3916 页。

《三朝北盟会编》的所引《燕云录》"金人既破京城，金帛、子女、象马宝贝尽为攘夺，燕人乃说粘罕曰'今日破国而掠取太甚，天下后世所讥'。于是又取图籍文书与其镂板偕行，其所欲不在是也。"① 这段话认为金索取北宋的图书典籍仅仅是战争时为防止被后人耻笑所采取的权宜之计，其真正的目的是掩盖大肆搜罗人、财、物的低俗行为。这一观点也得到一些研究者的认可，如张秀民《金源监本考》一文认为金破汴之后，"凡宗室，后妃，下至伎女、打筋斗诸艺人，子女玉帛、金银彩缎，以及太医局灵宝丹之微（二万八千七百贴），无不人担车载，急如星火，解往金营。或说粘罕（宗翰）曰：'今日破国而掠取太甚，天下后世所讥。'于是又取图籍文书与其镂板偕行，其所欲不在是也"。② 李致忠《中国出版通史·宋辽西夏金元卷》贬低其为"奴隶主眼光，狭隘地盯在人、物上"。③ 但笔者对这一看法持不同观点，认为这极有可能是宋人为诋毁金人所杜撰的，并不是当时的真实情形，理由有四。

第一，从其出处来看，《燕云录》是北宋鸿胪寺丞赵子砥作，由于民族偏见及与金人处于对立面，宋人著作中记载的金人事件都应该仔细甄别，分辨真伪。赵子砥当时负责向金交割鸿胪寺书籍，与金人的接触也应是在金人做出索取书籍的决定之后，他也就没有机会亲耳听到燕人对粘罕的这一建议。那么这些话或者是道听途说，或者是主观臆测。由于当时宋人对于金人的掠夺行径极为愤懑，故意贬低女真人为没有文化的野蛮人，杜撰此事也是极有可能的。

第二，据《靖康纪闻》载，金于靖康元年（1126）十二月二十五日破城，靖康二年（1127）一月初四日，"金人遣使命检视府库，拘收文籍，欲尽竭所有犒诸军"④ 可见拘收文籍与搜罗财物的命令是同时下达的，而不是掠取大量财物之后才提出来的。另外《金史》中记载金兵围汴时，"（刘）彦宗谓宗翰、宗望曰：'萧何入关，秋毫无犯，惟收图籍。辽太宗入汴，载路车、法服、石经以归，皆令则也。'二帅嘉纳之"。⑤ 也

---

① （宋）徐梦莘：《三朝北盟会编·靖康中帙五十二》卷77，上海古籍出版社2008年版，第585页。

② 张秀民：《金源监本考》，《文献》1935年第1期。

③ 李致忠：《中国出版通史·宋辽西夏金元卷》，中国书籍出版社2008年版，第302页。

④ （宋）丁特起：《靖康纪闻》，中华书局1985年版，第14页。

⑤ （元）脱脱等：《金史·刘彦宗传》卷78，中华书局1975年版，第1770页。

可证明金人收取典籍的真正动因。

第三，金朝的图书出版受辽的影响比较大，因为建国前的女真人一直是在辽的统治下，辽代就大量出版有《贞观政要》、大苏小苏文集、《史记》《汉书》，并还将《贞观政要》、通历、方脉等书译成契丹文出版。女真人中有许多是通契丹语的，在金灭辽之前金人是否读过以契丹语出版的书籍，现不能确定。但在攻克中京后，就将辽中京的书籍都搜罗回女真地区。既然太祖明确克中京之后首先要取的便是书籍，那么书籍取回之后自然是要即时地使用，"及破辽获契丹汉人，通汉语，于是诸王子皆学之。勖少时，即好学问，国人呼为秀才，能以契丹字为诗文，凡游宴，辄作诗以见意。宗翰能以两月尽通契丹大小字"①。所以说从灭辽到攻入汴京的这几年中，金人对图书中的内容已经部分的吸纳，对图书出版也应该有了正确的认识。据许亢宗《宣和乙巳奉使金国行程录》载，宣和七年（1125），许亢宗等出使金朝祝贺金太宗即位，行至咸州（今辽宁开原），许亢宗按照"及赐宴毕，例有表谢"的惯例，拟谢表奉上，其中有"祗造邻邦"一语引起金使不满，金人引《论语》云："'蛮貊之邦'表辞不当用'邦'字。请重换方肯持去。"②认为宋使有"轻我大金国"之意，要求许亢宗改掉"邦"字，重新撰写谢表奉上。从中可以看出金使已经对《论语》的内容熟知，并能恰当地运用，说明金人对汉文化的吸收与学习已经具有一定成效，并非不懂文事，对图书文籍的价值必定是有正确认识的。

第四，从金人的文化政策来看，其搜求典籍一事应是文化发展的策略之一。金早在建国之初就已经认识到文化建设的重要性，金收国元年（1115）就开始创制本民族文字，天辅三年（1119）女真字创制成功后即兴建女真字学校，并颁行《女真字书》作为女真学校的教材。女真字学校是金最早的学校，《女真字书》也是金最早出版的图书。这说明金代文化建设已经起步，图书出版也已经萌芽。天辅四年（1120）金攻陷辽上京，天辅六年（1122）初攻中京，年底伐辽燕京（今北京）。辽燕京印刷

----

① 《金代文物远胜辽元》，（清）赵翼：《廿二史劄记校证》卷28，中华书局1984年版，第623页。

② （宋）许亢宗：《宣和乙巳奉使金国行程录》，赵永春辑注：《奉使辽金行程录》，吉林文史出版社1995年版，第153页。

技术最显雄厚，官方、私家刻书水平比较高，印刷品质量考究、数量多、流布全国。这些都应对金统治者产生了影响，促使其将发展图书出版业定为预期目标。金在搜罗图书的同时，还长途跋涉运送沉重的书板和迁徙大量的刻工，如果只是为了掩人耳目则没有必要做后面的两件事。正如赵翼在《廿二史劄记校证》中所说"盖自太祖起事，即谓'诏令宜选善属文者为之'。令所在访求博学雄文之士，敦遣赴阙。（本纪）又以女真无字，令希尹仿汉人楷字，因契丹字形，合本国语，制女真字颁行之。（希尹传）是太祖已留心于文事"①。证明金太祖阿骨打已经注意到文化建设。

　　因此，金人在攻下汴京之后许多人不是把目光盯在掠夺财物上，而是将搜罗图书作为主要目标。"宗宪本名阿懒。颁行女直字书，年十六，选入学。……兼通契丹、汉字。未冠，从宗翰伐宋，汴京破，众人争趋府库取财物，宗宪独载图书以归。朝廷议制度礼乐，往往因仍辽旧，宗宪曰：'方今奄有辽、宋，当远引前古，因时制宜，成一代之法，何乃近取辽人制度哉。'希尹曰：'而意甚与我合。'由是器重之。"② 从以上这段记载可以看出即使是一个十几岁的女真人也已经通晓契丹字、汉字，说明其对契丹文化和汉文化均有学习，他在汴京载图书以归也是源于对汉文化的向往。这样的事件也不只一例，充分说明了女真人对图书典籍的认识绝非处于盲目阶段。

　　综上可以认为，对宋搜罗图书、刻版与工匠，从金朝政府的角度来看，应是其进行文化建设的措施之一，目的就是最大限度地获得宋人先进的精神文化成果。这一点早在金攻辽之前太祖下诏所得的图书文籍都要及时发往京城时就已经被证明了。金人搜罗图书典籍与刻版是既定事宜，是金统治者对图书出版与收藏高度重视思想的体现，也正是通过这一政策的实施为金代图书出版的发展准备了必要的先期条件。

二　金代经济发展对图书出版业的推动

　　在出版已成为一种商业活动的情况下，金代商品经济的恢复与发展，

---

① 《金代文物远胜辽元》，（清）赵翼：《廿二史劄记校证》卷28，中华书局1984年版，第623页。

② （元）脱脱等：《金史·宗宪传》卷7，中华书局1875年版，第1615页。

为出版业的发展营造了一个适宜的经济环境。

1. 手工业发展为图书出版业提供了良好的历史契机

出版业的发展水平是与相关手工业的发展程度紧密联系的。图书的出版需要经过雕版印刷的过程，印刷业的发展直接制约着出版业的发展，印刷所需要的纸、墨等物料来源于造纸作坊和制墨作坊，所以这两类手工业的发展又直接影响着出版业的发展。

建国前的女真人中没有手工业，但在与辽和北宋交往的过程中对手工业产品有了认识，看到了手工业品对提高生活质量的重要性，为了满足自身对先进手工业品的需求必然积极发展手工业。金在与宋的战争中将大量北宋人口迁移到金境内，这其中就包含了人数众多的熟练技术工人。迁到北方后，金对这些手工业匠人的安排采取了与其他被掠来的人口完全不同的政策，他们不是被当作奴隶，而是被释放。据《靖康稗史笺证》引《呻吟语》记载，"靖康二年（1127）五月十九日……闻贡女三千人，吏役工作三千家、器物二千五十车，是日始至，点验后，半解上京，半充分赏，内侍、内人均归酋长，百工、诸色各自谋生。妇女多卖娼寮，器物收储三库，车辂皆留延寿寺"，说明被北迁的手工业者在金地是有生存自由的，金政府允许其自食其力，实际上是希望其继续从事原来的职业，从这里完全可以看出其掠夺北宋百工的目的，是为北方手工业的发展提供技术和人力资源。北方的手工业虽然在辽时已有一定的发展，但与当时最繁华的城市北宋都城汴京相比还是有一定差距的，提高当地手工业的发展水平是金迁技术工人入金的根本目的。被迁到北方的技术工人出于生存的需要必然重操旧业，就使得当地的手工业可以在较高的起点上迅速发展起来。《靖康稗史笺证》引《燕人尘》"天会时，掠致宋国男妇不下二十万，能执工艺自食力者颇足自存"。[①] 这些技术工人入金后的状况也正说明了这一点。随着社会的进步及生产与生活的需要，金源地区的手工作坊和手工业产品也越来越多，其生产制造已体系化和专门化。冶铁业、金、银、铜制造业，制盐业，酿酒业，制陶业等行业逐步兴起。与出版业有关的雕版印刷业、造纸业与制墨业也在这种历史条件下逐步发展起来。

图书出版所依赖的雕版印刷业在金代是颇受重视的，如《金史·百

---

① （宋）确庵、耐庵编，崔文印笺证：《靖康稗史笺证》，中华书局 2010 年版，第 199 页。

官志》中记载的官手工业匠人的俸给数量，"绣女都管钱粟五贯石，都绣头钱粟四贯石，副绣头三贯五百石"，"修内司：作头五贯石"，"国子监雕字匠人，作头六贯石，副作头四贯石，春秋衣绢各二匹。长行三贯石。射粮军匠钱粟三贯石，春秋衣绢各二匹，习学给半"。① 从中可以看出国子监雕字匠人中作头的俸给为六贯石，是各种手工业匠人中最高的，说明雕版印刷工人与其他手工业工人相比地位较高，雕版印刷业在各类手工业中亦占有重要的地位，这对雕版印刷的发展无疑起到了较大的促进作用。因而，金代的雕版印刷技术在原北宋的基础上有了较大的提高，也就在情理之中了。

图书出版所需物料包括纸张与印墨，因而造纸与制墨业的发展对出版业的发展有较大影响。金代的造纸业是较为发达的，造纸地区众多。据《金史·百官志》记载，金设有印造钞引库，"掌监视印造勘覆诸路交钞、盐引，兼提控抄造钞引纸"，金又设有交钞库物料场，"场官掌收支交钞物料"②。贞祐二年（1214）设于上京会宁府（今黑龙江阿城县南白城子），北京大定府（今内蒙古自治区昭乌达盟宁城县西大名城），西京大同府（今山西大同），东平（今山东东平）、大名（今河北大名）、益都（今山东益都）、咸平（今辽宁开原）、真定（今河北正定）、河间（今河北河间）、平阳（今山西临汾）、太原（今山西太原）、京兆（今陕西西安）、平凉（今甘肃）、广宁（今辽宁北镇县）等府，瑞、蔚、平、青、通、顺、蓟等州，造纸工场遍布全国。生产麻纸、桑皮纸、楮皮纸，产量相当大，主要供给中央与地方印刷钞引与书籍。除此之外，金政府也鼓励各地种植麻、竹，为纸张的制造提供了原料保障。金代不仅纸张的产量高，在造纸技术方面也达到了较高水平，《金史·百官志》列有书画局，掌御用书画纸札，③ 所造的纸都是高级书画用纸。

金的制墨技术有了新的发展。之前制墨多用松烟，但由于松林在逐年的利用中逐渐减少，使得制墨原料短缺，但金人根据各地的物产情况，利用煤烟制墨。金代山西盛产煤炭，于是制墨家又取煤烟制墨。"金杨文

---

① （元）脱脱等：《金史·百官四》卷58，中华书局1975年版，第1351—1352页。
② （元）脱脱等：《金史·百官二》卷56，中华书局1975年版，第1283—1284页。
③ 同上书，第1270页。

秀（伯达）以善墨闻，其法不用松烟，而用灯煤。"① 元好问曾赋诗称赞杨文秀所制墨，"万灶玄珠一唾轻，客卿新以玉泉名。御团更觉香为累，冷剂休夸漆点成。浣袖秦郎无藉在，画眉张遇可怜生。晴窗弄笔人今老，孤负松风入砚声"②。墨不用松烟而用灯煤，是利用了山西盛产煤炭的有利条件，解决了以松烟制墨原料不足的问题。原料方便易得，墨的造价就会相对降低，为需要大量墨来进行印刷的出版业创造了非常有利的条件。金政府还在太原府设有官方造墨场，利用煤烟制墨，极大提高了墨的产量。这里生产的官墨一部分用于印造钞引，一部分用来印刷图书。

金代的纸墨生产能力较强，基本可满足印刷的需要。汉代官吏每月可得隃麋（西汉属右扶风）大墨、小墨各一枚，而金代吏人除每月得墨两锭外，又"月支大纸五十张、小纸五百张，笔二管"③。官吏除薪俸外，每月可得如许办公文具，在我国历史上是少见的，可见当时笔墨纸张产量之巨大。④ 因而，金代纸墨手工业生产的发达，为图书出版业的发展提供了必要的前提。

2. 商业繁荣为图书出版营造了有利的经济环境

图书从本质上来讲是一种精神产品，图书的内容是人类智力活动的产物，具有无形性，必须借助一定的媒介如语言、文字、动作等将其表达出来，才能被人们所感知，而图书就是将文字形式的表达加以固化的物质载体。图书可以满足人们的精神需要，具有使用价值，同时它又是劳动产品，具有交换价值。拥有了这两种属性，图书便可作为商品进入流通领域。图书流通是图书出版的重要环节之一，通过流通，图书从生产者手中转入读者手中，最终实现图书出版传播信息的本质目的。图书买卖是其流通的主要方式。金建国后，迅速取得了对辽与北宋战争的胜利，商品经济的发展为图书流通营造了一个有利的商业环境。金代的商业发展表现为旧城镇的恢复与新城镇的兴起。

金所占据的淮水以北广大地区的商品货币经济在北宋时已经十分发达，虽然战争期间当地的社会经济受到了破坏，商品生产遭受了打击，

---

① （元）陆友：《墨史》，中华书局1985年版，第64页。

② （金）元好问著，姚奠中主编，李正民增订：《元好问全集·赋南中杨生玉泉墨》（增订本）卷9，山西古籍出版社2004年版，第204页。

③ （元）脱脱等：《金史·百官四》卷58，中华书局1975年版，第1349页。

④ 张秀民著，韩琦增订：《中国印刷史》，浙江古籍出版社2006年版，第190页。

但社会对商品生产的需求促使辽宋故地的社会经济得以较快恢复，表现在城镇的恢复与繁荣。最能代表金代中原地区商业恢复和发展的是宝坻县的创建。宝坻县远在隋唐时代不过是一个滨海小镇，名新仓镇，历经几百年，几度兴衰，到海陵王天德年间以其盛产海盐，加之水上交通便利而迅速兴旺起来。时人刘晞颜在《创建宝坻县碑》中写道："于时居人市易，井肆连络，阛阓杂沓"，"河渠运漕，通于海峤，篙师舟子，鼓楫扬帆，懋迁有无，泛历海青衮之间。虽数百千里之远，徼之便风，亦不浃旬日而可至"，"其富商大贾，货置丛繁，既迁既引，隐隐展展然。鳞萃鸟集，鬻者兼赢，求者不匮。大率资鱼盐之利。"如此繁荣的商业景象，"虽古名县，不是过也"，于是金世宗在大定十一年（1171）冬到此巡视之后，就下诏升格为县的建置，居民发展到15000户。"岁入课利，通计一百三十余（万）贯。"① 河东上谷也是各路商品出入山西的集散之地，有"传闻山西地，出入此其路""原原百货积，井井三壤赋"之说。② 可见金朝各地商业发展之繁荣。

东北地区的商品经济，也在金代获得了有利的发展机会。金对北方的统一消除了东北与中原的阻隔，促进了两地之间的商品交换，商品货币经济逐渐取代了物物交换。东北内地在金建国前仍处于以物易物的时期，金建国后作为政治、经济和军事中心而备受重视，实施了一系列的实内政策，为东北的发展奠定了坚实的物质基础。一些商业城市在东北萌芽并发展起来，其中最有代表性的即是上京会宁府的兴盛。上京路治所会宁府，从最初的女真各部落长活动的中心村寨，一跃而为金国都城，经过一系列的营造扩建，至熙宗时已发展成为拥有大量建筑群的城市，商旅往来十分频繁。"自金人兴兵后……已而往来中国，汴洛之士，多至于其都。"③ 贞元元年（1153）海陵王迁都燕京后，统治中心虽然南移，但这里仍然是五京之一，许多宗室贵族聚居于此，除了官署和驻军以外，还有许多寺院、学校，有冶铁、铸造金银器物及陶窑等官私手工业作坊，到金中后期有居民三万多户。会宁府的繁盛也带动了周边大批卫

---

① （金）刘晞颜：《创建宝坻县碑》，（清）张金吾：《金文最》卷69，中华书局1990年版，第1002—1003页。

② 刘乃：《上谷》，（金）元好问：《中州集》丙集第三，中华书局1959年版，第118页。

③ （宋）李心传：《建炎以来系年要录》卷19，中华书局1988年版，第381页。

星城市的兴起，以上京为中心，在今黑龙江地区已发现有金代古城近200处，在今吉林地区已发现200余处，加上辽宁、内蒙古及今俄罗斯、朝鲜境内的金代古城，其数量是极为可观的。城市的建立和发展，一方面是军事上的需要，另一方面也是经济发展的标志。金上京不仅是女真人口集中的地方，也是汉人工匠和契丹人、渤海人相对集中的地方，因而也是经济、文化交流频繁的城市。商品交换已经延伸到东北北部边疆地区，即使在今天黑龙江、松花江流域也有商业活动存在，在会宁府以北百公里的边防重镇肇东八里城遗址出土的79枚钱币，除了3枚为金代钱币外，其余均为北宋钱币。由此可知商业活动已深入到遥远的边境地区了。

　　道路交通的便利也为图书的流通创造了有利条件。女真统治者为加强与中原的联系，自太宗开始，建立通往各地的驿站，天会二年（1124）"自京师至南京（即燕京）每五十里置驿"[①]，以上京会宁府和东京辽阳府为中心，开通了两条通往燕京的交通路线，两府所属各路州之间又有道路相互贯通，形成了十分方便的交通网络，为东北地区内部以及东北与中原地区的商业活动提供了极为方便的条件。天会年间已有商贾贩书到东北地区，宋徽宗就在北迁的途中两次向货书郎买书，说明书籍贸易已经进入东北地区。

　　金在鼓励商人通商方面，还采取了一些宽松政策和减免税收的措施。如大定二年（1162），"罢诸路关税，止令讥察"。大定三年（1163），减免山东西路"坊场河渡"所欠的税额。章宗大定二十九年（1189），"户部言天下河泊已许与民同利，其七处设官可罢之，委所属禁豪强毋得擅其利"。这就大大减轻了行商的纳税负担，有利于商品流通。金世宗、章宗又几次下诏减免南京（今开封）等城市商人租赁"官房及地基钱"。章宗初年，又定"院务课商税额"，"比旧减九十四万一千余贯"[②]。由于世宗、章宗两朝先后采取了切实的轻税政策和正确的货币政策，有力地推动了商业的发展，活跃了城镇市场。

　　金统治区城镇的兴起与商品经济的发展，促进了商品市场的繁荣，从而推动了图书买卖的发展。因而可以说，商品经济的发展为金代图书

---

① （元）脱脱等：《金史·太宗纪》卷3，中华书局1975年版，第49页。
② （元）脱脱等：《金史·食货四》卷49，中华书局1975年版，第1110页。

出版业的兴起提供了有利的经济环境。

3. 与南宋的图书贸易刺激了图书市场的需求

虽然金与南宋在政治上一直处于南北对峙状态，但是双方的经济和文化往来一直持续不断。为了便于南北方之间进行商品交换，金与南宋各在边境地区设置多处榷场，即双方进行正规商品交换的市场。除了榷场上的交易，双方的走私贸易也很兴盛。不论是官方的正规贸易，还是走私贸易，图书都是参与交换的重要商品之一。图书作为一种特殊的商品，人们购买图书看中的是书中所传递的信息，能够引起人们购买欲望的是图书的内容。金的图书在南宋是否有市场，主要取决于图书的内容，而图书外在的物质特征并不起决定作用。所以虽然南宋出版的图书数量远超过金朝，但因各自出版图书的内容不同，双方的图书仍然能在对方的市场上占有一席之地，如有关各自政治和军事的图书都是对方特别希望获得的。不论是榷场上的图书买卖还是走私渠道的图书交换都为金的图书出版拓宽了销售渠道，并且这部分图书的交易价格也要比国内市场更具有优势，这在一定程度上刺激了金的图书出版。最能说明与南宋间的图书贸易对金朝图书出版影响的是宋徽宗《谢表》一书的长期刻印。《谢表》的内容是宋徽宗在金期间对金人的赏赐表示感谢的表文。宋徽宗在金期间，每逢节日金人都要赏赐钱物，对于金人的赏赐，宋徽宗每次都要撰写谢表。[①] 宋人对徽宗在金的情况十分关注，《谢表》是其了解徽宗生活状况的途径之一，于是金人便将这些谢文辑为一帙，专门拿到榷场上出售，非常受宋人欢迎，士大夫们几乎人手一本，这说明在南宋的图书市场上金刻印的《谢表》是很畅销的。由于金人的每一次赏赐徽宗都要写《谢表》，这样《谢表》的内容也就可以持续更新，成为一部长期连续出版的书籍。因而可以说，与南宋的图书交流同样活跃着金朝国内的图书出版。

三　金代文教事业的勃兴对图书出版业的促进

出版是一种文化现象，文化发展水平是影响出版状况的决定性因素之一。文化是推动图书出版前进的最主要动力，出版的发展趋势与文化

---

① （宋）张端义：《贵耳集》卷下，中华书局 1985 年版，第 45 页。

发展趋势是同步的，文化繁荣则文人数量增长，创作的著述增多，整个社会对文化的崇尚刺激了社会对图书的需求，教育的发展也就必然带来图书出版的繁荣。《四库全书总目提要》评价金代："金人肇基东海，奄有中原。制度典章，彬彬为盛。征文考献，具有所资。即如大金吊伐一录，自天辅七年交割燕云，及天会三年再举伐宋，五年废宋立楚，至康王南渡，所有国书、誓诰、册表、文状、指挥牒檄，以载于故府案牍者具有年月，得以编次成书。"① 金代文教事业的兴起以及发展成为推动图书出版向前发展的主要动力。

1. 尊崇汉文化扩大了对图书典籍的需求

金以强大的武力征服了辽与北宋之后，却被其先进文化所征服，走上了尊孔崇儒，积极学习汉文化的道路。女真人本来生活在白山黑水之间，过的是半农耕半渔猎半游牧的生活，没有本民族的文字，文化上还处于十分落后的阶段。女真人上层在与辽、渤海和北宋人交流的过程中，从他们那里接触并了解到汉文化，对汉文化有了初步的认识。于是在掠夺领土与物质财富的同时，也积极获取记载汉文化的图书典籍。

金将领完颜勖在金军攻下汴京后，宗翰问其想要什么，答说："惟好书耳。"于是载书数车运往北京。② 赤盏晖在攻打江南时带回《资治通鉴》的版片，而版片实际是生产图书的工具，与图书相比，价值更大，利用版片可以印刷大量的图书。以上事例反映了女真人对汉文化的渴求，对汉文典籍的喜爱与收藏。

女真贵族还以汉文化来教育子孙后代，如完颜希尹就请北宋博学的洪皓教其八子读书，并能与洪皓进行诗词唱喝。宗干也是一个崇尚汉文化的女真人，他是女真政权汉化的支持者，并将汉文化的学习引入到家庭教育之中。其汉化的教育举措取得了非常可观的成效，为金朝培养了两位极力主张汉化的皇帝，一个是开启金朝汉化改革的熙宗完颜亶，一个是野心勃勃，欲建立统一大业的海陵王完颜亮。熙宗自幼接受燕人韩昉等儒士的教诲，"喜文辞……所与游处尽文墨之士"，学会了吟诗作赋、交际礼节、象戏博弈，生活方式、思想意识逐渐汉化、儒化，"宛然一汉

---

① （清）永瑢等：《四库全书总目·史部·正史类二》（上、下）卷46，中华书局1965年版，第414页。

② （元）脱脱等：《金史·完颜勖传》卷66，中华书局1975年版，第1557页。

户少年子也"①。海陵王完颜亮是宗干之子，幼年从汉儒张用直学习，"好读书，学弈象戏、点茶，延接儒生，谈论有成人器"，"嗜习经史，一阅终身不复忘。见江南衣冠文物，朝仪位著而慕之"。② 也就是在熙宗与海陵时期，极力推崇汉文化，确立了以尊孔崇儒为核心的治国思想，这与其接受儒家教育，汉化程度较高是密不可分的。同时这一思想在全国的确立也为汉文典籍在金的传播与应用打开了广阔的市场。

　　人们对文化的学习离不开承载文化知识的载体——书籍，书籍将知识与信息从出版者传播给接收者，实现了出版传播信息的本质目的，对信息的需求也就是对书籍出版的需求。金代对汉文化的推崇，促进了与汉文化有关的各类书籍在北方的编撰、印刷与传播。如金人争先刻印洪皓的诗文，据《宋史》记载："皓虽久在北廷，不堪其苦，然为金人所敬，所著诗文，争钞诵求锓梓。"③ 在《先君述》一文中洪适又说："在冷山摘褒贬微旨，作诗千篇，北人抄传诵习，欲刻版于燕。"④ 卫绍王大安二年（1210）五月，"诏儒臣编《续资治通鉴》"。⑤ 金代哀宗也十分重视运用儒家学说来治理天下，即位后经常诏太常卿、翰林学士等官员讲授儒家经典，经常达到"上听忘倦"⑥ 的程度。金从辽与北宋搜罗来的图书毕竟是有限的，而且大多数都收入内府，供皇家或政府使用。个人对汉文化的需求转化为对汉文典籍的需求，当社会上已有的书籍不能满足人们的需要时，就要求出版者生产出更多的图书来解决这一供求之间的矛盾。可见，金人对汉文化的推崇是促使其出版业发展的动因之一。

　　2. 推行科举增加了对考试用书的需求

　　"金源氏崛起海东，当天会间方域甫定，即设科取士，急于得贤，故文风振而人才辈出，治具张而纪纲不紊，有国虽百年，典章文物至比隆

---

　　① （宋）宇文懋昭撰，崔文印校证：《大金国志校证·熙宗纪》卷12，中华书局1986年版，第179页。

　　② （宋）宇文懋昭撰，崔文印校证：《大金国志校证·海陵炀王上》卷13，中华书局1986年版，第185页。

　　③ （元）脱脱等：《宋史·洪皓传》卷373，中华书局1977年版，第11562页。

　　④ 洪适：《盘洲文集·行状一·先君述》卷74，四川大学古籍所编：《宋集珍本丛刊》第45册，线装书局2004年版，第491页。

　　⑤ （元）脱脱等：《金史·卫绍王本纪》卷13，中华书局1975年版，第292页。

　　⑥ （元）脱脱等：《金史·杨云翼传》卷110，中华书局1975年版，第2423页。

于唐、宋之盛。"① 金建国之初为实现对新占领区的统治，急需汉族士人协助其管理，于是天会元年（1123）开汉人科举，这时的科举还只是为了临时挑选人才，因此在考试的时间和选取的人数上还都只是根据需要而临时确定，"时以急欲得汉士以抚辑新附，初无定数，亦无定期"②，虽然如此，却开了科举之门。天会五年（1127），为管理占领的辽、宋故地选拔的官吏，为适应两地士人所学不同，分设南北榜取士，南榜为宋人，北榜为辽人。随着金各方面统治制度的逐渐健全，科举制度也得以不断地完善。海陵天德三年（1151），鉴于辽、宋故地在金的长时间统治之下，区别已渐消失，便并南北选为一。考试科目也在逐渐增加，天德二年（1150）增设殿试，以后又陆续增设了明经、律科、经童等科，最终多达十科，"金设科皆因辽、宋制，有词赋、经义、策试、律科、经童之制。海陵天德三年，罢策试科。世宗大定十一年（1171），创设女真进士科，初但试策，后增试论，所谓策论进士也。明昌初，又设制举宏词科，以待非常之士。故金取士之目有七焉"。③ 世宗后期又增女真经童科。

　　科举是走上官宦之路，改变命运的捷径，于是人人争相读书应试，如果能够在考试中登科、擢第，即使在皇亲国戚之家同样视为荣耀之事。辽阳人李石为辅佐世宗登上帝位的勋臣，进封广平郡王，做过太尉、尚书令等高官，同时又是皇亲国戚，既是世宗之舅，也是世宗岳丈，即便有这样显赫的地位，当其子献可登大定十年（1170）进士第后，世宗同样称赞说："太后家有子孙举进士，其盛事也。"④ 父子相继及第，则世代为官，更是为人称羡。浑源刘㧑及子孙八人先后登第，其孙求闲闲公赵秉文书"八桂堂"。"闲闲曰：'君家岂止八桂而已耶？'为书'丛桂蟾窟'四字云。"⑤ 若要科举中第，不仅要十年苦读，许多人是读了一辈子的经书却还在应试。因此，科举一开，各种考试用书便获得了巨大的市场。金代的科举与前代相比，有几个方面的显著发展，对于图书出版来说均具有积极的影响。

---

① 王恽：《浑源刘氏世德碑铭》，李修生：《全元文》（第6册）卷191，江苏古籍出版社1998年版，第503页。

② （元）脱脱等：《金史·选举一》卷51，中华书局1975年版，第1134页。

③ 同上书，第1130—1131页。

④ （元）脱脱等：《金史·献可传》卷86，中华书局1975年版，第1915页。

⑤ （金）刘祁撰，崔文印点校：《归潜志》卷10，中华书局2007年版，第120页。

首先，金代的科举取士范围与前代相比有所扩大，放宽了对应试者身份的限制。其实自科举制产生之日起，就把那些被视为低贱行业的低层劳动者及其子孙排除在外，使其世代没有资格参加科举考试。唐代规定"刑家之子，工贾殊类"不得充贡。① 宋制"大逆人、缌麻以上亲，及诸不孝、不悌、隐匿工商异类、僧道归俗之徒"不得参加科举。② 辽代的经济关系中还有奴隶，所以规定"医卜、屠贩、隶奴及倍父母或犯者逃亡者不得举进士"。但对商人应试科举似乎不做限制，从天祚帝乾统五年（1105）规定"禁商贾之家应进士举"③ 可以推断此前商人是可以参加科举考试的。金制对科举应试者的限制是，倡优之家、伶人，太常大乐署的乐工，少府监各色工匠艺人、奴婢、叛逆人亲属、罪犯不得应科举。但允许奴隶放良后应科举。如皇统年间，赤盏晖知宋州，"属县民家奴王夔者，尝业进士，晖以钱五十万赎之，使卒其业，夔后至显官"。④ 时治中，"少为人奴，后读书为学，第进士，其主良之"。⑤ 后泰和年间，尚书省上奏认为这一规定不恰当，于是章宗于泰和六年（1206）下诏："先尝敕乐人不得举进士，而奴免为良者则许之。……遂诏定制，放良人不得应诸科举，其子孙则许之。"⑥ 而辽、宋时，"奴免为良者无力应举，其子孙虽为官。亦不得居清要之职、不得临民。"⑦ 金与辽、宋相比是有所放宽的。再比如辽、宋均规定巫医之家不得应举，金代则取消了这一限制。如"冯延登，字子俊，吉州吉乡人。世业医。……承安二年（1197）登词赋进士第"⑧。镇州人李平父因出自医家，尝业医，后攻词赋，"登明昌二年（1191）词赋进士第。"⑨ 赵州王好古，先后师从洁古

① （唐）杜佑撰，王文锦等点校：《通典·选举三》卷15，中华书局1988年版，第360页。

② （元）脱脱等：《宋史·选举一》卷155，中华书局1977年版，第3605页。

③ （元）脱脱等：《辽史·天祚皇帝一》卷27，中华书局1974年版，第322页。

④ （元）脱脱等：《金史·赤盏晖传》卷80，中华书局1975年版，第1807页。

⑤ （金）刘祁撰，崔文印点校：《归潜志》卷4，中华书局2007年版，第41页。

⑥ （元）脱脱等：《金史·选举一》卷51，中华书局1975年版，第1139页。

⑦ 张博泉等：《金史论稿》卷2，吉林文史出版社1992年版，第402页。

⑧ （元）脱脱等：《金史·冯延登传》卷124，中华书局1975年版，第2700页。

⑨ （金）元好问著，姚奠中主编，李正民增订：《元好问全集》（增订本）卷17，山西古籍出版社2004年版，第414页。

张元素、东垣李杲，精研极思诸家医书。中经义进士第，仕为本州教授。①《大金国志校证》记载："举人应试，而或公事，在案罪犯不至徒刑者，听责保试。若武官，并诸经及第官人，已在任欲应进士举者，如不犯赃私追当罪，听告所属，申覆本部所听。"② 举人只要所犯罪刑不重的，可以听保应试，在任官员只有小的过失，不至犯罪的，都可以参加考试。放宽应试者的资格限制，扩大了应试人员的范围，使更多的人加入到学习与科举的行列。

其次，金还取消了科举取士的地区界限，孔叔利《改建题名碑》记载京兆府路的进士 28 人，他们或"隶业于此而登第"，或"宦游于此而成名"，③ 这些人均客籍于此，经科举考试而登第，说明金代科举已打破地区界线，客籍外乡者得以随时到所在州县应考，已取消了宋代"籍非本土"不得应试的限制。

第三，金代科举一个开创性特点是不仅有汉人科举，还于世宗时设立女真科举，即以女真大小字应试的科举考试。金以武得国，崇尚武功，因而金代前期女真族多以军功入仕，另两条主要途径即门荫和世袭。世宗时始设女真进士科，为女真人开辟了一条新的入仕途径。特别是对于那些一般的女真平民子弟来说是一重要机会。金代的门荫、世袭等特权是针对贵族、世戚、官僚子弟的。平民子弟只有少数人在战争时期能以战功获得做官的机会，当国家处于稳定发展的和平时期，只有科举才能使他们当中的有识之士有机会走上仕途。同时金对于科举入仕的官员在薪俸上给予优待，以激励更多的女真人参加科举考试。在科举的刺激下，更多的人开始学习女真语言文字。为发展女真科举，朝廷组织人员用女真文字翻译汉文经史，刻印出版作为女真人科举考试的教材，为金代民族语言文字图书的出版开辟了市场。

综上可以看出，金代大力推行科举取士制度，在兼采唐宋之制的同时，还形成了自身的特色，扩大了应举阶层，激发人们对科举的热情。

---

① （清）永瑢等：《四库全书总目·子部·医家类》（上、下卷）卷 104，中华书局 1965年版，第 870 页。

② （宋）宇文懋昭撰，崔文印校证：《大金国志校证·杂色仪制》卷 35，中华书局 1986 年版，第 502 页。

③ 孔叔利：《改建题名碑》，（清）张金吾：《金文最》卷 83，中华书局 1990 年版，第1209 页。

而取消应试地区的限制更是为了便于应试，省去士子们旅途的劳累与金钱的浪费，推动社会形成一股崇文之风。诚如元好问所说："若仕进之路，则以词赋、明经取士。预此选者，多至公卿达官。捷径所在，人争走之。文治既洽，乡校、家塾弦诵之音相闻。上党、高平之间，士或带经而锄，有不待风厉而乐为之者。化民成俗，概见于此。"① 即使在田地劳作仍不忘带上一本经书，待歇息时拿出来诵读，好学之风俨然已经成为社会风俗。在这一社会风气影响之下，科举考试所用书籍的需求必然扩大，直接促进了此类书籍的出版。如《校补两汉策要》的出版，其书前序言称："皇朝专向词赋取士，限以五经三史出题，惟东西汉二书，最为浩汗，学者披阅，如涉渊海，卒莫能际其畔岸，大抵菁华无出策论书疏而已，可取而为题者，十盖八九，真科举之急用也。"② 进而刻版印刷。

3. 发展教育加大了对教学用书的需求

女真族建立金政权以来，历代统治者基本上都奉行发展教育的基本国策。教育的发展，促使教学用书的需求不断增加，在一定程度上也推动了金代图书出版业的发展。具体而言可以从以下两个方面来看。

（1）金朝非常重视对人才的培养，不仅政府主持的官学教育获得较大发展，私学及家庭教育也非常兴盛，整个社会形成了一种崇学重教之风。"我国家应天顺民，虽马上得天下，然列圣继承，一道相授，以开设学校为急务。以爱养人材为家法。以策论词赋经义为擢贤之首。天涵地育，磨砺而成就之。"③

金代的中央官学始于海陵天德三年（1151）的国子监，大定六年（1166）置太学。地方官学主要是各府学、州学、县学和乡学，金初曾恢复了一些辽宋时期的地方学校，到世宗后增加地方学校数量和招生人数，世宗于大定十六年（1176）置府学 17 处，收学生千人。章宗大定二十九年（1189），下诏京、府、节镇、防御州设学校，共 84 处。

天辅三年（1119）女真字创制完成之后，创建女真字学，以教识女

---

① （金）元好问著，姚奠中主编，李正民增订：《元好问全集·寿阳县学记》（增订本）卷32，山西古籍出版社 2004 年版，第 674 页。

② （清）龚显曾：《金艺文志补录》，杨家骆：《辽金艺文志上》，《中国目录学名著》第 3集，世界书局 1976 年版，第 225 页。

③ 刘渭：《重修府学教养碑》，（清）张金吾：《金文最》卷 28，中华书局 1990 年版，第1194 页。

真字为主。女真字学应是金代最早的官方学校，《女真字母》为这一时期女真字学的教材，是金最早出版的图书。熙宗与海陵时期加强汉化，女真字学的发展进入低迷时期，世宗时提倡女真旧俗，大定九年（1169），开始恢复女真学，金政府在猛安、谋克内挑选良家子弟为学生，"诸路至三千人"。① 又选其优秀者百人送京师，由名师温迪罕缔达教授。大定二十八年（1188），又建女真太学。

金代的私学与官学共同承担着教育的职责，在金初官学还没有恢复的时候，民间的私学就已经担当了培养人才的角色。金代私学内容广泛，有从事儿童启蒙教育的蒙学，有从事高等教育的私学，还有一些专门之学。

除了设立教育机构提供教育条件以外，金统治者还采取许多具体的方针、措施，以激发百姓读书学习的热情。比如根据文化水平的高低程度，制定薪俸待遇。《金史·选举志》中记载："大定六年（1166），更定收补内侍格，能诵一大经、以《论语》《孟子》内能诵一书、并善书札者，月给奉八贯石，稍识字能书者七贯石，不识字者六贯石。"②

教育的发展与教学用书的发展是紧密联系的，凝聚着中华文化精髓的图书文籍在教育中担当着主要角色，正如世宗所说："经籍之兴，其来久矣，垂教后世，无不尽善。今之学者，既能诵之，必须行之。"③ 这段话是世宗对图书典籍教育功能的评论，认识到经籍在教化方面所发挥的至关重要的作用，故世宗为加强对亲军的教育，特"以女直字《孝经》千部付点检司分赐护卫亲军"。④ 上谓宰臣曰："朕所以令译《五经》者，正欲女直人知仁义道德所在耳。"⑤ 命颁行之，正是这一认识的具体实践。教育发达，对教学用书的需求也随之增大，图书出版也就越兴盛。学校数量与学生人数的增长必然带来书籍需求的旺盛，金代官学中的学生人数一方面是汉官学人数，另一方面是女真官学的人数。府节镇防御州学总数为 1800 人，女真官学为 3000 人，医学校 1464 人，总计 6264 人。这一数字是章宗时期的汉官学的学生总数，女真官学是在世宗时发展最盛。

---

① （元）脱脱等：《金史·选举一》卷 51，中华书局 1975 年版，第 1133 页。
② 同上书，第 1182 页。
③ （元）脱脱等：《金史·世宗中》卷 1，中华书局 1975 年版，第 163 页。
④ （元）脱脱等：《金史·世宗下》卷 8，中华书局 1975 年版，第 184 页。
⑤ 同上书，第 185 页。

虽然这一数字只能代表金代文教最盛时期的情况，但也可以反映出当时社会对教育类图书的大致需求量。与此同时，还有许多学生数量无法统计的私学存在，均构成了教育用书的需求群体，使教育类图书的出版占据了市场的大部分份额。这些措施都加快了汉文化在金代传播的步伐。到了世宗、章宗年间，典章礼乐，灿然大备，刻书事业也随之勃兴。现存的平水版书籍大多为金中叶大定、明昌以后的刻本，原因也正在于此。

（2）学校所用教材种类多样，经、史、字韵、医学、法律等，不论是哪一类书籍的出版，都体现了科举、教育与图书出版相互影响的关系。

除了正经正史类考试书籍的大量刻印之外，韵书也是教育类图书市场的热销书。金代比较注重经学字韵的学习，科举考试设有经义科，考试时考生可以将韵书带入考场作参考。因此，市场上大量刻印出售字韵书籍，如《埤雅》《广韵》《新修累音引证群籍玉篇》《泰和五音新改并类聚四声篇》《崇庆新调改并五音集韵》《重编改并五音篇》《重编补添分门字苑撮要》《新刊韵略》《草书韵会》等字韵书籍都是常销书，流传较广。金平水出版家王文郁看到市场上的韵书销量大，但却久无善本，无法真正满足读者的需求，于是重新编辑并刻印出版韵书《新刊礼部韵略》。此书经过精心校对，弥补此前韵书版本的缺陷，出版后产生重要影响，直到元代还在重刊。市场对韵书的需求还促进了韵书的改编与修订，从以上各书书名中"重编""新改""新修"等用词中就可以看出是新编撰或是在前人基础上进行了修订。

各代著名文人的作品也是学生学习的内容，唐宋著名文学家的作品就备受金人推崇，苏东坡、欧阳修等人的作品也成为图书市场刻印的主要对象。《集注分类东坡先生诗》在金朝非常受欢迎，流传较广。苏轼的作品对金代诗歌创作的思想和艺术手法都产生了很大影响。章宗时，学士院还曾进唐杜甫、韩愈、刘禹锡、杜牧、贾岛、王建，宋王禹偁、欧阳修、王安石、苏轼、张耒、秦观等人文集二十六部。[①]

金代专科教育教材的使用。金代医学书籍流传较广的，有《政和本草》《圣济总录》《伤寒直格》《伤寒明理论》《伤寒论注解》《伤寒类证》《附广肘后方》等，宋代医书成为金代医学重要的教科书。司天台学生使用的教材，如《宣明历》《婚书》《地理新书》《易》筮法及六壬课、

---

① （元）脱脱等：《金史·章宗一》卷9，中华书局1975年版，第218页。

三命五星之术。①

　　儿童教材（蒙学教材）指使用韵语、歌赋形式编写的教科书。常用的蒙学教材除了流传千年的《百家姓》《三字经》《千字文》，金朝也极有可能流传外，金人还自编蒙学教材。如金末元初针灸大家窦默，金时编撰的《标幽赋》，以歌赋为体裁，该书便于习诵，发挥了普及医学知识的积极作用，成为当时及后世受欢迎的医学入门书。蒙学的发展也促进了童蒙教材的编撰，姑汾王涿编有《次韵蒙求》，交城吴庭俊又重编《十七史蒙求》。"逢原既以'十七史'命篇矣，而间用《吕氏春秋》、《三辅决录》、《华阳国志》、《江南野录》，谓之'史'可乎？今所撰止于史书中取之，诸所偶俪，必事类相附，其次强韵，亦力为搜讨。自意可以广异闻。"② 其认为王逢原《十七史蒙求》在汇编的时候取材不够严谨，其书中选用的《吕氏春秋》《三辅决录》《华阳国志》《江南野录》四部书不能称之为史，鉴于此自己重编《十七史蒙求》，其中的内容则只于史书中选取。

　　金代的政治、经济和文化环境为出版业的发展创造了条件。首先，金代统治者对图书出版的重视，是金代出版得以兴起的重要原因，金在与辽、宋战争中大量搜集图书典籍及刻书板片，并迁北宋雕刻工人入金等措施，为金代图书出版的发展奠定了前期的物质和技术基础。其次，金代商品经济的发展为图书出版业营造了大的经济环境，同时造纸、制墨等相关手工业对图书出版业发展起到了辅助作用。第三，金代文教事业的勃兴为图书出版创造了文化环境。在这些诸多因素的共同作用下，金代的图书出版呈现出繁荣的局面，为中国古代出版业的发展做出了重要贡献。

第二节　金代图书出版业的概貌

　　金代图书出版在各种条件的综合作用下，逐渐发展并繁荣起来，编

---

　　① （元）脱脱等：《金史·选举一》卷51，中华书局1975年版，第1153页。
　　② （金）元好问著，姚奠中主编，李正民增订：《元好问全集·十七史蒙求序》（增订本）卷36，山西古籍出版社2004年版，第754—755页。

纂并刻印了大量的书籍，根据本文所附《金史·艺文志》统计表和笔者所补录的《金史·艺文志》补表的数字显示，金代共编纂图书660部。根据文后所附《金代刻书》统计表显示，已知金代刻书222部。将各个时期图书编纂与刻印的情况进行对比，可以将金代图书出版划分为起步、发展、繁荣和继续发展四个阶段。

一　太祖、太宗时期图书出版的起步

太祖、太宗两朝，金一方面对辽与北宋用兵，另一方面则在建构各项制度。虽然政治、经济环境还不稳定，但金政权对书籍的需求还是存在的，所以这时的图书出版尚处于刚刚起步的阶段。据笔者初步统计，在金代创作有时间可考的425部作品当中，太祖与太宗时期的著作共有30部，占编纂书籍总数的7%。刻印的书籍可考的只有3部。①　这一时期编纂与刻印的数量虽然较少，但毕竟此时已经有了图书的编纂与刻印流通，雕版印刷术开始被金代统治者所利用，并逐步发挥其功用。

作为新兴的政权，金这一时期的图书出版主要体现在如下几件事上。首先，也是最重要的则是《女真字书》的出版。女真人一直以来并无自己的文字，生活当中多用契丹字。"与邻国交好，乃用契丹字。"取代辽朝后，随之而来的是女真民族自树意识的觉醒，决定了女真人要创建本民族文字，改变借用外族文字的状况。因此，收国元年（1115）建国后，首要问题就是创建本民族的文字，天辅三年（1119）完颜希尹依据汉字与契丹字的偏旁创制女真字成功，拥有自己的文字对一个政权来讲具有至关重要的意义，国家建立后，诏书、政令的发布均需使用本民族的文字，与邻国交往也必须有本国文字，只有这样才能显示出一个政权的独立性。

其次，女真字创制以后，为了推广以及普及女真字的应用，太宗立女真字学，教授女真人学习。在上京会宁府、西京大同府、中京大定府均设有女真字学。女真字颁行的时间是在天辅三年（1119）的八月份，那么，女真学设立的时间大至在天辅三年（1119）到天会初年，关于儿童入学的记载基本都是天会年间，"初置女直字，立学官于西京，椿年与

---

① 有关金代编撰与出版图书的数量与种类，详见书后附录金代艺文志统计表，下同。

诸部儿童俱入学"①，"耨盌温敦兀带，太师思忠伫也。天会间，充女直字学生，学问通达，观书史，工为诗"②。女真字学设立，《女真字母》一书作为教材颁行到各个学校，这是金代最早出版的图书，实际上是一本女真文的识字书，不论用什么手段制作的大量复制件，都已经构成出版，因此可以断言，天辅三年（1119）以后，最晚天会初年，金政权已经开始出版图书了，《女真字母》的出版是金图书出版萌芽的标志。

此外，这一时期的出版事件还有天会五年（1127）命司天杨级修订历法，至天会十五年（1137）始成，命名为《大明历》，颁行天下。接着于"天会六年（1128），诏书求访祖宗遗事，以备国史，命勖与耶律迪越掌之"③，为修纂国史收集资料。私人的著述主要是由辽宋入金之人撰述的，如韩坊《金太祖睿德神功碑》，施宜生的《一日获三十六熊赋》，范拱纂有《初政录》等，伪齐刘豫政权于阜昌八年（1137）刻有《成唯识论了义灯钞科文》。

二　熙宗、海陵时期图书出版的发展

熙宗、海陵时期是金代社会的发展时期，社会秩序经过战后的休整已经基本恢复正常，各项制度正式建立起来，人民生活较为安定，经济、文化、教育等各项事业逐渐得到了恢复和发展。在此条件下，图书出版业也开始活跃起来。

这一时期官方开始编纂史书，如各帝起居注开始修纂，祖宗实录、太祖实录均于皇统年间成书。熙宗时首次编纂《辽史》。民间医生成无己著有《伤寒论注》《伤寒明理论》《医学启源》等。文集类的有魏道明《鼎新诗话》、完颜勖《完颜勖诗集》、何宏中《成真集》《通理集》。

天德三年（1151）金代官方主要刻书机构国子监正式建立后，着手刻印经史，作为教材颁发各地官学，大规模的官方图书刻印正式起步。熙宗皇统年间国子监还刻有医书《附广肘后方》。与此同时，民间的图书刻印也开始大规模恢复，主要以佛教典籍的刻印为主。如皇统九年

---

①　（元）脱脱等：《金史·纳合椿年传》卷 83，中华书局 1975 年版，第 1872 页。

②　（元）脱脱等：《金史·耨盌温敦兀带传》卷 84，中华书局 1975 年版，第 1884 页。

③　（元）脱脱等：《金史·完颜勖传》卷 66，中华书局 1975 年版，第 1558 页。

（1149）刻印《大方广佛华严经合论》，由太原府榆次县仁义乡小郭村当乡小冀村李展施板。最大型的出版事件是皇统九年（1149）开始了《金藏》的雕印，这部金代大藏经共有 7000 余卷，完成于大定十三年（1173），其间历经 24 年。从《赵城金藏》各卷刊刻的时间来看，皇统、天德雕版伊始，卷帙不多。到了海陵朝的贞元、正隆八九年间则刻成 300余帙，3000 余卷，几占全藏之半，可称极盛，说明当地的雕版印刷能力在海陵时期已经很强。这一时期刻印的出版物种类还是以佛经为主，正如向达先生所说："中国印刷术之起源，与佛教有密切之关系"。① 金代出版业的恢复与勃兴也与佛教有着紧密的联系，以上金代出版业发展时期的出版物种类以佛经为主便可以证明这一点。客观上佛教的发展与传播也直接推动了金代雕版印刷业的发展。女真人在战争之前就已经开始信奉佛教，战争中寺院所受的破坏远小于学校，宗教在战争中还在继续发展，人们因处于战争中的困苦环境中，对宗教的依赖更强，金代佛经的刊刻实际上仍是辽宋时期的继续，如《大藏经》的刊刻者是在北宋时期就已经萌生了雕刻一部大藏经的想法，只是随着政权的更替，这一愿望实施的时间进入了金王朝统治时期。所以这一时期以佛经的刊刻为主是有着其历史根源的，也正是佛经的雕刻带动了金代的图书出版走向高潮的。

据笔者所统计的《金代图书编纂统计表》可知熙宗时期编纂的图书为 25 部，海陵王时期编纂的图书为 21 部，刻印的图书数量也从金初的 3部上升到 41 部之多。可见，这一时期金代的图书出版呈现出明显的上升趋势。

三 世宗、章宗时期图书出版的繁荣

经过熙宗与海陵朝的发展，金代出版在随后进入到了较为繁荣的时期。世宗和章宗两朝是金代政治、经济、文化等各方面综合发展的繁荣时期，世宗被誉为"小尧舜"，在其统治的期间与南宋和平相处，社会安定，经济发展，教育事业也在政府的支持与倡导下获得了更大的发展，世宗、章宗加强学校建设，增设学校，提供经费，学生数量增长。文化

---

① 向达：《唐代长安与西域文明》，河北教育出版社 2007 年版，第 126 页。

上进入大发展时期，人才辈出，著作数量显著增加。据文后的附表统计，世宗时期的著作 125 部，章宗时期编纂的著作有 51 部，比熙宗、海陵时期多出 130 部，刻印的图书数量为 84 部，比上一阶段增加了一倍。而且这一时期出版的图书种类也是最为丰富的。从最为常用的科举考试教育用书的经史、韵书到民间文学话本，张贴版画、佛经道藏，医书等，几乎都汇集在这一时期，可以肯定地说，海陵之后金代的图书出版迎来了自身发展的繁盛时期。

四 卫绍王以后图书出版的继续发展时期

从卫绍王到金亡的 25 年间，是金朝国势走向衰落的阶段。在卫绍王大安三年（1211），蒙古发动了与金的战争，社会经济环境遭受战争的破坏，出版业的发展必然受到直接的影响。遭受战乱的地区，以营利为目的的商业书坊便无法继续经营，图书的刻印流通受到制约，数量下降。这段时期已知的刻本数量只有 25 部，平均每年刻印 1 部，而世宗与章宗时期（1161—1208）每年是平均 1.8 部。虽然这一数字无法说成是最准确数字，但通过对比还是可以看出不同时期的变化情况，说明卫绍王以后图书的刻印呈现下降的趋势。图书的刻印与政治、经济环境的动荡是分不开的，但是这一时期的图书编纂却呈现继续发展的态势，卫绍王时期著作 2 部；宣宗到金亡时期的著作共有 121 部，平均每年编纂的图书数量为 4.8 部。而世宗与章宗时期，平均每年编纂的图书数量为 3.6 部。从这一统计数据来看，金的图书编纂在这一时期不仅没有停滞不前，反而继续向前发展。金朝末期在文化繁盛的基础上，图书出版也并未衰落下去，这就为后来元朝的图书出版奠定了基础。

综上可以看出，金代的出版业起步较早，并能够在辽宋的基础上快速发展起来，在世宗与章宗这一金代政治、经济、文化全面繁荣时期取得引人注目的成绩。即使金末国家形势内外交困，出版业也未停步不前，仍在某些方面继续发展并发挥着其传播文化的作用，在我国北方各民族文化发展过程中具有不可替代的作用。

第二章

金代对图书出版的管理

自古以来图书就是统治阶级控制思想言论的重要工具，历来统治者都对图书的编写、刻印、流传与收藏有着严格的管理。金代的统治者重视图书典籍的出版，一方面积极发展出版业，兼采唐宋制度，设置图书编纂与刻印的官方出版机构，从事图书出版的事宜，为政治、经济和文化的发展服务；另一方面制定政策法规，通过行政手段来限制违禁书籍的出版，避免传播不利政权统治的信息。

第一节　金代图书出版机构的设置

女真人建立的政权，在官方机构的设置上，基本沿袭唐、宋之制，图书出版机构的设置也是如此。北宋中央的出版机构有国子监、崇文院和秘书监等，并以官方出版系统来达到引领出版导向的作用，"形成了初具规模的出版管理与控制体系。尽管这一体系还具有非制度化、不稳定性的初期特征，但无疑对维护当时的政治与社会的稳定起到了积极的作用"①，也影响了金代图书出版业的管理。

载于史籍的有关金代图书出版管理的内容并不多见，但金代统治者在当时就认识到了图书出版的作用，懂得利用这一先进的技术为自身政权的统治与发展服务却是不争的事实。表现之一，就是设立官方机构从事图书的刻印出版，涉及图书出版的各个环节，包括图书的编纂、刻印、收藏等各官署，并以官方出版引导全国的图书出版方向。具体而言，金

---

① 郭孟良：《论宋代的出版管理》，《中州学刊》2000 年第 6 期。

代在中央设有以国子监为首，包括国史院、秘书监、弘文院、尚书省等多个出版机构，地方兼事出版的机构主要是转运司。

一　国子监

金代官方图书出版管理机构首推国子监。我国古代的国子监既是国家的最高学府，也是最大的官方出版机构，在负责培养人才的同时，还主持刊刻各种教材及图书。国子监是代表官方意志从事出版活动的，历代所出版的图书均以宣传儒家思想的经书和提供治国经验的史书为主。从五代起，国子监开始出版图书，后唐长兴三年（932）中书门下奏："请依石经文字，刻《九经》印板，敕令国子监集博士儒徒，将西京石经本，各以所业本经句度，抄写注出，仔细看读，然后雇召能雕字匠人，各部随帙刻印板，广颁天下。"① 开创了国子监刻书的先例。以后各朝便沿袭五代旧例，将国子监作为官方刻书机构，负责校勘典籍，刻印颁行。北宋太祖开宝六年（973），即诏扈蒙、卢多逊等刊定《本草》，镂板于国子监。北宋国子监中负责刻书的机构始名"印书钱物所"，淳化五年（994），改为"国子监书库官"。

金代官方刻书机构也以国子监为首。关于金代的国子监设置时间史籍记载开始于海陵天德三年（1151），此前国子监的发展状况不明。张帆在《金代国子监钩沉》中进行了细致的考证，认为金天会五年（1127）时就已经在燕京设立国子监，② 笔者对张帆的考证做了进一步的补充，以力求使金代国子监的发展历史更为清晰。按张帆的考证，天德三年（1151）以前，金在燕京设有国子监。徐梦莘《三朝北盟会编》所引《文具录》中记录金初任用宇文虚中制定各项制度，设置机构时因"国子监旧在燕京，亦不设"③。这里的"不设"应是指在会宁府不设国子监这一机构。而宇文虚中于天会五年（1127）入金，参与金的机构设置一事应发生在天会五年，所以《文具录》中所说的国子监至少在此时是存在

---

① （宋）王溥撰：《五代会要·经籍》卷8，中华书局1998年版，第96页。
② 张帆：《金代国子监钩沉》，韩世明主编：《辽金史论集》第10辑，中国社会科学出版社2007年版，第214页。
③ 洪皓：《金国文具录》，（宋）徐梦莘：《三朝北盟会编·炎兴下帙一二一》卷221，上海古籍出版社2008年版，第1595页。

的，而同一地点在几乎相同的时间段内不可能有两个国子监，所以这里所说的国子监与睿宗在燕京设立的应是同一机构。又据李心传《建炎以来系年要录》记载："初，金太宗晟尝下诏改正官名而未毕，至是置三省六部，略仿中国之制……劝农司置使、副，记注院置修注，太常寺置少卿，秘书省置监、少以下皆备。国子监官不设。"① 可知金初在燕京有国子监这一机构，金灭宋之后还保留了汴京国子监，如果按照金初的统治惯例，则以上推测是极有可能的。金在占领辽、宋的地区后，采取以汉治汉的政策，许多地方继续保留辽、北宋原有的州县及机构，替金政权管理当地事务。辽和北宋都在各京设有国子监，据《辽史》载，辽设有中京、西京国子监，没有燕京国子监。北宋在东京（汴京，今河南开封）、西京（今河南洛阳）、南京（今河南商丘）、北京设有国子监，其中以东京国子监最为重要，是全国最高学府，也是北宋的出版中心。天会五年（1127）金朝占领北宋首都东京以后，没有马上废止国子监，可以看作金国子监的前身。此时的旧监还发挥着出版的职能，国子监内官员也还从事图书出版的工作，金皇统四年（1144），汴京国子监刻印了《附广肘后方》一书。

从以上的论述可知金初于燕京设有国子监，还保留了北宋汴京的旧监，天德三年（1151）金正式设立了自己的国子监以养士，国子监下设有国子学和太学，为金政权的最高学府，同时也是对全国官学实行管理的行政机构。国子监负责编辑、校勘、印发官修图书和教材，有金一代国子监为最大的官方出版机构，监内设有负责图书出版所需的职官：国子校勘，从八品，掌校勘文字；国子书写官，从八品，掌书写实录；监内还有雕字工匠，工匠中有作头与副作头。雕版工人的技术水平决定了所刻书籍的质量，与其他手工业匠人相比，雕字工匠的薪俸要略高一些，表现了对出版的重视。以官学和科举考试使用的经学教材为例，几乎全部是国子监修订、印制和发行的。

金所占领的辽与北宋地区的文化存在较大的差异，士人所习儒家经学内容不同，为适应这种差异曾采取南北选的方式进行科举取士。太宗天会五年（1127），"以河北、河东初降，职员多阙，以辽、宋之制不同，诏南北各因其素所习之业取士，号为南北选"。科举考试内容不同，所用

────────

① （宋）李心传：《建炎以来系年要录》卷84，中华书局1988年版，第1388页。

书籍也必不相同。至海陵天德三年（1151），"并南北选为一，罢经义策试两科，专以词赋"① 统一取士。这就要求在全国范围内有一个考试用书的统一标准，金代国子监的正式设立也就是在这一年，刻印五经十七史，并授诸各地学校。通过这一方式国子监控制了大部分学校中所用书籍的出版。官方刻书的大范围发行，也对全国科举用书的出版起到了引导作用。

二　国史院

金朝在设立国史院之前就已经有了史官。据何宛英《金代修史制度与史官特点》一文所论，金天会年间有"直史馆"和"史馆修撰"等史职人员，但这两种史职只见于辽宋的官制，金史职中没有这样的称呼，因此说金初的史职是承袭辽旧。②

金代国史院正式设于熙宗天眷元年（1138），开始时是以谏官兼任其职，"先尝以谏官兼其职，明昌元年（1190）诏谏官不得兼，恐于其奏章私溢己美故也"。国史院常设官员有"监修国史，掌监修国史事"，大多以宰相兼领。"修国史，掌修国史，判院事。同修国史二员。编修官，正八品，女直、汉人各四员。检阅官，从九品。"另外，国史院还设有书写一职，"大定十八年（1178）用书写出职人"，"书写，女直、汉人各五人"。③ 书写官的职责主要是抄写史书，《金史·李汾传》载"书写，特抄书小史耳"④。耶律履曾任国史院书写一职，"素善契丹大小字，译经润文，旨辞达而理得"⑤。

金国史院官员同修国史、编修官与书写官的民族成分上体现了金政权的特色，金政权内通行汉语、女真语和契丹语三种语言，因此每个史职中的官员都包含女真人、汉人和契丹人三种民族成分。说明金代史书修纂要运用三种语言，明昌二年（1191），令女真字直译为汉字后，"国

---

① （元）脱脱等：《金史·选举一》卷51，中华书局1975年版，第1134—1135页。

② 何宛英：《金代修史制度与史官特点》，《史学研究》1996年第3期。

③ （元）脱脱等：《金史·百官一》卷55，中华书局1975年版，第1245页。

④ （元）脱脱等：《金史·李汾传》卷126，中华书局1975年版，第2741页。

⑤ （金）元好问著，姚奠中主编，李正民增订：《元好问全集·尚书右丞耶律公神道碑》（增订本）卷27，山西古籍出版社2004年版，第584页。

史院专写契丹字者罢之"。① 同年还"罢契丹编修三员，添女直一员"②。可见，国史院官员人数并非一成不变，而是灵活地随着修史的需要而增减，如章宗泰和元年（1201），出于修《辽史》的需要，增设修《辽史》刊修官一员，编修官三员。

在宋以前，一般情况下中央政府均设有实录院来负责编纂实录与本朝历史。但据《金史·百官志》记载，金代无实录院，因而编纂实录与本朝历史的任务就由国史院来承担。据《金史》载，泰和六年（1206），宋攻金寿州，魏全忠义不屈被杀，金政府将其忠义之事送史馆，一方面以备修史，另一方面命史馆将《魏全死节事》刻印出版。

三　秘书监

秘书监职掌大事撰录、国史编修、文书存档、图籍收藏等，是我国古代重要的图书纂述与收藏机构。秘书监的前身只是东汉的皇家图书管理员，到隋唐时期发展成为一个管理图书收藏、编纂的机构，下辖著作局与太史局两个分支机构，著作局负责修国史，太史局掌管天文历法，编纂与出版历书。宋代时，秘书监"掌古今经籍图书、国史实录、天文历数之事。少监为之贰，而丞参领之。其属有五：著作郎一人，著作佐郎二人，掌修纂日历；秘书郎二人，掌集贤院、史馆、昭文馆、秘阁图籍，以甲、乙、丙、丁为部，各分其类；校书郎四人，正字二人，掌校雠典籍，判正讹谬"。③

金代秘书监的设置与职掌基本与宋一致，设"监一员，从三品。少监一员，正五品。丞一员，正六品。秘书郎二员，正七品。泰和元年（1201）定为二员。通掌经籍图书。校书郎一员，从七品。承安五年（1200）二员。泰和五年（1205）以翰林院官兼，大安二年（1210）省一员。专掌校勘在监文籍"④。大定十二年（1172）诏有司，"凡陈言文字，皆国政利害，自今言有可行，以其本封送秘书监，当行者录副付所

---

①　（元）脱脱等：《金史·章宗一》卷9，中华书局1975年版，第218页。

②　（元）脱脱等：《金史·百官一》卷55，中华书局1975年版，第1245页。

③　（元）脱脱等：《宋史·职官四》卷164，中华书局1977年版，第3873页。

④　（元）脱脱等：《金史·百官二》卷56，中华书局1975年版，第1269页。

司"①。从以上官员的职能来看，金秘书监主要负责对藏书进行校勘、整理与抄写。国家的礼、乐、兵、刑、历书、史书的编纂都要依赖大量的藏书。秘书监所做的图书分类、校勘及抄写等工作为金的图书编纂做好了前期准备。另外，秘书监官员也参与图书编纂，如纳合椿年，海陵时"改秘书监，修起居注"。②

金还于秘书监下置著作局，负责纂修日历。初设时"著作郎一员，从六品。著作佐郎一员，正七品。掌修日历"。皇统六年（1146），著作郎、佐郎增至二员，编修日历，以学士院兼领之。③ 承安五年（1200），规定尚书省编次的日历在付史馆之前"仍令送著作局润色"。④ 从这条记载来看，著作局的工作主要是依据起居注等按月修纂日历，为实录和国史的编纂做准备。

秘书监下置司天台，掌管天文历法之事。常置的官员有"提点，正五品。监，从五品，掌天文历数、风云气色，密以奏闻。少监，从六品。判官，从八品。教授，旧设二员，正大初省一员。司天管勾，从九品。长行人五十人"⑤。

司天台负责推算历法，编纂每一年的新历，刊印颁行。"金有天下百余年，历惟一易。天会五年（1127），司天杨级始造《大明历》，十五年（1137）春正月朔，始颁行之。"⑥ 司天台还负责监测历法的准确性，如有差误及时提出解决办法，因此勘误当前所用历法与审查新进历法是司天台的主要职责。

除编写历法以外，司天台也编撰天象方面的各种书籍。泰和四年（1204）司天台长行张翼进《天象传》，即是记录当时天象的书籍。

四　译经所、弘文院

金朝作为少数民族建立的政权，图书出版方面最大的特色就是少数

① （元）脱脱等：《金史·世宗中》卷7，中华书局1975年版，第155页。
② （元）脱脱等：《金史·纳合椿年乌野传》卷83，中华书局1975年版，第1872页。
③ （元）脱脱等：《金史·百官二》卷56，中华书局1975年版，第1269页。
④ （元）脱脱等：《金史·章宗三》卷11，中华书局1975年版，第253页。
⑤ （元）脱脱等：《金史·百官二》卷56，中华书局1975年版，第1270页。
⑥ （元）脱脱等：《金史·历上》卷21，中华书局1975年版，第441页。

民族文字图书的出版。与辽一样，女真人建立政权后即创制本民族文字，之后便大力推广使用，同时又能积极学习汉文化以摆脱女真人文化上的落后状态。这看似冲突的两方面如何能较好地结合，在图书出版上的体现就是将汉文的图书翻译成女真文字图书出版，通过女真文经史的传播来达到既学习汉文化又推广女真文字的目的。金世宗时是金代女真文图书翻译与出版的高峰期，世宗设译经所，专门负责翻译汉文经史。"大定初朝廷无事，世宗锐意经籍，诏以小字译《唐史》。成，则别以女直字传之，以便观览。公（耶律履）在选中，独主其事。书上，大蒙赏异，擢国史院编修官兼笔砚直长。改置经书所，径以女直字译汉文。选贵胄之秀异就学焉。"① 明昌二年（1191）四月，"谕有司，自今女直字直译为汉字，国史院专写契丹字者罢之"②。也说明最初女真字与汉字之间并不能互译，而是以契丹字为中间媒介转译的。由此可以证明，上文中所记先将唐史译成契丹字后再译成女真字是可信的。章宗明昌五年（1194），又置弘文院，译写经书，③ 院中设有校理一职，掌校译经史。④ 金代女真文经史的翻译与出版由这两个机构完成，世宗与章宗两朝这两个机构共翻译校勘经史 15 部。专门机构的设置，说明统治者对女真文经史翻译与出版的重视。

五　详定所、详校所

　　详定所、详校所为编撰与审定礼、乐、刑律方面书籍的机构。世宗既兴，复收向所迁宋故礼器以旋，乃命官参校唐、宋故典沿革，开"详定所"以议礼，设"'详校所'以审乐"。⑤ 校对人员需要拥有与被校书籍内容相关的专业知识，官员不常设，而是根据制定礼乐的需要以及所校书籍内容临时任命，由他官兼任。如校定律法，则需要熟悉律法的人进行校对。"明昌三年（1192）七月，右司郎中孙铎先以详定所校《名例

① （金）元好问著，姚奠中主编，李正民增订：《元好问全集·尚书右丞耶律公神道碑》（增订本）卷 27，山西古籍出版社 2004 年版，第 584 页。

② （元）脱脱等：《金史·章宗一》卷 9，中华书局 1975 年版，第 218 页。

③ （元）脱脱等：《金史·章宗二》卷 10，中华书局 1975 年版，第 232 页。

④ （元）脱脱等：《金史·百官二》卷 56，中华书局 1975 年版，第 1279 页。

⑤ （元）脱脱等：《金史·郊礼》卷 28，中华书局 1975 年版，第 692 页。

篇》进，既而诸篇皆成，复命中都路转运使王寂、大理卿董师中等重校之。"大理寺掌管刑狱案件的审理，官员拥有律法知识，同时具备案件审理经验，对法律内容可以做出专业性的评价，长于律法的修定。明昌五年（1194）正月，欲重新校定制文、律条，于是即付详定所。时详定官言："若依重修制文为式，则条目增减，罪名轻重，当异于律。既定复与旧同颁，则使人惑而易为奸矣。臣等谓，用今制条，参酌时宜，准律文修定，历采前代刑书宜于今者，以补遗阙，取《刑统》疏文以释之，著为常法，名曰《明昌律义》。别编榷货、边部、权宜等事，集为《敕条》。"详定官认为应参照新旧律文，采补适宜者，制定新的律法，定名为《明昌律义》，于是采纳这一建议，任命相关校定官员，"遂以知大兴府事尼庞古鉴、御史中丞董师中、翰林待制奥屯忠孝、提点司天台张嗣、翰林修撰完颜撒刺、刑部员外郎李庭义、大理丞麻安上为校定官，大理卿阎公贞、户部侍郎李敬义、工部郎中贾铉为覆定官，重修新律焉"。

六　转运司

宋代转运司（简称漕司）长官转运使，掌管一路的财政赋税，监察各州官吏，并以官吏违法、民生疾苦等情况上报朝廷。后来转运使逐渐成为各路长官。南宋初期，南方的一些转运司利用掌管的公使钱，刻印了大量图书，世称转运司本或漕司本。如福建转运司于绍兴十七年（1147）刻《太平圣惠方》100卷；潼州转运司于淳熙十二年（1185）刻大字本《三国志》；广东转运司于宝庆元年（1225）刻《新刊校定集注杜诗》36卷等。宋代的转运司还负责管理民间各书坊刻书事宜，如针对盗版，书坊可以向当地的转运司申请保护版权，申请得到认可后，转运司会发给书坊一份声明，申请政府保护，他人如若翻版，将受到惩罚。

金承宋制，转运司的职能应与宋大致相同，但由丁史料的缺乏，金代转运司与书籍出版管理的关系还难以考察，只是根据藏书目录可知金代转运司确实刻印出版书籍。金刻有《贞观政要》一书，据《天禄琳琅书目·金版史部》记载"大定己丑（1169）八月进士唐公弼序称'南京路都转运使梁公出公府之赀，命工镂版'"[1]，说明金代转运司仍利用所掌

---

① （清）于敏中等：《天禄琳琅书目·金版史部》卷3，中华书局1995年版，第67页。

管的公使钱刻印图书。另据张秀民《中国印刷史》南京路转运司还刻有《旧五代史》。

金朝官方图书出版机构既包括编纂机构也包括书籍的刊刻与收藏机构，而官方出版机构的设置与运行很大程度上促进了书籍的编纂与刊刻。从中央到地方的官方出版发挥了一个导向的作用，引导着民间出版的方向。

第二节　金代对图书出版的管理

图书是我国古代最重要的信息传播媒介之一，在思想文化的传播中占据着主导性地位。宋金时期雕版印刷技术的普遍利用使图书出版业在当时得以迅速发展，图书生产速度提高，种类更加丰富，流通途径增多，流通范围扩大，使得图书媒介的信息传播功能得到了极大的发挥。图书的这一以传播信息为主的特征使出版业历来为统治阶级所用。一方面它是统治者实现统治与教化的重要手段，另一方面图书也因其会承载并传播不利于统治阶级利益的信息而导致统治者的特别关注。金代统治者对于图书出版十分重视，同时为了维护自己的统治，也对其采取了一定管理措施，具体来讲主要有以下两方面内容。

一　图书出版以中央政府或皇帝的行政命令为旨归

上文所提到的国子监等机构是金代设置的主要图书出版机构，但这些机构能够刻印出版哪些图书是要遵从中央政府和皇帝命令的。以国子监为例，通过《金史·选举志》记载我们可以知道，国子监刻印量最大的是经史考试用书，中央政府对经书所用的注疏使用哪个人的注本都做了严格细致的规定："凡《经》，《易》则用王弼、韩康伯注，《书》用孔安国注，《诗》用毛苌注、郑玄笺，《春秋左氏传》用杜预注，《礼记》用孔颖达疏，《周礼》用郑玄注、贾公彦疏，《论语》用何晏集注、邢昺疏，《孟子》用赵岐注、孙奭疏，《孝经》用唐玄宗注，《史记》用裴骃注，《前汉书》用颜师古注，《后汉书》用李贤注，《三国志》用裴松之注，及唐太宗《晋书》、沈约《宋书》、萧子显《齐书》、姚思廉《梁书》

《陈书》、魏收《后魏书》、李百药《北齐书》、令狐德棻《周书》、魏征《隋书》、新旧《唐书》、新旧《五代史》，《老子》用唐玄宗注疏，《荀子》用杨倞注，《扬子》用李轨、宋咸、柳宗元、吴秘注。"① 章宗时又规定"新定学令内削去薛居正《五代史》，止用欧阳修所撰"②。国子监也不再刻印薛史，"于是薛史遂微，元明以来罕有援引其书者，传本亦渐就淹没"③。由此可知，国子监刻书种类是受中央政府控制的。国子监出版的这些教材也成为民间出版这些图书时所参照的标准范本。除了教材，国子监所刻其他各类书籍，也多是奉命刊刻，是为应朝廷的出版需要。"世宗尝问宋名臣孰为优，公（耶律履）以端明殿学士苏轼对。世宗曰：'吾闻苏轼与驸马都尉王诜交甚款，至作歌曲戏及帝女，非礼之甚！其人何足数耶？'公曰：'小说传闻，未必可信。就令有之，戏笑之间，亦何须深责？岂得并其人而废之？世徒知轼之诗文为不可及，臣观其论天下事，实经济之良材。求之古人，陆贽而下未见其比。陛下无信小说传闻而忽贤臣之言。'明日，录轼奏议上之。诏国子监刊行。"④ 世宗本不识苏轼之才，在耶律履的解释下才知苏轼为经济良才，才学仅在陆贽之下，于是国子监才有刊刻苏轼奏议的机会。

又据《沁州刺史李君神道碑》载大定十九年（1179）李楫登科时，"御题《易无体》，同年生六十人，自甲选张行简至黄士表，赋学家谓人人可以魁天下，程卷皆锓木以传"⑤。说明这一年参加考试的举子皆是才学优异的佼佼者，考试所撰写的文章极为优秀，因此将这些人的试卷刻印传布天下，激励其他士人学习，同时也可以达到宣扬教化的目的。虽然文中并未说明这些考卷交由哪个机构刻印，但是根据所说的"御题《易无体》"可知其参加的是皇帝出题的殿试，那么刻印这些试卷的应是中央出版机构，而国子监作为最高学府又是最大的官方出版机构，最有

① （元）脱脱等：《金史·选举志》，第 1131—1132 页。

② （元）脱脱等：《金史·章宗四》卷 12，中华书局 1975 年版，第 282 页。

③ （清）永瑢等：《四库全书总目·史部·正史类二》卷 46，中华书局 1965 年版，第 411 页。

④ （金）元好问著，姚奠中主编，李正民增订：《元好问全集·尚书右丞耶律公神道碑》（增订本）卷 27，山西古籍出版社 2004 年版，第 586 页。

⑤ （金）元好问著，姚奠中主编，李正民增订：《元好问全集·沁州刺史李君神道碑》（增订本）卷 16，山西古籍出版社 2004 年版，第 399 页。

可能承担这一事务。大定二十年（1180），世宗诏曰："太师勖谏表诗文
甚有典则，朕自即位所未尝见。其谏表可入《实录》，其《射虎赋》诗文
等篇什，可镂版行之。"① 估计也是由国子监刊行。

可见，国子监所刻图书与中央政府的态度是紧密相连的，国子监实
际上就是为金政权的教育与思想文化宣传服务的机构，其出版方向与统
治者的需求相一致。政府也通过国子监实现对官方图书出版的控制，同
时利用国子监的出版来引导全国的出版方向。

二　对图书刻印与收藏的限制

早在商周时期，读书还只是贵族们的特权，书籍流通只限于统治阶
级内部，图书的收藏也只限于官府。春秋时期打破了图书著述、收藏由
官府垄断的局面，图书得以走入平民阶层，传播范围开始扩大，对社会
的影响达到了前所未有的广泛程度。秦始皇统一全国后，为统一思想意
识，大规模地焚烧诸子百家书籍，只留医药和种植的书籍，制造了中国
历史上最为严厉的图书限制事件。西汉武帝，实行"罢黜百家，独尊儒
术"的文化政策，表现在图书出版上则是积极出版儒家书籍。到了隋朝
雕版印刷术的发明，使得书籍的生产实现了规模化，经过唐朝的发展，
到了两宋，以雕版印刷为技术基础的我国古代出版进入黄金时期，图书
生产规模与传播范围迅速扩大，思想的传播变得更为方便和快捷，图书
对社会的影响也越来越明显，进而促使政府对图书出版加强了管理，对
于有违禁内容的书籍，统治者是严格控制的，禁止这类书籍的编纂、刻
印、流通以及收藏。史料中未见金朝限制出版的具体实例，但从各种思
想控制的事件上可以断定对图书出版的限禁是必定存在的。

金朝统治者为了维护其统治，对人民的思想控制较为严厉，如制定
律法禁止"乱言"，制造"文字狱"等。

第一，禁止"乱言"。为了禁止违背朝廷政策的言论出现，金朝多次
下令禁止"乱言"，并制定了"乱言"治罪法。《金史·刑志》记载，大
定四年（1164），尚书省奏，"大兴民男子李十、妇人杨仙哥并以乱言当

---

① （元）脱脱等：《金史·完颜勖传》卷66，中华书局1975年版，第1560页。

斩"。世宗曰：　"愚民不识典法，有司亦未尝丁宁诰戒，岂可遽加极刑。"① 特以减死之罪处罚，说明金朝制定有"乱言处死"的法律，可能这时法律刚刚制定不久，老百姓尚未知晓，所以世宗特以减死论处。此后，金朝加强了"乱言处死"法律的宣传，再有违犯，则严惩不贷。大定二十一年（1181）三月，"辽州民朱忠等乱言，伏诛"。闰三月，"恩州民邹明等乱言，伏诛"②。大定二十三年（1183），"大兴府民赵无事带酒乱言，父千捕告，法当死"。世宗曰："为父不恤其子而告捕之，其正如此，人所甚难。可特减死一等。"③ 由此可见，除了父亲告发儿子"乱言"罪的特殊案例外，乱言罪一律处死，量刑最重。说明金廷对"乱言"相当重视。

　　史书中没有记载"乱言"的内容，据分析，可能是指违背朝廷政策以及不满金廷统治等不利于统治的言论。金廷对这种"乱言"治罪尚且如此残酷，可以想见，对于记叙反动言论的书籍必定严格禁止出版。

　　第二，制造文字狱。制造文字狱是加强对人们的思想控制的另一表现。熙宗皇统九年（1149）四月，金朝首都上京一带刮起了龙卷风，"染练腾空"，"上青下赤"，自北向南呼啸而来。接着雷雨大作，雷电震坏了皇帝寝殿，有一团大火自外而入，烧毁了内殿帏幔。熙宗面对大自然巨变，不知所以，以为上天降罪，准备"下诏罪己"，大赦天下。翰林学士张钧受命起草诏文，诏文中写有"惟德弗类，上干天威"及"顾兹寡昧，眇予小子"等语。参知政事萧肄见到张钧所起草的熙宗"下诏罪己"的诏文，说："弗类是大无道，寡者孤独无亲，昧则于人事弗晓，眇则目无所见，小子婴孩之称，此汉人托文字以詈主上也。"④ 熙宗对诏文中"乃者龙潜我宫"之句亦不满，曾说"龙奈我何"⑤，又听萧肄这么一说，顿时大怒，即刻下令处死张钧，制造了一起文字狱。

　　海陵帝也吹毛求疵，对不合己意的文字不能容忍。贞元二年（1154），科举考试，翟永固与张景仁出《尊祖配天赋》题。海陵帝看了，

---

①　（元）脱脱等：《金史·刑志》卷45，中华书局1975年版，第1015页。
②　（元）脱脱等：《金史·世宗下》卷8，中华书局1975年版，第180页。
③　（元）脱脱等：《金史·刑志》卷45，中华书局1975年版，第1019页。
④　（元）脱脱等：《金史·萧肄传》卷129，中华书局1975年版，第2780页。
⑤　苗耀：《神麓记》，（宋）徐梦莘：《三朝北盟会编·炎兴下帙一一六》卷216，上海古籍出版社2008年版，第1557页。

"以为猜度己意"，非常不满，把翟永固召来问道："赋题不称朕意。我祖在位时祭天拜乎?"翟永固回答说："拜。"海陵帝又说："岂有生则致拜，死而同体配食者乎?"翟永固回答说："古有之，载在典礼。"海陵帝说："若桀、纣曾行，亦欲我行之乎?"不管翟永固、张景仁如何解释，还是把他们两人各打了 20 大板。同年进士张汝霖赋第八韵有"方今，将行郊祀"几个字，海陵帝也不满意，责问张汝霖说："汝安知我郊祀乎?"不容分说，下令打了张汝霖 30 大板。① 海陵帝随意猜度，又制造了一起文字冤案。

章宗也不容许违背自己意愿的文字存在，曾制造一起赵秉文上书言事、牵连"诸公坐诗讥讽"的文字狱。明昌六年（1195），赵秉文上书议论朝政，"愿陛下进君子，退小人"。章宗使内侍问曰："当今君子、小人为谁?"赵秉文回答说："君子，故相完颜守贞;小人，今参政胥持国也。"章宗又使内侍问曰："汝何以知此二人为君子、小人?"赵秉文刚从外地进入京师，不知详情，惶恐万分，只好说："臣新自外来，闻朝廷士大夫议论如此。"后经再三追问，赵秉文供出曾与王庭筠、周昂、潘豹、郑赞道、高坦等人私下议论过。章宗一听，大怒，将王庭筠等人逮捕下狱，并穷治其事，搜查"素所作讥讽文字"，独得周昂《送路铎外补》诗一首云："龙移鳝鳝舞，日落鸥枭啸。未须发三叹，但可付一笑。"章宗认为其诗语涉讥讽，罪杖七十。王庭筠等分别施以杖刑，罢为外官。②

这三起文字狱中所涉事由并无任何的违逆之意，但却被统治者严厉处罚，可见金代对人们思想的控制程度之强。在这样严厉的思想控制的大背景下，图书出版也必然受到控制。

（一）对图书刻印的控制

金代曾两次修纂《辽史》，但这两部《辽史》均未曾刊印。第一次所修《辽史》未能刊刻的原因尚不清楚，第二次所修《辽史》未能刻印与金朝的德运之议有密切的关系。第二次《辽史》始修于大定二十九年（1189），终于泰和七年（1207），称为陈大任《辽史》，但后人的研究多认为《辽史》并未修成。冯家昇认为第二次修《辽史》未最终完成，他

---

① （元）脱脱等:《金史·翟永固传》卷 89，中华书局 1975 年版，第 1975 页。

② （金）刘祁撰，崔文印点校:《归潜志》卷 10，中华书局 2007 年版，第 111—112 页。

指出"《党怀英传》虽云,'陈大任继成《辽史》'""章宗纪亦云,'壬寅朔,《辽史》成',实则并未完成"。并引用《元文类》中修端的一段话加以证明:"泰和初,朝廷先有此论,故选官置院,创修辽史。后因南宋献馘告和,臣下奏言靖康间宋祚已绝,当承宋统,上乃罢修《辽史》。缘此中州士大夫间,不知辽金之兴,本末各异。向使《辽史》早成,天下自有定论,何待余言。"①

笔者认为《辽史》未能完成的说法有待商榷,原因如下。

首先,假设《辽史》未能完成,为何《金史》中的记载却是《辽史》已成。并且如果陈大任《辽史》并未最终修撰完成,脱脱在《进辽史表》中也应有所提及,但事实上只指出其"辞乏精详"。"国既丘墟,史亦芜莽。耶律俨语多避忌,陈大任辞乏精详。"② 这里也没有讲陈大任《辽史》为未完之作。从这两点上来说未完成的可能性不大,最有可能是《辽史》修撰受德运之争的影响,以至"辞乏精详"。

其次,修端的说法也未见确凿的依据,修端其人史书中不见记载,生平等不可考,他极有可能是并未看到金所修的《辽史》,进而推测并未最终修撰成书。事实上当时的人没有见到已修成的《辽史》是极有可能的,原因在于《辽史》修成后并未刊行。并且元好问也曾提到"泰和中诏修《辽史》。书成,寻有南迁之变。简册散失,世复不见"③。也表明《辽史》书虽成,但并未刊行。因此,《辽史》修成而未刊比并未修成的可能性更大,也更符合史书中的记载。

因德运继承问题不明确,使得《辽史》的修纂持续了较长时间,从大定二十九年(1189)开始,直至泰和七年(1207)修成,历时18年,内容却仍是不够详细,可知修纂并不顺利。《辽史》未能刊刻也正是缘于此,按中国古代的修史传统,为某个朝代修史即证明是某朝法统的继承者,如刊行《辽史》的话,则证明金继承了辽统,这与当时德运之争的结果是相悖离的。对于这样的书籍是不能允许其刻印流传的,《辽史》的未能刊行成为金代控制图书出版的一个典型事例。

---

① 冯家昇:《金修辽史之经过》,赵铁寒主编:《宋辽金元四史资料丛刊·辽史校勘记》,文海出版社1971年版,第597页。

② (元)脱脱等:《辽史·进辽史表》,中华书局1974年版,第1555页。

③ (金)元好问著,姚奠中主编,李正民增订:《元好问全集·奉国上将军武庙署令耶律公墓志铭》(增订本)卷27,山西古籍出版社2004年版,第582页。

（二）对图书收藏的限制

统治者对人民的思想控制除了限制违禁书籍的出版外，还要禁止不利于统治的各类书籍的收藏。金初有许多宋人入金，很多文人带去了大量的书籍，其中难免有对金朝统治不利的图书，禁止此类书籍的收藏与传播是金政权对图书出版限制的突出表现。

宋人宇文虚中使金被留，受到金廷重用。他"恃才轻肆，好讥讪，凡见女直人辄以矿卤目之"，因此得罪了许多女真族达官贵人。宇文虚中曾经撰写"宫殿榜署，本皆嘉美之名"，可那些讨厌宇文虚中的人却从中挑剔个别文字，诬蔑宇文虚中"谤讪朝廷"，"由是媒蘖以成其罪"，诬告宇文虚中谋反。皇统六年（1146）二月，熙宗命有司核实查处，结果"鞫治无状"，那些反对者又"罗织虚中家图书为反具"，宇文虚中觉得十分可笑，说："死自吾分，至于图籍，南来士大夫家家有之，高士谈图书尤多于我家，岂亦反耶。"那些女真达官贵人根本不听这一套，仍然以图书文字之罪，将宇文虚中和高士谈一起杀害，宇文虚中一家老幼百余口也同时被害。① 宇文虚中被诬告，家中的大量藏书成为其谋反的罪名，高士谈也因家中藏书甚富，最终被杀害。由此可见，金统治者对于图书收藏是非常敏感的，禁止私藏有害于金政权统治的书籍，因此才有理由以藏书为名治宇文虚中与高士谈的反罪。

在《金史》中还记载有禁止人民收藏制书的讨论。制书即金代制定刊行的各种法典刑统等法律条文。章宗大定二十九年（1189）之前禁止民间收藏制书，"旧禁民不得收制书，恐滋告讦之弊，"有言事者上奏"乞许民藏之"。平章张汝霖也赞成这一提议，并对允许百姓收藏的理由进行了阐述："'昔子产铸刑书，叔向讥之者，盖不欲预使民测其轻重也。今著不刊之典，使民晓然知之，犹江、河之易避而难犯，足以辅治，不禁为便。'以众议多不欲，诏姑令仍旧禁之。"② 张汝霖认为使人民知晓制书的内容，犹如江河之水规避起来容易，而不易触犯，并且可以辅助治国，所以建议不禁为好。但由于大多数人对此提法持反对意见，而没能解除对制书收藏的限制。

---

① （元）脱脱等：《金史·宇文虚中传》卷79，中华书局1975年版，第1792页。
② （元）脱脱等：《金史·刑志》卷45，中华书局1975年版，第1021页。

另有金廷禁止私藏《辽史》的记载,《尚书右丞耶律公神道碑》载,张景仁与耶律履有嫌隙,曾暴其藏匿《辽史》,耶律履也因此私藏《辽史》一事而被"移文选部,使不得调"。[①] 此事发生在世宗朝或之前,因此这里所说《辽史》当是第一次所修。耶律履因私自收藏《辽史》而不得升迁一事,说明当时对史书的收藏也加以限制。

---

① （金）元好问著,姚奠中主编,李正民增订:《元好问全集·尚书右丞耶律公神道碑》（增订本）卷27,山西古籍出版社2004年版,第588页。

第 三 章

金代图书的编纂

出版活动的首要环节是要有著述、文稿，作者的编纂成果是出版活动与出版事业的源泉。在金立国的一百二十年间，积极发展文化事业，培养了大批人才。文人儒士著书立说，繁荣了金代的图书编纂。正如张金吾所言，金"一扫五代辽季衰陋之俗"①，"典章文物粲然成一代治规"②。据对《金史·艺文志》统计可知金代编纂的书籍共 660 种，加上金亡之际散失的书籍，实际上金代新纂典籍的数量必然超过这一数字。

第一节　金代图书编纂种类与规模

一　经部书籍的编纂

儒家思想为封建社会的正统思想，古人的言行均以儒学为指导，图书编纂同样如此。儒家经典在古代典籍分类中列为四部之首，在这样的政治导向之下，经学成为士子学习的热门，许多士人皓首穷经，潜心钻研，经书及为经书所做的注解性著作不断问世。根据文后的《金史·艺文志》统计表，金代编纂的经部书籍达 89 部，其中以经书和经书的注释类作品居多，另有小学类的字书与韵书编纂成果也较多。金代经学研究中成就比较大的有赵秉文、李纯甫、王若虚等，赵秉文撰有《易丛说》《中庸说》《论语解》等，李纯甫撰有《鸣道集说》《楞严经外解》《老子

---

① （清）张金吾：《金文最·序》，中华书局 1990 年版，第 9 页。
② （元）脱脱等：《金史·章宗四》卷 12，中华书局 1975 年版，第 285 页。

解》等，王若虚撰有《五经辨惑》等。

金代的音韵学编纂成绩显著，为适应宋金时期汉语音韵学发展变化的需要，金代学者改革传统的韵书，编纂了《五音集韵》及一系列对其不断加以改进完善的著作。

皇统间，浍川荆璞编排了《五音集韵》，韩道昭认为还有不完善的地方，故于泰和八年（1208）"重编，改并五音之篇"①，名为《改并五音集韵》。

大定二十四年（1184）后阳王公与秘详等作《篇海》。明昌七年（1196）韩孝彦改《玉篇》归于五音，撰成《五音篇》十五卷。此书于三十六字母中取字的方法为当时所新创，初行之时，产生了"惊儒动众"之影响，后孝彦之子道昭又对《五音篇》加以增补，增加字数共 12345个，于泰和八年（1208）成书，名为《五音增改并类聚四声篇》。②

正大年间，王文郁所撰的《平水新刊韵略》首创 106 部的平水韵。此书鉴于先礼部韵"严且简"，又久无善本，"精加校雠，又少添注语"，新编成的韵书做到了"既详且当"，③ 全书共五卷，归并原 206 部为 106部，所并之韵，韵首一字以鱼尾隔之，收单字 9106 个。王氏此书在我国音韵学上产生了重要的影响，不仅金代即有刊本流行，到了元朝仍然重刊，并为明清所沿用。元仁宗延祐元年（1314），阴时夫的《韵府群玉》的分韵、韵部名称、小韵次序、单字排列，与王书如出一辙。明代潘恩的《诗韵辑要》连反切都与王书相同。清代《佩文诗韵》的 106 韵实际也还是金人的韵目。金元明清，一脉相承；七八百年的诗赋用韵，无论科场内外，都是这 106 韵。

另有党怀英编纂的《钟鼎集韵》④，姑汾王琢撰有启蒙韵书《次韵蒙求》，张天锡撰有《草书韵会》5 卷，按辽、金颁行的韵会编辑而成，分

---

① 韩道昇：《改并五音集韵序》，（清）张金吾：《金文最》卷 41，中华书局 1990 年版，第592 页。

② 韩道昇：《重编改并五音篇海序》，（清）张金吾：《金文最》卷 41，中华书局 1990 年版，第 591 页。

③ 许古：《平水新刊韵略序》，（清）张金吾：《金文最》卷 41，中华书局 1990 年版，第596 页。

④ （清）孙德谦：《金史艺文略》，杨家骆：《辽金元艺文志上》，《中国目录学名著》第 3集，世界书局 1976 年版，第 80 页。

上平、下平、上、去、入各一卷，收录自汉到金草书名家 200 余人的字迹。

音韵学的研究与韵书的编纂，体现了对唐辽宋文化的继承与发扬，是我国音韵史上的重要阶段，编纂成果影响深远。

表 3－1　　　　　　　　金代经部书籍种类及数量统计表

种类 文种	四书五经	韵书	字书	总计
汉文	48 部	11 部		76 部
女真文	15 部		2 部	

金代经部书中女真文译本的数量占总数的 20%，体现了金代经书编纂的民族性特点。

二　史部书籍的编纂

1.《辽史》的修纂

为被灭亡的朝代修史，是历来每个新建立政权的历史使命，目的是为人类历史保存一代史事。金灭亡辽朝，前后修两次《辽史》。第一次始于熙宗朝，命耶律固为编修官，耶律固修《辽史》未成，又由其弟子萧永祺继续修纂，史称萧永祺《辽史》，是按照历代正史的体例编写的，纪、传、志皆全，有纪 30 卷、志 5 卷、传 40 卷，这应该是金代纪传体史书修纂的开端。第二次开修《辽史》是在大定二十九年（1189），泰和七年（1207）完成。

2. 资政类书籍的编纂

金统治者对资政类书籍较为重视，促进了此类书籍的编修。世宗时常阅读《资治通鉴》，卫绍王时期"诏儒臣编《续资治通鉴》"①，哀宗正大初，赵秉文任同修国史一职，认为皇帝继位之初，常阅经史有所收益，"以上嗣德在初，当时亲经史以自裨益"，因此编纂《无逸直解》《贞观

---

① （元）脱脱等：《金史·卫绍王》卷13，中华书局1975年版，第292页。

政要》《申鉴》进呈。① 正大二年（1225）"诏赵秉文、杨云翼作《龟鉴万年录》"。②

3. 史书的翻译

金代史学编纂的另一项内容是翻译史学著作，以供女真人研读学习。金代图书的翻译在一定程度上是受到了辽朝的影响，以本民族的文字翻译汉文的经史著作，在辽时就有例子：韩家奴既被诏，博考经籍，自天子达于庶人，情文制度可行于世，不缪于古者，撰成三卷，进之。又诏译诸书，韩家奴欲帝知古今成败，译《通历》《贞观政要》《五代史》。③

金以女真字翻译汉文史书始于大定初年，时耶律履为国史院书写，其"素善契丹大小字，译经润文，旨辞达而理得"。世宗诏其"以小字译《唐史》，成，则别以女直字传之，以便观览"。《唐史》译成女真字后，世宗非常满意，决定加大翻译规模，下诏"置经书所"④，此后"以女直字译书籍"⑤。此处所说的"经书所"，在《金史》中不见记载，《金史》中有"译经所"，二者都从事经史的翻译，估计"经书所"即为"译经所"。章宗明昌五年（1194），又置弘文院，译写经书。设弘文院校理，掌校译经史。金翻译的史书有《唐史》《贞观政要》《白氏策林》《新唐书》《诸葛孔明传》《春秋》《史记》《史记译解》《西汉书译解》等。

4. 法典的编撰

金正式地编撰成文法是在熙宗时期，皇统三年（1145）"诏诸臣，以本朝旧制，兼采隋唐之制，参辽、宋之法，类以成书，名曰《皇统制》，颁行中外"⑥。章宗时设置详定所，专门审定律、令。明昌三年（1192），右司郎中孙铎将详定所校《名例篇》进呈，其他各篇也相继完成。后又经多次详定，终于泰和元年（1201）十二月，修成《泰和律义》，于次年正式颁行。金代修撰的历法还有《正隆续降制书》《军前权宜条理》《大

① （元）脱脱等：《金史·赵秉文传》卷110，中华书局1975年版，第2428页。
② （元）脱脱等：《金史·哀宗上》卷17，中华书局1975年版，第377页。
③ （元）脱脱等：《辽史·萧韩家奴传》卷103，中华书局1975年版，第1450页。
④ （金）元好问著，姚奠中主编，李正民增订：《元好问全集·尚书右丞耶律公神道碑》（增订本）卷27，山西古籍出版社2004年版，第584页。
⑤ （元）脱脱等：《金史·徒单镒传》卷99，中华书局1975年版，第2185页。
⑥ （元）脱脱等：《金史·刑法志》卷45，中华书局1975年版，第1014—1015页。

定重修制条》《六部格式》等。

三 子部书籍的编纂

根据文后所附《金史·艺文志》统计表可知金代共修纂子部书籍 234 部，约占金代著作总数的 37%。下面对部分编纂成果做简要介绍。

1. 医书的编纂

金代医学发达，产生了金元四大家中的三位名医。战争和疫病的频繁爆发，导致社会上对医书的需求极为迫切，得到一本好的医书，则百姓可不求医便能治愈平常的疾病。艰难的社会环境不仅促进医学理论的变革与发展，同时也推动了医籍编纂的繁荣。

北宋名医成无己居留在金直到九十多岁还在行医，其著作有《伤寒明理论》《注解伤寒论》等。刘完素撰写的医学著作有《素问玄机原病式》《素问病机气宜保命集》《伤寒直格》等十多部，书中的治病之方浅显易懂，备受各阶层民众的推崇，"农夫、工贩、缁衣、黄冠、儒宗，人人家置一本可也"。张元素著述有《医学启源》《珍珠囊》《药注难经》等。李杲著述有《内外伤辨惑论》《兰氏秘藏》《李氏脾胃论》。著名的针灸大师窦汉卿撰有《针经指南》《标幽赋》《流注指要赋》等。

2. 全真教典籍的编纂

王嚞所创立的全真教在金代迅速发展。由于传教的需要，全真教的领导者们编纂了大量的道教著作，现存金代全真教道士的著述共有 20 多种，王重阳著有《重阳全真集》《金关玉锁诀》《重阳授丹阳二十四诀》，刘处元著有《至真语录》《阴符经注》《道德经注》，马钰著有《金丹口诀》《神光灿》《洞元金玉集》《渐悟集》，谭处端著有《水云集》《道德真经全解》《通玄类证》《道德真经取善集》等。

3. 金代历法的修纂

司天台负责推算历法，"金有天下百余年，历惟一易。天会五年（1127），司天杨级始造《大明历》，十五年（1137）春正月朔，始颁行之"[①]。范成大在《揽辔录》当中对此历有所记载，"其历曰'大明历'，一亦遵宜忌日无二。亦有通行小本历，头与中国异者，每日止注吉凶，

谓如庚寅岁正月二日出行、乘舟、动土凶，拜官吉之类。而最可笑者，虏本无年号，自阿骨打始有'天辅'之称，今四十八年矣。小本历通具百二十岁，相属某年生，而四十八岁以前，虏无年号，乃撰造以足之。重熙四年，清宁、咸雍、太康、大安各十年，盛昌六年，乾通十年，大庆四年，收国二年（1116）以接于天辅。"① 通过这段史料可以大致了解《大明历》共有一百二十年，在天辅之前的日历是补充的，共六十六年。

正隆、大定时所用《大明历》出现与天象不吻合的情况，"戊寅三月辛酉朔，司天言日当食，而不食。大定癸巳（1173）五月壬辰朔，日食，甲午十一月甲申朔，日食，加时皆先天。丁酉（1177）九月丁酉朔，食乃后天。由是占候渐差"，于是司天监赵知微重修《大明历》，十一年（1171）重修完成。"时翰林应奉耶律履亦造《乙未历》。二十一年（1181）十一月望，太阴亏食，遂命尚书省委礼部员外郎任忠杰与司天历官验所食时刻分秒，比校知微、履及见行历之亲疏，以知微历为亲，遂用之。"经过与赵知微历的比较，因《乙未历》不如《大明历》而不用。明昌初，司天台又改进新历，礼部郎中张行简言："请俟他日月食，覆校无差，然后用之。事遂寝。是以终金之世，惟用知微历。"② 泰和六年（1206），又撰进《太一新历》③。

金对于司天台所撰历法进行严格校验，"司天台刘道用改进新历，诏学士院更定历名，行简奏乞覆校测验，俟将来月食无差，然后赐名。诏翰林侍讲学士党怀英等覆校。怀英等校定道用新历：明昌三年（1192）不置闰，即以闰月为三月，二年十二月十四日，金木星俱在危十三度，道用历在十三日，差一日，三年四月十六日夜月食，时刻不同。道用不曾考验古今所记，比证事迹，辄以上进，不可用。道用当徒一年收赎，长行彭徽等四人各杖八十罢去。"④ 刘道用的改进新历对于星象的推测有误，编撰新历时未能考证古今历书的记载，草草上进。因为历法关系到人民生产生活的方方面面，所以对于这种情况惩处是较严重的，参与修

① （南宋）范成大：《揽辔录》，赵永春辑注：《奉使辽金行程录》，吉林文史出版社 1995 年版，第 286 页。
② （元）脱脱等：《金史·历二》卷 21，中华书局 1975 年版，第 412—422 页。
③ （元）脱脱等：《金史·张行简传》卷 106，中华书局 1975 年版，第 2332 页。
④ 同上书，第 2330 页。

纂的长行人员也受到刑罚并予以罢职。

　　4. 金代兵书的修纂

　　金灭北宋，从汴京所得书籍当中不乏兵书，金对这些兵书又进行了重新编辑和出版，如注释历代兵书和用女真文译写汉籍兵书。金贞祐年间刻印的宋施子美所著《武经七书讲义》，用女真字翻译的有《太公六韬》《黄石公三略》等。金中期以后，开始有自撰的兵书，目前所知有两部。金章宗承安元年（1196）"国子学斋长张守愚上《平边议》三篇，特授本学教授，仍以其议付史馆"①。后人为《金史》所补的各艺文志中均作《平辽议》。在张守愚撰此书的前一年，正值金平定北边部族的攻扰，金右丞相完颜襄率军平定北方部族鞑靼等，"进军大盐泺，分兵攻取诸营"。此书正是为此而作，因此，当以《平边议》为是。另一部兵书是金末马饵撰的《北新子》十万言。"大略以谈兵为主。且曰：'古人地非不尽，但未有北新子五十里火雨耳。'"②

四　集部书籍的编纂

　　《四库全书总目提要》指出："宋自南渡以后，议论多而事功少，道学盛而文章衰，中原文献，实并入于金。"③金代集部书的编纂成果显著，有文集流传者不下百人，共有作品集 180 多部，有确切时间可考的有 96部，包括别集、总集、词曲、评注等类别。

　　别集指个人作品的结集。有作者本人选编的，有作者的后人、门人、弟子、朋友编辑的。赵秉文"晚年自择其文，凡主张佛老二家者皆削去，号《滏水集》"④。李纯甫的《屏山翰墨佛事》"多为浮屠作碑记传赞，诸僧翕然归向，因集以板之，号《屏山翰墨佛事》"，是僧人为其编辑。因李纯甫的学说不为正统儒学人士所容，难以刻版印行，其去世后，赵秉文将其全集进行重新编辑，删除了其中攻击儒学的文字。金末完颜璹自

　　①　（元）脱脱等：《金史·章宗二》卷 10，中华书局 1975 年版，第 238 页。

　　②　（金）元好问著，姚奠中主编、李正民增订：《元好问全集·高永小传》（增订本）卷41，山西古籍出版社 2004 年版，第 935 页。

　　③　《御定全金诗七四卷》，（清）永镕等：《四库全书总目·集部·总集类五》，中华书局1965 年版，第 1725 页。

　　④　（金）刘祁撰，崔文印点校：《归潜志》卷 9，中华书局 2007 年版，第 106 页。

编其集《如庵小稿》。总集是遴选历代文人作品为一书，赵秉文编辑有《明昌辞人雅致》，辑七人的作品为一集。王太编辑有《类玉篇海》，"浍阳王太集上数家篇韵，总之为一庶乎，详而不杂，条然不紊，抑又祕祥等八人校雠编类，以成一家之书"。[①]

表 3 - 2　　　　　　　　　金代编纂的集部书统计表

时期	太祖、太宗（1115—1135）	熙宗、海陵（1135—1161）	世宗、章宗（1161—1208）	卫绍王以后（1209—1234）
数量	16 部	14 部	38 部	28 部

从表格中各阶段作品数量的统计来看，金初的太祖、太宗时期数量也较多。据第一章的统计，太祖太宗时共创作作品可考的有 30 部，集部就占了二分之一还多。这一时期的文集主要由原辽宋文人创作，如《宇文虚中文集》、吴激的《东山集》、张斛的《南游北归诗》、高士谈的《蒙城集》、党怀英的《竹溪集》等。卫绍王以后文学作品的数量最多，金的文学创作进入了高峰期。这一时期文学作品是世宗与章宗朝成长起来的文人创作的。世宗与章宗两朝金代文化教育最为兴盛，培育了大量人才，如金代有代表性的文人赵秉文（1159—1232）、杨云翼（1169—1228）、王若虚（1174—1243）、李俊民（1176—1203）、李纯甫（1177—1223）、元好问（1190—1257）等，到卫绍王以后金朝文人数量与作品的数量都迅速增加，金代文化在经历了前期的积累后进入到了繁荣阶段。

金代从官方组织的编修到私人编纂，都创作了丰富的著述成果，古人编写书籍，书稿完成后，抄写洁本的同时便做了一些编辑工作，如讹误的校勘、篇卷的安排，抄写的行格、每行字数的多少、大小，卷端的题名，卷次的页码等，都在雕版环节之前由作者完成，正是今天出版社中编辑所做的工作。但在古代编辑与纂述是联结在一起的，尚未单独分离出来。因此，金代图书的编纂构成了图书出版的一个重要环节。

---

① 邢准：《新修絫音引证群籍玉篇序》，续修四库全书编委会编：《续修四库全书·经部小学类》（第 229 册），上海古籍出版社 2006 年版，第 3 页。

第二节 《金史·艺文志》补

一　前人补写《金史·艺文志》

元修《金史》无《艺文志》，清初开始有人为其补写，至民国初年共有6部补写的《金史·艺文志》面世。综观前人所补的《金史·艺文志》，共辑录金人所编纂的书籍631（不包括重复录入）种，呈现了金代图书编纂的基本概况。其中倪灿、庐文诏《补金艺文志》，收书191种；金门诏《补三史艺文志》（金代部分），收书176种；《钦定续文献通考经籍考》收书32种；钱大昕《补元史艺文志》（金代部分）收书272种。后来的清龚显曾编《金艺文志补录》，孙德谦《金艺文略》两部书目与前四部相比，对金代书籍的搜集更为全面，著录也更加详尽。

孙德谦编《金史艺文略》，6卷，收书409种。此书特点是搜罗各书，考订精详。对于收入的各书均详录各种史料中对此书的著录情况，以证其录入的缘由。

龚显曾编《金艺文志补录》，收书451种。此志在编写时检阅《中州集》《归潜志》《御定全金诗》《四库书目提要》、明人焦竑《国史经籍志》、清人朱彝尊《经义考》、张金吾《爱日精庐藏书志》等书，并撮录金人著述所得，又与钱大昕、倪灿、金门诏诸志参证互校而成。不仅记录书名、卷数和撰者，还载各家书目的相异之处，为读者相互参校提供了方便。

杨家骆编《新补金史艺文志》，汇集以上六部艺文志基础上，增收清黄虞稷的《千顷堂书目》。此书在保留原来各志的形式原则下，将各志分别排列，尽管前后很多书名重复，并不把它删并，以存真相。但因要顾到"断代分明"的原则，有些原书三朝合在一起的，或辽金附见于元朝的，将其析出，分归各朝，另于每志前列有细目，合并在一书出版。①

前人所补写的这些艺文志再现了金代著述的基本面貌，但也有一些

---

① 杨家骆：《辽金元艺文志上》，《中国目录学名著》第3集，世界书局1976年版，第4页。

编纂上的不足之处。

首先，由于对作者的朝代身份判断标准不一，导致各补志的收书范围不同。对于跨越金元两朝的作者，有的将其著作归入《元史艺文志》，有的归入《金史艺文志》。孙德谦《金史艺文略》对于由金入元的文人，如果其在元朝不仕则仍认定其为金遗民，其著作收入《金艺文志》。如书中录有《易解》一书，在书下对作者有这样的注释："华阴薛元微之撰。则微之未尝仕元者也。……钱氏《补志》既考其生平，而仍编入元代艺文志，未是，爰订正之。"① 孙德谦以薛元在元不仕为元朝逸民，不同意将其列入《元史艺文志》，而钱大昕的做法却恰恰相反，将其归入元代而不是金代。本文的划分标准是如果作者有一半的时间生活在元代，则将其划为元人。② 因为一部著作的完成必须具备一定的知识积累，作品创作完成于其后半生的可能性更大。孙德谦《金史艺文略》中收有由金入元的刘因的作品多部，而事实上刘因一生中大部分时间生活在元代，将其作品定为金人著述并不恰当。

其次，图书类别的划分存在缺陷。有的将仪礼类书籍归入史部，如黄虞稷《千顷堂书目》《大金集礼》《礼例纂》《礼器纂修杂录》等放在史部之下。

钱大昕《补元史艺文志》（金代部分）著录有张师颜《南迁录》一卷，龚显曾《金艺文志》中作《金人南迁录》，其在此书下附言"《直斋书录解题》谓其岁月牴牾不合。《十驾斋新录》疑为南宋好事者妄作。"既然作者已经认为此书是伪作，就不应再将其录入《金艺文志》。

金门诏《补三史艺文志》（金代部分）录有《功臣画像》《徒单克宁图像》，画像并非书籍，不应列入艺文志。

二 《金史·艺文志》考补

综观历代各家所补艺文志未能俱全，本文又检索《金文最》《全辽金文》《辽金元石刻文献全编》《金代石刻辑校》《析津志辑佚》等文献，补录图书34部。

---

① （清）黄虞稷等：《金艺文志》，商务印书馆1958年版，第71页。
② 本书附录的"《金史·艺文志》统计表"采用这一标准划分作品的所属朝代。

1. 《五音集韵》

荆璞著。《改并五音集韵序》中记载"又至大金皇统年间，有洨川荆璞字彦宝，善达声韵幽微，博览群书奥旨，特将三十六母，添入韵中，随母取切，致使学流取之易也，详而有的，检而无谬。"①

2. 《韵学》

弥文焕著。金邢准作《新修累音引证群籍玉篇序》载"逮我圣朝弥文焕著《韵学》尤工。"②

3. 《十七史蒙求》

吴庭秀著。元好问《十七史蒙求序》载："予年二十余，住太原学舍，交城吴君庭秀洎其弟庭俊，与余结夏课于由义西斋，尝以所撰《蒙求》见示。"③ 元好问生于明昌元年（1190），序中所说其在二十岁时就已经于学舍中见到此书，说明《十七史蒙求》成书时间应是大安二年（1210）。

4. 《内经运气要旨论》

5. 《习医要用直格并药方》

以上二书为刘完素著。据《素问玄机原病式序》所言，刘完素"著医书《内经运气要旨论》《医方精要宣明论》二部，总一十七万余言，精微浩汗，造化详悉。而又述《习医要用直格并药方》，已板行于世。"④

6. 《三消论》

刘完素著。据《三消论》跋语讲："三消之论，刘河间之所作也。……徵君亲诣其家，求先生平昔所著遗书，乃出《三消论》、《气宜》、《病机》三书未传于世者。"⑤

7. 《素问药注》

刘完素著。《中国医籍考》中著录有《素问药注》，"刘氏名完

---

① （金）韩道昇：《改并五音集韵序》，（清）张金吾：《金文最》卷 41，中华书局 1990 年版，第 592 页。

② （金）邢准：《新修累音引证群籍玉篇序》，续修四库全书编：《续修四库全书·经部小学类》（第 229 册），上海古籍出版社 2006 年版，第 3 页。

③ （金）元好问著、姚奠中主编、李正民增订：《元好问全集·十七史蒙求序》卷 36，山西古籍出版社 2004 年版，第 755 页。

④ （金）程道济：《素问玄机原病式序》，（清）张金吾：《金文最》卷 37，中华书局 1990 年版，第 532 页。

⑤ （金）张子和：《儒门事亲》卷 13，上海科学技术出版社 1959 年版，第 15 页。

素……作《伤寒直格》、《素问玄机原病式》、《医方精要》、《素问要注》、《宣明论》等。"①

8.《类玉篇海》

王太编撰。"洨阳王太集上数家篇韵,总之为一庶乎,详而不杂,条然不紊,抑又祕祥等八人校雠编类,以成一家之书。"② 与这段史料相印证的是《重编改并五音篇海序》中所载:"又至大朝甲辰岁,先有后阳王公与秘详等,以人推而广之,以为《篇海》。"③

9.《增广类玉篇海》

王太编撰。"王太,洨阳人也,幼习音韵,常有心于此。"后作《玉篇》"元数大字二万二千八百七十二言,又八家篇内增加大字三万九千三百六十四言,经及音训计六十万馀字集成一书,号曰《增广类玉篇海》。"④

10.《磐山栖云王真人语录》

王真人著。《磐山栖云王真人语录序》载:"门下刘公先生从师有年,密记老师之謦欬,裒以成集,约百余则,诚为初机学道者之指南也。"⑤

11.《冲虚至德真经四解》

高守元著。毛麾《冲虚至德真经四解序》载:"儒臣王礼上言,庄列二书,羽翼老氏,犹孔门之有颜孟,微言妙理,启迪后人……故其书大行。平阳逸民高守元善长,收得二解。并张、卢二家合为一书。"⑥

12.《刘知远诸宫调》

为金人所著,成书时间大概为金世宗时期,作者不详,其金代刻本发现于甘肃黑水城。

① [日]丹波元胤编:《中国医籍考》卷3,人民卫生出版社1956年版,第23页。
② (金)邢准:《新修絫音引证群籍玉篇序》,续修四库全书编:《续修四库全书·经部小学类》(第229册),上海古籍出版社2006年版,第3页。
③ (金)韩道昇:《重编改并五音篇海序》,(清)张金吾:《金文最》卷41,中华书局1990年版,第591页。
④ (金)邢准:《新修絫音引证群籍玉篇序》,续修四库全书编:《续修四库全书·经部小学类》(第229册),上海古籍出版社2006年版,第2页。
⑤ (金)论志焕:《磐山栖云王真人语录序》,阎凤梧主编:《全辽金文》,山西古籍出版社2002年版,第3764页。
⑥ (清)毛麾:《冲虚至德真经四解序》,(清)张金吾:《金文最》卷38,中华书局1990年版,第560—561页。

13. 《〈风骚格序〉注》

14. 《〈风骚闲客诗录〉注》

《风骚格序》与《风骚闲客诗录》的作者为北宋"魏陵阆苑东叟"。金王琢为之做注。此注收于流传日本的十六卷《永乐大典》当中，《永乐大典》卷九〇九收有王琢所注阆苑的《风骚格序》与《风骚闲客诗录》。王琢为世宗时平阳人，著有《次韵蒙求》《姑汾漫士集》等。①

15. 《体公禅师语录》

16. 《华严规兼带集》

以上二书为体公禅师著。1982年山西省太原市发现一塔铭碑，据碑文记载"师俗姓郭氏，太原交城县却波社里人。……有《语录》一编，《华严规兼带集》一编，现行于世。"②

17. 《荆山集》

吕恭著。《吕恭墓志铭》载："公讳恭，字敬之，幼而歧嶷，知好□□，颇涉猎经史，亦工于诗□。其稿多遗逸，平昔所作存者仅百余篇。□□□之目曰《荆山集》"。此墓志铭2000年出土于北京市磁器口路西北侧一金代石椁墓中。志文首行题"大金故修武校尉吕公墓志铭并序"。③

18. 《注〈指玄〉》

蒋校元注。《重编改并五音篇海序》中梳理历代韵书的发展，指出"至明昌丙辰（1196），有真定校将元《注〈指玄〉》"。④

19. 《西厢记诸宫调》

作者董解元为"金章宗时人"。⑤此书是金代流传下来的唯一完整的诸宫调作品。

20. 《诸仙降批词颂珠璧集》

作者不明。《水云集后序》载作者某日正在"编类《诸仙降批词颂珠

① 陈晓兰：《阆苑及其〈风骚格略考〉》，北京大学中国古文献研究中心编著：《北京大学中国古文献研究中心集刊》（第6辑），北京大学出版社2007年版，第217页。

② 《王山十方圆明禅院第二代体公禅师塔铭碑》，王新英：《金代石刻辑校》，吉林人民出版社2009年版，第38页。

③ （金）刘玑：《吕恭墓志铭》，王新英：《金代石刻辑校》，吉林人民出版社2009年版，第188页。

④ （金）韩道昇：《重编改并五音篇海序》，（清）张金吾：《金文最》卷41，中华书局1990年版，第591页。

⑤ （元）钟嗣成等：《录鬼簿》，上海古籍出版社1978年版，第6页。

璧集》",① 有人携谭处端《水云集》请其为之作序，此序作于正大六年（1229），由此可知《诸仙降批词颂珠璧集》一书为金人著作。

21.《太原昭禅师语录》

昭公禅师著。正大二年（1225）昭公禅师之徒蔚某求元好问为其师语录作序，元好问"略以数语遗之"。②

22.《大方集》

郎志清著。李俊民《大方集序》"净然子者，济南人，姓郎，名志清。年二十，求出家，父母肯之。"庚寅（1230）岁冬，年五十一。襄事于通真观，弟子刘志源等鸠集生前遗稿，刊之于木。③

23.《解心经》

24.《救苦经》

以上二书为郝大通著。据其弟子范圆曦《太古集序》中言："平居制作，若《三教入易论》一卷，《示教直言》一卷，《解心经》、《救苦经》各一卷。"④

25.《新编诏告章表机要》

郭明如著。现国家图书馆和南京图书馆均藏有金代刻本。

26.《注〈心经〉》

赵秉文撰。据许谦《跋赵闲闲注心经》载："院判白公饭僧以荐厥考，而闲闲赵公书《心经》以遗之，诚足以为孝思之助耶？抑游戏翰墨而已耶？观其表章句义，若有自得者，则其志叵可见矣。"⑤

27.《太上老君说常清静经颂》

刘通微著。北京大学图书馆藏的《李氏书目》中著录此书为金刘通微撰。⑥

① （金）佚名：《水云集后序》，（清）张金吾：《金文最》卷46，中华书局1990年版，第659页。

② （金）元好问著，姚奠中主编、李正民增订：《元好问全集·太原昭禅师语录引》（增订本）卷37，山西古籍出版社2004年版，第781页。

③ （金）李俊民：《庄靖集》卷8，山西古籍出版社2006年版，第422—423页。

④ （金）范圆曦：《太古集序》，（清）张金吾《金文最》卷46，中华书局1990年版，第661页。

⑤ （元）许谦：《跋赵闲闲（注〈心经〉）》，《全元文》卷182，江苏古籍出版社2001年版，第41页。

⑥ 《北京大学图书馆藏李氏书目》中，北京大学图书馆藏，第191页。

28. 《退休集》

29. 《归乐集》

30. 《清凉集》

以上三部文集均为清凉相禅师著。《清凉相禅师墓铭》言"师讳宏相，出于沂水王氏。幼即弃其家为佛子。""所著文集三：曰《退休》，曰《归乐》，曰《清凉》，并录一卷，传诸方。"①

31. 《离风老人集》

于道显著。《中国丛书综录》道藏举要中列有此书。②

32. 《道德真经四子古道集解》

寇才质著。《中国丛书综录》道藏举要中列有此书。③

33. 《太上黄庭中景经》

李千乘注。此书收入于《道藏》（正统本、景正统本）正乙部重刊道藏辑要尾集。④

34. 《栖霞长春子丘神仙磻溪集》

丘处机著。滨都道人王处一刊《栖霞长春子丘神仙磻溪集》行于世。⑤

---

① （金）元好问著，姚奠中主编、李正民增订：《元好问全集·清凉相禅师墓铭》（增订本）卷31，山西古籍出版社 2004 年版，第 638 页。

② 上海图书馆编：《中国丛书综录》第 1 册，上海古籍出版社 1982 年版，第 806 页。

③ 同上，第 808 页。

④ 上海图书馆编：《中国丛书综录》第 2 册，上海古籍出版社 1982 年版，第 1149 页。

⑤ 张秀民著，韩琦增订：《中国印刷史》，浙江古籍出版社 2006 年版，第 185 页。

第 四 章

金代的图书刻印

　　金代的刻书活动适应文教事业的需求、商业和手工业的发展，逐渐兴起并繁荣起来。主要表现为刻书地点分布广泛，扩展到了比较偏远的北部边疆地区，官方刻书机构，民间的书坊和家宅，以及遍布各地的寺院、道观均参与图书刻印，形成了一个庞大的刻书网络，生产出了种类丰富、质量上乘的各类图书，使整个金代社会的图书出版呈现出活跃的态势。

第一节　金代的刻书地点考补

　　考察金代刻书范围的广度，明确其刻书地点的具体分布，有利于更深层次地认识金代雕版印刷业发展的广度和深度。由于金代的印刷品流传下来的较少，也很少有史料直接记载金代的刻书状况，所以只能根据当时人所撰写的书籍序言，后代藏书家的藏书目录、题跋，以及流传下来的金代刻本来考察金代刻书地点。对于这一问题的考证，张秀民等前人的研究认为金代刻书地点遍布 9 路中的 34 处州县。[①] 本书是在此基础上所做的补充研究，新增刻书地点 8 处，将金代刻书地点的研究从原来

---

　　① 张秀民著，韩琦增订：《中国印刷史》，浙江古籍出版社 2006 年版，第 175 页。据张秀民统计这 9 路 34 处刻书地点是四大刻书中心：中都、南京、平阳府、宁晋。其他各路刻书之地有中都路的玉田县，河北西路的真定府、邢台、保定、潞州，大名府路的大名，河东北路的太原府及榆次县、五台山，河东南路的曲沃、绛州、隰州、蒲州、泽州、山阳、河内，山东西路的东平府、曲阜，山东东路的济南、东莱、宁海州、栖霞，南京路的亳社、嵩州、河南府少林寺、唐州，京兆府路的京兆、同州、朝邑、醴州等 30 处。

的 9 路扩大到 11 路，具体刻书地点增加到 42 处，并注意加强对乡和村一级刻书地点的考察。下面将新增的刻书地点按金所设的区划分路进行介绍。

一　上京路会宁府

前人对于金代刻书地点的考察更多地关注于华北地区，对于地处边疆的东北则无人提及。其实东北的黑龙江地区由金人进行了首次开发，农业、手工业都得到了空前发展，雕版印刷业也就是在这时兴起的。上京路的治所为会宁府，是金前期的政治、经济和文化中心，因此，上京路的刻书之处应是会宁府。

黑龙江地区作为女真族的发源地，在海陵迁都中都之前，一直备受统治者的重视。金定都于上京路会宁府（今黑龙江阿城县白城）后，为了利用汉人先进的技术和经验加速当地的建设与发展，实行了一系列"实内地"政策。首先就是将大批汉人迁往上京地区，其中有相当一部分是城市内各种熟练的手工业匠人。如天辅六年（1122），"既定山西诸州，以上京为内地，则移其民实之"①。第二年取燕京路时又"尽徙六州氏族富强工技之民于内地"②。天会四年（1126），金攻占北宋都城开封，不仅掠走徽、钦二帝及皇室成员，还将城内的伎艺、工匠、娼优等一同解往金源内地，索"打造金银、系笔和墨、雕刻图画工匠三百余人"③。这次迁移的人口总数多达十余万人，其中不乏从事雕版印刷的工人。"百工、诸色各自谋生。"④ 雕版印刷技术伴随着工匠的北迁进入了金源内地，为当地刻书业的产生与发展奠定了技术基础。其次，还大量搜罗辽、宋的图书典籍、雕印板片运往内地，使黑龙江地区迅速获得了发展印刷业所需要的技术条件。

女真族提高本民族素质的愿望和行为也为上京地区刻书业的产生提

---

① （元）脱脱等：《金史·食货一》卷 46，中华书局 1975 年版，第 1032 页。

② 同上书，第 1033 页。

③ 徐梦莘：《三朝北盟会编·靖康中帙五十二》卷 77，上海古籍出版社 2008 年版，第 583 页。

④ （南宋）佚名：《呻吟语》，赵永春辑注：《奉使辽金行程录》，吉林文史出版社 1995 年版，第 197 页。

供了契机。灭亡辽朝之后的女真人从被压迫民族一跃而为统治民族，民族自豪感激发了其提高本民族的文化素质、学习先进文化的愿望。金建国不久就着手创制本民族文字，天辅三年（1119）由完颜希尹创女真大字后，设女真字学校，颁行女真字书，命女真人学习。这一措施在加速女真人自身文化素质建设的同时，也促进了当地文教事业的发展，雕版印刷业作为传播文化的有力工具在当地应运而生。同时，金初对上京会宁府的各项建设使其很快发展成为东北新兴的商业城市，为刻书业的产生创造了商业环境。

有两段史实可以证明金代的会宁府地区已存在刻书业。一是《宋史·洪皓传》记载洪皓在金期间"为金人所敬，所著诗文，争钞诵求锓梓"①，"锓梓"即是刻木印刷的意思。洪皓使金时被扣留，大约1130—1140年居于上京路的冷山，其地位于今黑龙江五常境内的大青顶子山。因洪皓才学颇高，被金相完颜希尹留在家中教其子读书。其文化素养为文化落后的东北边疆地区的人们所敬慕，人们争相抄录或是购求其诗文的印本。由于史料未明确说明刻印地点在哪里，我们不能据此即断定刻书之地就在冷山。并且由于冷山地处偏远，国初即有刻书业的可能性也不大。但洪皓诗文的刊刻地应不出上京路的范围。因为上京路经过金初实内政策的实施，已拥有了刊刻书籍的能力，而在上京最具刻书实力的就是会宁府，所以可以断定洪皓诗文的锓梓地点极有可能是上京路的会宁府。

二是《三朝北盟会编》中记载宋徽宗被俘后曾流放于胡里改路的五国城（今黑龙江省依兰），凡有祭祀、节日等金国都会进行赏赐，每次接受赏赐后徽宗都要上表称谢，金人就把这些谢表收集成《宋徽宗谢表》，刊刻之后拿到宋金之间的榷场上去售卖。② 可以看出收集谢表的人的目的应是比较明确的，即制成商品后出卖。具有如此商业敏感，能看到其中的盈利契机的人，只能是专门从事书籍刻印与买卖的书商。此史料记载虽然不能证明在胡里改路的五国城已有刻书业，但可以推断至少在上京路是存在刻书业的，其最有可能刻书的地点就是会宁府。

天会十五年（1137），金司天监杨级始造《大明历》，朝廷下令颁行。

---

① （元）脱脱等：《宋史·洪皓传》卷373，中华书局1977年版，第11562页。
② （宋）张端义：《贵耳集·卷下》，中华书局1985年版，第45页。

历书的颁行，应是刻印后大规模的传布，由此可证会宁府已经刻书。

二　西京路大同府

西京路的大同府在辽时刻书业就已经十分发达了。作为辽代的刻书中心，不仅刊刻能力较强，刻有数量大、质量精的《契丹藏》，而且印刷技术也十分高超，创作出具有开创意义的三色版画《释迦说法相》。金代西京的刻书业在辽的基础上继续向前发展。据《大金国西京大华严寺重修薄伽藏教记》碑记载，大同大华严寺辽时原藏《薄伽藏教》经 579 帙，经辽金战乱的破坏散失不全。金时重新修补此经，补缀之事岁历三周，至大定二年（1162）完成，"其卷轴式样，新旧不殊；字号诠题，先后如一"①。

三　南京路考城县

南京路的睢州考城县（今河南民权县东北）也为金的刻书地之一，从现存实物上我们可以找到其刻经的记载。1933 年蒋唯心在赵城广胜寺考察新发现的《赵城金藏》，发现在藏经的某些印本上有题为"大金大安元年（1209）己巳岁睢州考城县太平兴国禅院，修建十方常住杂宝藏经"的墨迹，蒋先生认为这些印本是太平兴国禅院刊刻的旧经，后来流入广胜寺的。② 根据这一论断，可以认定睢州考城县为金代众多刻经地点之一。

四　南京路宿州

宿州也是金刻书地点之一，当地市场上有书铺售书，南宋使臣许亢宗出使金朝，经过宿州时描绘了当时看到的景象，"市肆列观无禁，老者

---

① （金）段子卿：《大金国西京大华严寺重修薄伽藏教记》，阎凤梧主编：《全辽金文》，山西古籍出版社 2002 年版，第 1549 页。
② 蒋唯心：《金藏雕印始末考》，支那内学院 1935 年版，第 6 页。

或以手加额而拜，有倒卧脚引书铺般贩官局汤药、蔡五经家饼子风药"①，可以想见当时的宿州也有书坊刻书售书。

五　河东南路赵城县

河东南路的平阳府为金代最大的刻书中心，现在所见金代刻本也多出自此地，称为"平水本"，为金本的代表。关于平阳刻书的情况前人只是笼统地讲平阳府范围，没有具体到平阳府的各个县及乡。详细的考察各级行政区的刻书地点，对其进行分层研究，有利于我们对当地刻书业的发展规模、分布范围等有更深层次的认识。因此，下面主要考察金平阳府下辖的县乡一级的刻书之地。

河东南路平阳府赵城县（今山西洪洞县北赵城镇东北）是金代一处重要的刻书之地，赵城与现存的《金藏》关系紧密。《金藏》刻于解州天宁寺，后贮藏于赵城县广胜寺，故而又称为《赵城金藏》。蒋唯心先生考察《金藏》时发现卷首附装有《释迦说法图》，图像右端题有"赵城县广胜寺"，认为此图并非原刻就有，而是寺僧装裱藏经时所加刻的。蒋先生的这一论断恰好证实明广胜寺有雕印佛经的事实。另外，存于广胜寺的经卷有一些是从兴国禅院调入的，在经卷中有缺页加以抄补的现象，故可断定这些经卷调入寺中时为未装裱的散叶。② 之后刻佛像与裱背一事，都由赵城庞氏经坊完成。经坊最初是设于寺院抄经和写经的机构，后来也有设于街市中的商业性质的私人经坊，从事雕经与装裱等全套工作。庞氏祖代经坊说明此刻印经书的坊肆已经存在数代，几辈人都从事经书的装裱这一职业，这说明当地刻印经书的数量应不在少数。只有在拥有较大需求量的供求环境下，才能出现专门从事经书刻印与裱褙的坊铺，并且世代经营下去，由此可见赵城县雕版印刷业的兴盛情况。

六　平阳府洪洞县

河东南路平阳府洪洞县（今山西洪洞县）也有专门从事经书刻印与

---

① （南宋）楼钥：《北行日录》，赵永春辑注：《奉使辽金行程录》，吉林文史出版社1995年版，第249页。

② 蒋唯心：《金藏雕印始末考》，支那内学院1935年版，第17页。

装裱的经坊，如卫氏经坊，其所刻的《妙法莲花经》现存于上海图书馆。除了经坊刻经，私人刻印经来祈福免灾的情形也较普遍。1986年美国新奥尔良博物馆藏的一观音像内发现两部金代刻印的佛经。《高王观士音经》刻于洪洞县长命村①，说明在县、乡中私人刻经也是较常见的。

七　京兆府路乾州

京兆府路的刻书地点有乾州（今陕西乾县）等地。今人发现的刻本实物《成唯识论了义灯钞科文》上有"阜昌丁巳醴州乾明院比丘道溥愿心劝缘，校勘重雕"②。《金史·地理志》载"乾州，宋尝改为醴州，天德三年（1152）复。"故醴州即为乾州，阜昌丁巳为阜昌八年（1137），阜昌为伪齐刘豫的年号，可知此书刻于伪齐政权时期的乾州。

表4-1　　　　　　　　　　金代刻书地点一览表

序号	路	府	州	县或村
1	上京路	会宁府（补）		
2	西京路	大同府（补）		
3	中都路	中都		
4				玉田县
5	河北西路	真定府		
6				邢台县
7				保定县
8			浚州	
9				宁晋县
10	河东北路	太原府		
11				榆次县仁义乡小郭村
12				五台
13	大名府路	大名		

---

①　韩琦：《在美国发现金刻本佛经》，《中国出版年鉴1991—1992》，印刷工业出版社1993年版，第373页。

②　刘伟毅：《我省新发现宋辽金刻书籍》，《山西省图书馆通讯》1979年第7号。

续表

序号	路	府	州	县或村
14	河东南路	平阳府		
15			绛州	
16			隰州	
17			蒲州	
18			泽州	
19				山阳
20				河内
21				曲沃
22				赵城县（补）
23				洪洞县（补）
24				洪洞县长命村（补）
25	山东西路	东平府		
26				曲阜
27	山东东路	济南府		
28			宁海州	
29				栖霞
30			东莱①	
31	南京路	开封府		
32			唐州	
33			嵩州	
34			宿州（补）	
35				睢州考城县（补）
36				亳社
37		河南少林寺		
38	京兆路	京兆府		
39			同州	
40				朝邑
41			醴州	
42			乾州（补）	

注：此表在张秀民《中国印刷史》基础上增补。

---

① 金为莱州。

以上新考出的金代刻书地点 8 处，其中上京路和河北东路是新增加的两路。加上前人已考证出的 34 处，金代刻书之地增加到 42 处，遍布今天的河南、河北、山东、山西、陕西、黑龙江等地。从金代这 42 处刻书地点在全国的地域分布上来看，金代不仅发扬了原北宋与辽各地的刻书事业，而且向更偏远的边疆地区扩展，刻书范围延伸到东北地区的上京路，即今天的黑龙江地区，结束了当地没有刻书业的历史，造就了我国黑龙江地区雕版印刷业的黄金时期，为我国雕版印刷业的传播做出了重要贡献。同时也促进了当地科学文化的传播，加速了北部边疆的开发进程。从刻书地的行政级别来看，京府州县甚至村都有刻书业，其中府级城市有 12 个，州级有 13 个，县级城镇有 15 个，乡村有 2 处。可见上至府、州，下到乡、村，不论经济发达与否，均曾刻书，说明书籍已经成为满足文化需求与交流的重要媒介。

第二节　官方刻书

金朝官方刻书体系中包括中央官署与地方官署，官方刻书机构有国子监、史馆、都水监、转运司等，其中只有国子监是中央的主要出版机构，负责教材及各类书籍的刊印，其他机构并不专司出版，多是刻印与本身职掌有关的书籍。如史馆刻印史书《魏全死节事》，都水监刻印《河防通议》。

一　官方刻书的种类

前人对金代官方刻书的研究大多按照刻书机构进行论述，主要对各机构及所刻书籍进行了考证。认为金代官方刻书机构首推中央的国子监，对于金代国子监的刻书情况的研究以 1935 年张秀民的《金源监本考》为开端，第一次对金国子监刻书进行考证，指出金代国子监刻书可与宋国子监媲美。1959 年张秀民又于《辽、金、西夏刻书简史》①　中指出，金

---

① 张秀民：《辽、金、西夏刻书简史》，《文物》1959 年第 3 期。

代官方刻书机构除国子监外还有史馆。其后在此基础上对金代刻书机构进一步深入研究的是李致忠的《历代刻书考述》，进一步指出在天德三年（1151）金设立国子监之前，北宋的旧国子监仍在刻书，可以看作是金国子监刻书的序幕，并推测金的官方刻书机构还有弘文院、秘书监、史馆等。当时中央和地方的各官署有经济条件的一般都参与刻书，有一些是刻印与自身的职能有关的书籍，比如都水监在黄河水患较严重的期间刻印了《河防通议》并颁行。除了以上前人提到的金代官方刻书机构外，金代的尚书省也参与刻书，范成大《揽辔录》记载其出使金国之时见到金《大定官制》是由尚书省奉敕刊行的，"国之制度强效华风，往往不遗余力，而终不近似。今虏主既端坐得国，其徒益治文，为以眩饰之。始则大修官制……其新定官制，命尚书省镂行"①。金代还颁行了所修定的各种刑法律条，如《大定重修制条》《金国明昌官制新格》和《泰和律义》等，所颁行的律条一定是刻印出版的，但因为史料无明文记载，还不能确定其刻印机构。

据考南京路转运司刻印过《贞观政要》和《旧五代史》，根据《贞观政要》书前有大定己丑（1169）八月进士唐公弼序，称南京路都转运使梁公出公府之赀命工镂版，可知是利用转运司的资金刻印，故可确定此书为金南京路转运司刻本。另外南京路转运司还刻有《旧五代史》，"歙县汪允宗德渊尝有是书，为金承安四年（1205）南京路转运司刊本"。②

可见金代的转运司和宋的转运司一样都参与刻书，这是为地方官署刻书的例证。宋转运司是地方刻书与管理机构，金代缺少相关记载，但从以上记载来判断，金转运司也利用自身的资金从事刻书，至于是否管理地方书坊的刻书业，尚无史料证明。

（一）经书的刻印

官方刻印经书的目的在于弘扬教化，稳固统治。自西汉时起，经书一直是统治阶级用以统一思想的书籍，汉武帝采纳董仲舒"罢黜百家，

---

① （南宋）范成大：《揽辔录》，赵永春辑注：《奉使辽金行程录》，吉林文史出版社1995年版，第281页。

② 张元济撰，张树年等导读：《校史随笔》，上海古籍出版社1998年版，第109页。

独尊儒术"建议后,儒家书籍被奉为经典,法定为教科书,设专门博士官讲授,成为判断是非标准与制定决策的依据。

儒学被定为官学,各家经文皆凭所见,并无供传习的官定经本。博士考试亦常因文字异同引起争端,甚至行贿,改兰台漆书经字。汉灵帝熹平四年(175)议郎蔡邕等奏求正定六经文字,得到灵帝许可。于是,参校诸体文字的经书,由蔡邕等书石,镌刻四十六碑,立于洛阳城南的开阳门外太学讲堂(遗址在今河南偃师朱家圪垱村)前。碑高一丈许,广四尺。所刻经书有《周易》《尚书》《鲁诗》《仪礼》《春秋》和《公羊传》《论语》。《熹平石经》雕刻可以看作是雕版印刷术发明之前的一次经书出版活动。五代时的后唐长兴三年(923)开始雕刻《九经》,后周广顺三年(953)刻印完工。这是我国古代政府官刻书籍事业的开端。

女真人的金政权是在亡辽灭宋的基础上建立起来的,以武力征服了辽与北宋的臣民,政权建设面临的一个重要问题便是稳固对各族人民的统治。金初针对这一问题的直接措施是大规模地移民各地,使汉人、契丹人与女真人杂居,以达到监视与控制契丹人与汉人的目的,这是一种强制限制措施,具有一定的成效。但思想上的反叛观念如果没有清除,再严格的管制也不可避免会有反抗的事件发生,从思想上进行控制才是最为根本的保障。在与辽宋接触之后,统治者认识到用文治来巩固和维系其政权的道理。除了利用宗教以外,儒家经典书籍所宣传的思想也正是统治阶级的工具之一,同样被金统治者奉为官方哲学。儒家经典便成为官方刻印的主要内容。

金代官方刻印的经书有《易》《书》《诗》《春秋左氏传》《礼记》《周礼》《论语》《孟子》《孝经》《老子》《荀子》《扬子》,这些书主要由金国子监刻印,经书的刻印表明女真统治者认识到经书在统一各族人民思想方面的重要性。金世宗时曾一次性大规模刻印女真字《孝经》千部,最能表明这一目的。世宗是推翻海陵的统治登上皇位的,此前,海陵弑熙宗就有亲军从中协助。世宗吸取这一教训,认识到加强对亲军的教化是保证不再发生弑君事件的一个重要手段,于是在梁肃奏"汉之羽林,皆通《孝经》。今之亲军,即汉之羽林也。臣乞每百户赐《孝经》一部,使之教读,庶知臣子之道,其出职也,可知政事"之后,世宗也说:

"人之行，莫大于孝，亦由教而后能。"诏与护卫俱赐焉。[①] 梁肃的话明确说明了读《孝经》可使人通晓作为臣子应尽的道义，实质上就是君臣父子之义，于是请求对亲军每百户赐一部。这恰好与皇帝的意图相吻合，在亲军中宣扬孝道，规范亲军的行为。大定初，亲军的数量为四千人。二十二年（1182），省为三千五百人。大定二十三年（1183），朝廷一次刻女真字《孝经》千部付点检司分赐护卫亲军。估计所刻数量在一千左右，亲军人数为三千五百人，从数量上来看，并非每人分赐一部，而是多人赐一部，但也比梁肃所奏请的每百户赐一部要多。

（二）史书的刻印

史书在古代图书分类中占据第二类，其在古代地位是仅次于儒家经典的，因此各朝各代对史部著作的出版也极为重视。历史上史书的刊刻也是始于五代时期，南唐刻有《史通》《玉台新咏》，辽刻有《史记》《汉书》，北宋时国子监已雕印了各朝正史，金人破汴时将这些书及印板全部运往金地，金代史书的刻印可以说是继承了北宋的成果，并在此基础之上进一步向前发展。

1. 正史的刊刻

据《金史》记载，金代国子监刻有正史十七部，《史记》《前汉书》《后汉书》《三国志》《晋书》《宋书》《齐书》《梁书》《陈书》《后魏书》《北齐书》《周书》《隋书》、新旧《唐书》、新旧《五代史》。这些是金代官方划定的科举考试用书，均由国子监负责刊印并颁发全国官学作为教材使用，严格规范了考试用书的版本。

其中《旧五代史》的刊刻并未一直持续，"泰和七年（1207）十一月诏立宋欧阳修《新五代史》于学官，削去宋薛居正《旧五代史》，止用欧阳修所撰，薛书遂渐散佚。《旧五代史》南京路转运司有承安四年（1199）刊木。明谢在杭、陈第曾藏原本。"[②]

2. 《贞观政要》的刻印

以上国子监所刻为历代正史，除正史外，金代刻印的史书以《贞观政要》和《资治通鉴》较为常见。《贞观政要》蕴含着丰富的治国安民

① （元）脱脱等：《金史·梁肃传》卷89，中华书局1975年版，第1984页。
② 张秀民著，韩琦增订：《中国印刷史》，浙江古籍出版社2006年版，第176页。

的政治观点和成功的施政经验。金代的统治者虽为少数民族，但皇帝都
非常重视《贞观政要》这部书，从熙宗开始一直到宣宗都将其作为必读
之书。

熙宗常常研读《贞观政要》，从中吸取治政经验，认为唐太宗与臣下
的关于治国之道的议论可以作为法规制度，天眷二年（1139），熙宗对臣
下说："朕每阅《贞观政要》，见其君臣议论，大可规法。"① 世宗也常读
《贞观政要》，感叹魏征的直谏忠义，而问臣下为什么近世却没有魏征这
样的人呢？"朕比读《贞观政要》，见魏征嘉谋忠节，良可称叹。近世何
故无如征者？"② 金统治者对《贞观政要》的重视一直持续到金末，正大
三年（1226）于内庭置益政院，选学问渊博、议论宏远的人任顾问，为
皇帝讲经说史，提供治国经验，讲解的书籍有《贞观政要》《尚书》《通
鉴》。③

由于统治者对《贞观政要》的重视与推崇，地方官署也刻印这一书
籍，金代官方机构南京路转运司即刻印过《贞观政要》一书，《天禄琳琅
书目》金版史部著录金刻《贞观政要》十卷，书前有金大定己丑
（1169）八月唐公弼序，称南京路都转运使"梁公出公府之资，命工镂
版"。④

3. 《魏全死节事》的刻印

《魏全死节事》是由史馆刻印的一本忠义性内容的书籍。泰和六年
（1206），宋李爽率军围攻寿州。金刺史徒单镒募人往斫爽营，寿州人魏
全在募选之列，待魏全斫营时，为李爽所擒。李爽对魏全说，若能为共
骂金主，则免全一死。执全至城下，全反骂宋主。爽怒而杀之，全至死
骂不绝口。金廷以全之忠义赠其宣武将军、蒙城县令，封其妻为乡君，
赐在州官舍三间、钱百万，俟其子年至十五岁收充八贯石正班局分承应，
用所赠官荫，并将全死节送史馆，镂版颁谕天下。⑤

---

① （元）脱脱等：《金史·熙宗纪》卷4，中华书局1975年版，第74页

② （元）脱脱等：《金史·移剌履传》卷95，中华书局1975年版，第2099页。

③ （元）脱脱等：《金史·百官二》卷56，中华书局1975年版，第1280页。

④ （清）于敏中等：《天禄琳琅书目·金版史部》卷3，中华书局1995年版，第6页。

⑤ （元）脱脱等：《金史·魏全传》卷121，中华书局1975年版，第2641页。

（三）子书的刻印

1. 医书的刻印

汴京国子监刻印《附广肘后方》一书。金代医学发达，现在所知金代最早的官方刻书就是医书《附广肘后方》。金灭北宋后汴京的旧国子监并未废除，国子监仍进行书籍的刻印，可以看作是金代刻书之始。葛仙翁《肘后备急方》前，载有杨用道为《附广肘后方》所撰序文一篇，称："于是行省乃得乾统间所刊《肘后方》善本，即葛洪所谓皆单行径易，约而已验，篱陌之间，顾盼皆药，家有此方，可不用医者也。其书经陶隐居增修而盖完矣。既又得唐慎微《证类本草》，其所附方皆洽见精取，切于救治，而卷帙尤为繁重。且方随药著，检用卒难。乃复摘录其方，分以类例，而附于《肘后》随证之下，目之曰《附广肘后方》，下监俾加雠次，且为之序而刊行之。……皇统四年（1144）十月戊子，儒林郎汴京国子监博士杨用道序。"①

在这篇序言当中交代了刻印此医书的背景，当时正处于熙宗初年，政治上与北宋之间和平共处，人民休养生息，不再饱受战争之苦，也无刑罚之忧，唯独疾病造成人们的伤痛和死亡，医书成为人民解除病痛的重要工具。但是通行在世的医书内容上过于庞大，著录药物过多，不适合普通百姓使用。作者恰好得到乾统间所刊《肘后方》的善本，其简单易用，药方也均经验证有效，所列药材是平常的生活环境中就可得到的，有了此书，便可不用求助于医生就能自行治疗。随后又得到唐慎微的《证类本草》，这部书的药方精当可取，但缺点是卷帙过多，以药为纲，按药索方，对于人们按疾病索方的使用习惯来说非常不便。于是将其中的药方摘录下来，按类排列，附《肘后》之下，命名为《附广肘后方》，送到国子监校对编次，并为刻版刊行而撰写序言。

金代官方印刷的大型医书是北宋所编的《圣济总录》。《圣济总录》是北宋政和年间官方主持编撰的医学类书，全书共200卷，60余门，药方20000首，几乎囊括了前代所有方书的内容。全书所载病症涉及内科、外科、妇科、儿科、五官科、针灸、正骨等13科，内容非常广泛，是名

---

① 杨用道：《附广肘后方》，（清）张金吾：《金文最》卷36，中华书局1990年版，第520页。

副其实的医学百科全书。修成未及刊行，不久金人破汴，取国子监书板以还，《圣济总录》板片即被运回北方。故此书在南宋未见刊本，也不见于各家藏书记，据《滂喜斋藏书记》载："元《大德重校圣济总录》残本六卷。一函八册。宋政和中奉敕撰，原本二百卷，重刊于金大定。"①可知金大定年间（1161—1189）依所得宋版印行了这部医学全书。

　　2. 科技书的刻印

　　金都水监刻印有《河防通议》一书，金世宗大定二十年（1180）及章宗明昌四、五年（1193—1194），黄河屡屡决口，金政府的都水监便刊印颁发了《河防通议》一书。《河防通议》为宋人沈立所作，沈立字立之，历阳人，进士及第，尝为京西北转运使。都水方兴六塔河，立请止修五股河及漳河，分杀水势，又采撷黄河事迹及古今利病而成《河防通议》，金都水监所印的就是此书。除了水患这一自然灾害，蝗灾也是当时常见的农业灾害，为提高消灭蝗虫的技术与成效，金于明昌年间又刻印颁发了《捕蝗图》，估计此书是以图示的形式教导人们捕捉蝗虫的办法。治理水患与灭蝗都是政府要应对的灾害，进行灾害救济是政府的职责，为了更好地解决水患与蝗灾而由政府出资刻印相关书籍并颁发，其数量应不在少数，采用刻版印刷的方式生产这些书籍，体现了女真统治者对雕版印刷术的接受与利用。

　　（四）集部书的刻印

　　金国子监曾于大定十九年（1179）将参加科举考试中举的 60 人的试卷付梓，② 并广为流传，便于天下学子们学习。

　　《东狩射虎赋》为完颜勖所撰，由国子监刻印。完颜勖为穆宗第五子，"好学问，国人呼为秀才……宗翰、宗望定汴州，受宋帝降。太宗使勖就军中往劳之。宗翰等问其所欲。曰：'惟好书耳。'载数车而还"。熙宗时随皇帝狩猎海岛，熙宗"三日之间，亲射五虎获之。勖献《东狩射虎赋》"③。大定二十年（1180），世宗谓："其（完颜勖）谏表可入《实

---

　　① （清）潘祖荫著，潘宗周编：《滂喜斋藏书记》，上海古籍出版社 2007 年版，第 50 页。

　　② （金）元好问著，姚奠中主编，李正民增订：《元好问全集·沁州刺史李君神道碑》（增订本）卷 16，山西古籍出版社 2004 年版，第 399 页。

　　③ （元）脱脱等：《金史·完颜勖传》卷 66，中华书局 1975 年版，第 1557—1559 页。

录》，其《射虎赋》诗文等篇什，可镂版行之。"[1]

国子监还刻有《东坡奏议》。大定末，世宗曾问耶律履宋的名臣谁最优秀，耶律履以端明殿学士苏轼对。世宗说："吾闻苏轼与驸马都尉王诜交甚款，至作歌曲戏及帝女，非礼之甚！其人何足数耶？"耶律履说："小说传闻，未必可信。就令有之，戏笑之间，亦何须深责？岂得并其人而废之？世徒知轼之诗文为不可及，臣观其论天下事，实经济之良材。求之古人，陆贽而下，未见其比。陛下无信小说传闻而忽贤臣之言。"于是第二日，"录轼奏议上之。诏国子监刊行"[2]。

章宗时国子监刻有刘迎的诗文集《山林长语》。"刘记室迎，字无党，东莱人。初以荫试部椽，大定十三年（1173），为当时第一。明年，登进士第，除豳王府记室，改太子司经，显宗特亲重之。二十年（1180），从驾凉陉，以疾卒。"章宗即位后，诏国学刊行其诗文集《山林长语》。章宗所编的谜语书"金章宗好谜，选蜀人杨圕祥为魁，有《百斛珠》刊行"[3]，是我国最早出版的谜语书。

（五）释道书籍的刻印

宗教是历代统治者用来稳定统治的工具，金代崇尚佛教与道教。女真人在建国前就已经开始信佛，佛教逐渐发展成为金朝社会的主要宗教。道教中的全真教也在金朝崛起，并迅速发展，得到了统治者的认可与支持。金统治阶级对宗教的崇信促进了官方释道二教典籍的刊刻。

1. 佛经的刻印

（1）金统治者对佛教的推崇

女真统治者对佛教的接受和认可要早于儒学。女真族因受渤海国和高丽国文化的影响，在开国之前已有佛教信仰的流传，如始祖函普之兄阿古乃即好佛事。阿骨打为厚葬开国元勋宗雄，于天辅六年（1122）特为其建佛寺一所。太宗皇帝也在天会元年（1123）于上京庆元寺献佛骨。

---

[1]　（元）脱脱等：《金史·完颜勖传》卷66，中华书局1975年版，第1560页。

[2]　（金）元好问著，姚奠中主编，李正民增订：《元好问全集·尚书右丞耶律公神道碑》（增订本），山西古籍出版社2004年版，第586页。

[3]　（明）郎瑛：《七修类稿·千文虎序》（下），广益书局1936年版，第243页。

辽朝故地幽燕地区的佛教更盛，析津府"僧居佛宇，冠于北方"①。

金前期，在帝王公卿贵族中，信佛者十分普遍。洪皓的《松漠纪闻》中有这样一段记载：

> "胡俗奉佛尤谨。帝后见像设，皆梵拜。公卿诣寺，则僧坐上坐。燕京兰若相望，大者三十有六，然皆建院。自南僧至，始立四禅，曰太平、招提、竹林、瑞像。贵游之家多为僧衣盂甚厚。延寿院主有质坊二十八所，僧职有正副判录，或呼司空。出则乘马佩印，街司、五伯各二人前导。凡僧事无所不统，有罪者则挞之，其徒以为荣。出家者，无买牒之费。金主以生子肆赦，令燕、云、汴三台普度，凡有师者，皆落发。奴婢欲脱隶役者，才以数千属请即得之。得度者，亡虑三十万。"②

以上这段记载描述的是洪皓归宋前所见的金朝皇帝与贵族崇佛的情况。洪皓在熙宗皇统三年（1143）回到南宋，因此，以上情形应代表了熙宗以前金代统治者对佛教积极支持的态度。太祖（1115—1123）、太宗（1123—1135）时，在河北、山西创立、复兴了许多寺院令汉人僧侣居住。熙宗（1135—1149）尊尚儒学，奉祀孔庙，但对于佛教也一样推崇，在上京建大储庆寺，优遇汉人僧侣。海陵王时期佛教受到压抑，到了世宗时又开始放宽对佛教的政策，也于各地兴建佛寺。大定二年（1162）建大庆寺于燕京，令玄冥禅师居住，赐钱二万缗，田二十顷；大定八年（1168），创设清安寺于东京（辽阳），度僧五百夫；十四年（1174），建栖隐寺，度僧一万人；同年，营建昊天寺，赐田百顷，令每年度僧尼十人。世宗的生母也于辽阳清安寺出家为尼。金统治者对佛教崇信，在民间大量兴建寺院，并赐予寺院大量的金钱与土地。

（2）官方刻印的佛经

皇家崇佛表现之一就是刻印佛经，祈福报恩。承安二年（1202），金

---

① （宋）许亢宗：《宣和乙巳奉使金国行程录》，赵永春辑注：《奉使辽金行程录》，吉林文史出版社1995年版，第149页。

② （宋）洪皓：《松漠纪闻》，《丛书集成续编·集部》（第166册），上海书店出版社1994年版，第48页。

章宗的儿子寿王，"病急风，募能医者加宣武将军，赐钱五百万。甲申，疾愈，印《无量寿经》一万卷报谢，衍庆宫作普天大醮七日，无奏刑名，仍禁屠宰"①。《无量寿经》确切由哪个机构刊刻不得而知，但必是官府出资刻印。

辽朝和北宋官方都曾主持雕刻大藏经，辽刻大藏经称为《契丹藏》或《辽藏》，道宗咸雍四年（1068）完成，共雕印 579 帙。北宋开宝四年（971）始刻，太平兴国八年（983）完成，共雕刻 5048 卷。而金朝官方却始终没有雕印大藏经，其原因李致忠在《古代版印通论》中有所探讨，认为"金代统治者，起初并不怎么崇奉佛教，直到金世宗完颜雍大定十四年（1174），金主仍谕宰臣曰：'闻愚民祈福，多建佛寺，虽已条禁，尚多犯者。宜申约束，无令徒费财用。'正是金世宗的这一禁令，使金代朝廷始终没有雕印大藏经。"② 笔者认为金代官方没有雕印大藏经并不完全缘于这一思想，因为抑制佛教发展的禁令只是实行于一段时期内，并且禁令的内容也只是限制寺院的兴建，以此遏制其发展的势头，避免过度崇佛而影响社会经济，动摇金政权的稳定。笔者认为有金一代官方之所以没有雕印大藏经，其原因有两点。首先，金在占领北宋汴京的时候，就将北宋的《开宝藏》经板运回了燕京，这样金朝实际上已经有了一部大藏经，朝廷也就没有必要再次雕刻。其次，金朝民间在熙宗皇统时已经开始募雕大藏经，经板雕成以后，崔法珍也将其献与朝廷，此后，官方也不宜再行雕造。

2. 道藏的刻印

道教中的全真教在金代兴起并得到了统治者的支持，颇受金朝帝王青睐。世宗曾召王处一、丘处机至京师，并授命丘处机"主万春节醮事，职高功"。③ 承安二年（1197）章宗召王处一，赐号休玄大师，并赐修真观一所，又召刘处玄，命侍诏天长观。全真道存在的合法性得到了金廷的承认。

金代官方主持雕印了一部大型道藏《大金玄都宝藏》。时中都天长观

---

① （元）脱脱等：《金史·洪辉传》卷 93，中华书局 1975 年版，第 2059 页。
② 李致忠：《古代版印通论》，紫禁城出版社 2000 年版，第 175 页。
③ 完颜璹：《全真教主碑》，（清）张金吾：《金文最》卷 82，中华书局 1990 年版，第 1202 页。

遭回禄之余，世宗出内府公帑巨万重加修茸。"明昌改元之元日，敕遣中使谕旨度支拓观之左，隙地凡千步，起丁卯瑞圣殿，以奉太母本命之神，制度与延庆埒，其北宫第一区并以赐观俾构屋列櫃以贮经板，仍署文臣二员与明道经书参订，即补缀完成印经一藏，既又命选精勤道士一员，住持须及五年若职事修举者，赐紫衣德号仍岁度服勤，道童二人以为常。明道奉诏，不遑居处，分遣黄冠访遗经于天下，且募工鸠材有赵道真者，愿以板材自任，丏化诸方。不二年间，胜缘具办，环材会珍良工萃巧，櫃庋屹立，镂椠具完。凡得遗经千七十四卷，补板者二万一千八百册有奇，积册八万三千一百九十八，列库四区，为楹三十有五，以架计者百有四十，明道于是倡诸道侣依三洞四辅品详科格，商校同异而铨次之，勒成一藏，都庐六千四百五十五卷，为秩六百有二。题曰《大金玄都宝藏》。"① 泰和七年（1207）章宗元妃印施此道经二藏，一送栖霞太虚观收藏，一送圣水玉虚观收藏。

（六） 民族语言文字图书的刻印

金政权统治下主要生活着女真人、汉人和契丹人，境内通行多种民族语言文字，金政权大力提倡本民族语言文字的使用与推广，在出版上表现为，除了汉文出版物外，就是契丹和女真语言文字图书的出版，促进了女真字与契丹字在金代的发展。正像费夫贺和马尔坦所说的，"印刷术带来的语言统合历程"，"书籍产业为谋取经济利益而鼓励书刊以民族语文出版，最后则助长了这些语文的茁壮"。②

1. 女真文书籍的出版

有了自己政权的女真人，一跃而为统治民族，政治地位的提升要求其树立属于自己的标志，再使用其他民族的文字已经无法满足这种树立民族地位的需求，于是着手创制本民族文字的行动便在建国后立即实行。天辅三年（1119）八月，女真字创立后便开始推广使用，同时开始女真字教育，使得女真字书籍的出版进入萌芽时期。"天会中，选诸路女直字

---

① 文物出版社、上海书店、天津古籍出版社：《道藏·宫观碑志》（第19册），上海书店1988年版，第718页。

② 费夫贺、马尔坦：《印刷书的诞生》，李鸿志译，转引自贺圣遂《为出版插上飞翔的翅膀：论技术在出版变迁中的作用》，《编辑学刊》2009年第2期。

学生送京师，"① 作为教材使用的《女真字母》颁发到中央及地方的女真字学校使用。"丞相希尹制女真字，设学校，使谋离剌等教之。"② 后于诸路设女真字学校传授女真字，最初颁行的《女真字母》一书成为女真字学校中的必备教材，出版数量随之扩大。其后熙宗亦制女真字，与希尹所制字一并通行。

以上为女真字推广的第一阶段，熙宗与海陵时期女真字的推广有所回落。到了世宗时期提倡恢复女真旧俗，再次强调女真文化教育，掀起了女真字学习的回潮，也迎来了金代女真字书籍出版的高峰期。按《金史》的记载，金代官方主要是将汉文典籍翻译为女真文字后再行雕版印刷并颁行，历经世宗朝与章宗前期，女真文的翻译与出版取得了一定的成就。大定二十三年（1183）译经所先后译出《易》《书》《论语》《孟子》《老子》《杨子》《文中子》《刘子》《新唐书》《春秋》《诗》《礼》等经史书籍 15 种。这些翻译的女真文经史同样作为教材颁发于各地官学。

金代还出版了许多女真文的启蒙读物，世宗时曾一次性刻印女真字《孝经》千部发给侍卫亲军。明时北京《文渊阁书目》著录的女真字书籍有 15 种，有《女真字盘古书》《女真字孔夫子书》《女真字孔夫子游国章》《女真字家语贤能言语传》《女真字孙膑书》《女真字百家姓》《女真字哈答咩儿于》《女真字十八国斗宝传》《女真字善御书》《女真字黄氏女书》《女真字家语》《女真字姜太公书》《女真字伍子胥书》《女真字海钱公书》《女真字母》。③ 文渊阁是明代的中央藏书机构，所著录的书籍都是官方收藏的，以上各书出现在官方编撰的书目当中，这些书可能是来源于金代官府藏书被元政府收藏传到明朝，只是明以后就散佚无存了。

2. 契丹文书籍的出版

虽然史籍没有明确的关于金代契丹文书籍出版的记载，但从金代契丹字使用的广泛程度上可以推断，金代必定有契丹文书籍的出版。金对契丹字的应用主要体现在以下两个方面。

第一，社会生活当中大量使用契丹字。"金人初无文字，国势日

① （元）脱脱等：《金史·纥石烈良弼传》卷 88，中华书局 1975 年版，第 1949 页。
② （元）脱脱等：《金史·温迪罕达传》卷 105，中华书局 1975 年版，第 2321 页。
③ （清）杨士奇：《文渊阁书目》卷 18，中华书局 1985 年版，第 228—229 页。

强，与邻国交好，乃用契丹字。"① 女真字发明以后，虽然推广使用，但并未取代契丹字，契丹字在金朝社会仍大量应用，不论是国内的文书，还是对外交涉都用契丹字。契丹字还常见于官印，"正隆元年（1156），以内外官印新旧名及阶品大小不一，有用辽、宋旧印及契丹字者，遂定制，命礼部更铸焉。"② 国史院设有契丹译史，也是使用契丹字的表现。

第二，契丹字的广泛使用也使得习学契丹字的人不在少数，金初诸子皆学契丹字。"宗雄能以两月尽通契丹大小字"③，"晏本名斡论……明敏多谋略，通契丹字。"④ "移剌斡里朵，一名八斤，系出辽五院司，通契丹字。"⑤ "克宁资质浑厚，寡言笑，善骑射，有勇略，通女直、契丹字。"⑥ "完颜兀不喝……补上京女直吏，再习小字兼通契丹文字。"⑦ 即使到了世宗、章宗时期，契丹字仍是习学的文字之一。如"斡勒忠本名宋浦，盖州人也。习女直、契丹字"⑧。"术术鲁阿鲁罕，隆州芭离葛山人。年八岁，选习契丹字。"⑨

大定十六年（1176）世宗曰："契丹文字年远，观其所撰诗，义理深微，当时何不立契丹进士科举。"⑩ 契丹字从创立到此时已经历经一个半世纪，女真人对契丹字的学习与使用也多达六七十年，对其运用的熟练程度已经很高了，能够用契丹字作诗行文，表达深奥的义理。所以世宗认为完全可以设立契丹字科举以取士，作为选拔人才的手段之一。这么长时间内对契丹字的使用离不开契丹文书籍在社会上的流通，而这种大范围长时间的流通的书籍也不可能只来源于金初从辽收取的有限的数量，因此可以推断，在金代契丹字书籍的出版是一定存在的，只是今天没有流传下来。

---

① （元）脱脱等：《金史·完颜希尹传》卷73，中华书局1975年版，第1684页。
② （元）脱脱等：《金史·百官四》卷58，中华书局1975年版，第1337页。
③ （元）脱脱等：《金史·完颜勖传》卷66，中华书局1975年版，第1558页。
④ （元）脱脱等：《金史·完颜晏传》卷73，中华书局1975年版，第1672页。
⑤ （元）脱脱等：《金史·移剌斡里朵传》卷90，中华书局1975年版，第2002页。
⑥ （元）脱脱等：《金史·徒单克宁传》卷92，中华书局1975年版，第2044页。
⑦ （元）脱脱等：《金史·完颜兀不喝传》卷90，中华书局1975年版，第1998页。
⑧ （元）脱脱等：《金史·斡勒忠传》卷97，中华书局1975年版，第2144页。
⑨ （元）脱脱等：《金史·术术鲁阿鲁罕传》卷91，中华书局1975年版，第2024页。
⑩ （元）脱脱等：《金史·选举一》卷51，中华书局1975年版，第1141页。

表 4－2 金代官方刻书统计

序号	书名	刻印机构	刻印时间	类别
1	《易》	国子监	天德年间	经书
2	《诗》	国子监	天德年间	经书
3	《书》	国子监	天德年间	经书
4	《春秋》	国子监	天德年间	经书
5	《礼记》	国子监	天德年间	经书
6	《周礼》	国子监	天德年间	经书
7	《孝经》	国子监	天德年间	经书
8	《论语》	国子监	天德年间	经书
9	《孟子》	国子监	天德年间	经书
10	《荀子》	国子监	天德年间	经书
11	《扬子》	国子监	天德年间	经书
12	《老子》	国子监	天德年间	经书
13	《史记》	国子监	天德年间	史书
14	《前汉书》	国子监	天德年间	史书
15	《后汉书》	国子监	天德年间	史书
16	《三国志》	国子监	天德年间	史书
17	《晋书》	国子监	天德年间	史书
18	《宋书》	国子监	天德年间	史书
19	《齐书》	国子监	天德年间	史书
20	《梁书》	国子监	天德年间	史书
21	《陈书》	国子监	天德年间	史书
22	《魏书》	国子监	天德年间	史书
23	《北齐书》	国子监	天德年间	史书
24	《周书》	国子监	天德年间	史书
25	《隋书》	国子监	天德年间	史书
26	《新唐书》	国子监	天德年间	史书
27	《旧唐书》	国子监	天德年间	史书
28	《新五代史》	国子监	天德年间	史书
29	《旧五代史》	国子监	天德年间	史书
30	《贞观政要》	南京路转运司	天德年间	史书
31	《旧五代史》	南京路转运司	承安四年（1199）	史书

序号	书名	刻印机构	刻印时间	类别
32	《魏全死节事》	史馆	泰和六年（1206）	史书
33	《附广肘后方》	国子监	皇统四年（1144）	医书
34	《河防通议》	都水监	大定二十年（1180）至明昌初	科技书
35	《捕蝗图》	官方某机构	明昌年间	科技书
36	《无量寿经》	寺院	承安二年（1197）	佛经
37	《大金玄都宝藏》	天长观	明昌元年（1190）	道藏
38	《道经》	道观	泰和七年（1207）	道藏
39	《大定官制》	尚书省某机构	大定二年（1162）	官制
40	殿试试卷	国子监	大定十九年（1179）	文集
41	《杜甫文集》	学士院	明昌二年（1191）	文集
42	《韩愈文集》	学士院	明昌二年（1191）	文集
43	《刘禹锡文集》	学士院	明昌二年（1191）	文集
44	《杜牧文集》	学士院	明昌二年（1191）	文集
45	《贾岛文集》	学士院	明昌二年（1191）	文集
46	《王建文集》	学士院	明昌二年（1191）	文集
47	《宋王禹称文集》	学士院	明昌二年（1191）	文集
48	《欧阳修文集》	学士院	明昌二年（1191）	文集
49	《王安石文集》	学士院	明昌二年（1191）	文集
50	《苏轼文集》	学士院	明昌二年（1191）	文集
51	《张耒文集》	学士院	明昌二年（1191）	文集
52	《秦观文集》	学士院	明昌二年（1191）	文集
53	《百斛珠》	国子监	章宗年间	文集
54	《飞龙记》	国子监	章宗年间	文集
55	《山林长语》	国子监	明昌元年（1190）	文集
56	《东狩射虎赋》	国子监	大定二十年（1180）	文集
57	《东坡奏议》	国子监	世宗时	文集

表 4 – 3   金代所刻女真文译本统计

序号	书名	刻印机构	刻印时间	类别
1	《贞观政要》	国子监①	大定五年（1165）	史书
2	《白氏策林》	国子监	大定五年（1165）	史书
3	《史记》	国子监	大定六年（1166）	史书
4	《西汉书》	国子监	大定六年（1166）	史书
5	《新唐书》	国子监	大定六年（1166）	史书
6	《春秋》	国子监	大定六年（1166）	史书
7	《论语》	国子监	大定二十三年（1183）	经书
8	《孟子》	国子监	大定二十三年（1183）	经书
9	《老子》	国子监	大定二十三年（1183）	经书
10	《杨子》	国子监	大定二十三年（1183）	经书
11	《文中子》	国子监	大定二十三年（1183）	经书
12	《刘子》	国子监	大定二十三年（1183）	经书
13	《易》	国子监	大定二十三年（1183）	经书
14	《书》	国子监	大定二十三年（1183）	经书
15	《诗》	国子监	大定二十三年（1183）	经书
16	《礼》	国子监	大定二十三年（1183）	经书
17	《孝经》	国子监	大定二十三年（1183）	经书
18	《女真字盘古书》	国子监	大定以后	启蒙读物
19	《女真字孔夫子书》	国子监	大定以后	启蒙读物
20	《女真字孔夫子游国章》	国子监	大定以后	启蒙读物
21	《女真字家语贤能言语传》	国子监	大定以后	启蒙读物
22	《女真字孙膑书》	国子监	大定以后	启蒙读物
23	《女真字百家姓》	国子监	大定以后	启蒙读物
24	《女真字哈答咩儿于》	国子监	大定以后	启蒙读物
25	《女真字十八国斗宝传》	国子监	大定以后	启蒙读物
26	《女真字善御书》	国子监	大定以后	启蒙读物
27	《女真字黄氏女书》	国子监	大定以后	启蒙读物

---

① 女真文译本史书未载由哪个机构刊刻，前人研究中也未确定是否由弘文院刻印，笔者认为由于翻译这些译本是用作女真学校的教材，按照国子监专门刻印教材的惯例，这些书理应由国子监刻印。

序号	书名	刻印机构	刻印时间	类别
28	《女真字家语》	国子监	大定以后	启蒙读物
29	《女真字姜太公书》	国子监	大定以后	启蒙读物
30	《女真字伍子胥书》	国子监	大定以后	启蒙读物
31	《女真字海钱公书》	国子监	大定以后	启蒙读物
32	《女真字母》	国子监	熙宗至章宗时期	启蒙读物

从表 4-2、4-3 可以看出金代官方刻书的种类相对集中，主要集中于经、史、文集，世宗、章宗朝是金代官方刻书比较兴盛的时期。

二　官方刻书的特点

1. 官方主要雕刻以宣扬教化、巩固统治为目的的书籍

出版的本质是信息传播，通过复制与发行将书籍承载的信息传递给每一个读者。图书所肩负的传承思想、传播知识、引导舆论等功能，在文化传播方面发挥首要作用。因此，图书出版也在金代成为金政权进行思想宣传的主要手段之一。金朝作为女真人建立的政权，其特殊之处在于少数民族为统治民族，治下是大量的契丹人、汉人、女真人、渤海人，民族成分复杂，民族矛盾激烈。女真人本身在文化方面落后于被统治民族，学习汉族政权的统治方法是其必由之路，儒家思想作为统治思想也很快被女真上层所了解和接受，并逐渐大肆宣扬加以利用。除了兴建孔庙、祭祀孔子以外，还出版儒学书籍，宣扬儒家思想是金政权加强思想统治的一项重要措施。各朝所修正史，也是以儒学为指导思想编纂的书籍，同样具有宣扬教化的作用，也是金代官方刻印最多的一类书籍，如下表所示：

表 4-4　　　　　　　　官方刻书数量与种类统计

文种 \ 数量 \ 种类	经书	史书	医书	科技	宗教	文集	官制法律	启蒙读物	总计
汉文	12 部	20 部	1 部	2 部	3 部	18 部	1 部		103 部
女真文	11 部	6 部						15 部	

从上面的统计表可以看出金代官方常刻的各类书籍当中，儒家经典与史书占据所刻图书的大部分。从表 4 - 4 可知金官方刻书共有 103 部，其中经史的汉文刻本及女真文刻本共 49 部，其数量达到了金代官方所刻书籍总数的 48%，足以说明这类书籍在官方图书出版种类上的主体地位，是官方出版的主流方向。经史书籍关乎政权统治，与统治者推行的治国政策相辅相成，自然成为官方印刷的主要品种。这表明金统治者对儒家学说的重视，官方刻书的倾向，影响着整个社会图书出版的方向，也带动了全国范围内经史类书籍的刻印，在儒家思想的快速及广泛传播中发挥了重要作用。

2. 中央机构刻书是官刻的主体

已知的金代官方刻书机构有国子监、史馆、都水监以及南京路转运司，其中只有南京路转运司非中央行政机构，其余均为中央官署，其中国子监的职责之一便是主管刻书，使用量较大的教材由其主持刻印，同时也兼印其他各类图书，如医书和文集等。其余的行政机构会根据职责的需要刻印与本职相关的书籍，如都水监印刷了《河防通议》，史馆刻印《魏全死节事》等。而我们所知的地方机构刻书，则只有南京转运司一处。官方出版集中于中央，这种中央与地方的强烈对比，说明图书出版已经受到金上层统治者的重视与应用，在书籍的印刷与传播上金中央官署发挥了重要作用。

第三节　私人刻书

私人刻书也是金代刻书系统中的一个重要组成部分，相对于官方刻书而言，其刻书的经费来源于私人，这既包括以营利为目的的坊肆刻书，也包括以传承文化为主要目的的家宅刻书。金代的坊肆刻书是比较兴盛的，金代出版的图书很大一部分来自坊间，是私人刻书的主体，也是历来学者研究中最为关注的内容，但还有一些问题的探讨不明晰。而金代的家宅刻书却一直未能引起研究者的注意，至今没有相关研究成果面世。

一　书坊刻书

书坊也称书肆、书铺，为民间印刷和出售书籍的地方，书坊的刻书是以出售为目的的，市场中流通的图书绝大部分来源于书坊。坊肆刻书业的发达是图书市场发展的一个重要标志。金代的坊刻是非常活跃的，在山西平阳形成了北方新的坊刻中心——平水，当地书坊所刻书籍质量上乘，代表了金代刻书的最高水平。

金代有名称可考的书坊主要集中于几大刻书中心，这几大刻书中心都是经济和文化发达的地区，中都和南京分别为金中期和后期的首都，是经济和文化中心。平阳和宁晋自古经济富庶，文化教育发达。

1. 中都的书坊刻书

金中都在辽时就已经成为雕版印刷业的中心，有着雄厚的经济基础和各种先进的工业技术。造纸制墨都十分精良，所印经卷无论皮纸、麻纸都光洁柔韧，特制的入潢藏经纸近千年后未见虫蛀，墨色凝重黑亮，修复时在热水中冲洗去污垢而墨色毫不晕染。辽代大肆崇佛，佛经的需求量增加。如《妙法莲华经卷第四式》是"燕京檀州街显忠坊南颊住冯家印造"。《上生经疏科文》由"燕京仰山寺前杨家印造"。燕京书肆刻印出售苏轼的文集《大苏小集》。[①] 由此可知，燕京在辽时已有了造纸、制墨、雕刻、印刷四大出版的要素，为金代中都出版业的发展奠定了坚实的基础。

金建国后的最初几十年都城在会宁，海陵王完颜亮在位时，在辽代南京城池的基础上，仿照北宋都城汴梁的规制改建新都。贞元元年（1153）新都建成，金正式迁都，改称中都，其政治地位大大提升，从而带动了经济、文化的全面发展。中都城内坊巷众多，人口稠密，经济有了较大发展，商业活动非常活跃，为中都书肆的进一步发展奠定了良好的经济基础。燕京有多少坊肆从事刻书，现在已经无法考证，但有一定数量的书坊存在应是事实。如章宗明昌元年（1190）命中都天长观补雕

---

① （宋）王辟之：《渑水燕谈录》卷7，中华书局1985年版，第64页。

《道藏》，于各方"募工鸠材"以镂板，[①] 不到两年就完成补版21800块，可见燕京的雕印能力之强。

2. 南京的书坊刻书

南京（汴京，今河南开封）原为北宋首都，在北宋就很繁荣，《清明上河图》一幅不朽的杰作将其繁荣兴旺描绘得淋漓尽致。当地出版业的发达同样是令人瞩目的，图中沿河岸的店铺中就有一家是书坊。海陵王迁都中都以后，改汴京为南京，南京的经济在金破北宋时受到严重破坏，经过多年的发展，逐渐得以恢复，到了金章宗时期再次发展成为金朝重要的商业城市。宣宗于贞祐二年（1214）迁都南京，这里又一次成为都城，政治、经济地位的上升，也带来了文化的发展。

科举考试所用的《地理新书》有汴梁书坊刻本，据《地理新书序》称："古唐、夷门（今河南开封）、蒲阪（今山西永济县）等处，前后印卖新书。"[②] 夷门为战国魏国都城的东门，故址在今河南开封城内东北隅。可知此书由开封的书铺刻印并出售。世宗之孙完颜璹，正大间居南京，幼有俊才，能诗工书，生平诗文甚多，晚年自刊诗集《如庵小稿》，"汴梁鬻书家有之"[③]，即南京的书铺出售有完颜璹的诗集。

3. 平阳府的书坊刻书

无论从史料记载还是从现存实物来看，金代的坊刻本多出自河东路，而其中又以平水的数量为最多，山西的平水就是金代书坊的荟萃之地。平水即今天的山西临汾，为当时出版业最为兴盛的地区。因为临汾的古称为平水，故学界多以"平水本"称呼当地所出版的书籍。金自太宗天会六年（1128）析宋河东路为南、北两路，河东南路总管府治所在平阳，临汾县（今临汾市）为平阳的属县。至哀宗末年，平阳府治失守。其间南宋高宗建炎初至理宗绍定末，正是我国南方刻版印刷业生产发达的时期。而在同一时期的我国北方，平阳府治临汾（以平水为郡望）则逐渐代替了北宋汴京（今河南开封），成为黄河以北地区新兴的刻书中心。

---

① 《道藏·宫观碑志》第19册，文物出版社、上海书店、天津古籍出版社1988年版，第718页。

② 张谦：《地理新书序》，（清）张金吾：《金文最》卷38，中华书局1990年版，第548页。

③ 元好问著，姚奠中主编，李正民增订：《元好问全集·如庵小稿序》（增订本）卷36，山西古籍出版社2004年版，第757页。

　　下面对于平水刻书中心有两个问题需要探讨，一是关于平水成为金代刻书中心的原因，二是关于平阳是否设有出版管理机构的问题。

　　第一个问题是平水缘何在金代能够发展成为北方刻书中心。目前学界对这一问题的看法基本包括以下四种观点。

　　第一种观点源自于清末民初的叶德辉，他在《书林清话》卷四《金时平水刻书之盛》中说："金源分割中原不久，乘以干戈，惟平水不当要冲，故书坊时萃于此。"① 这一说法并不符合平水发展的历史事实。李晋民在《山西古籍印刷出版史志》中对此进行了详细论证，他指出："山西自古山河表里，处处雄关要塞，乃历代兵家必争之所。……平阳临汾为金西路军进兵秦蜀，南下河洛的必控之地。故平阳为宋金角逐的主要战场之一。双方在此交战历数年之久。"② 熙宗即位以前山西一直有宋的义军与金军的冲突存在，直到天眷初年也尚未安定下来。因此说平水因未受战争破坏而发展成为刻书重地是不符合史实的。

　　第二种观点源自杨守敬的一篇跋语，"考金元之世，平阳立经籍所，故一时书坊印板，麇集于此"③。杨守敬这句话，说出了金元之时平阳刻书之盛是因当时官府于其地"立经籍所"，故而书坊均向此聚集。这一说法也是值得商榷的。立经籍所一事见于《元史》的记载，始于元太宗八年（1236），"耶律楚材请立编修所于燕京，经籍所于平阳，编集经史"④。至元三年（1262），"徙平阳经籍所于京师"。⑤ 从《元史》中的记载可知经籍所主要职责是负责经史书籍的编纂，后来迁到京师，也就是说此机构设于平阳是临时性的。那么为什么会选择设在平阳？应该是当地有便于经史编纂的条件。金时的平阳刻书业发达，书籍的种类丰富数量也很大，私人藏书数量大，为元朝经史的编纂提供了资料。其次，编纂的最终目的必然是出版传播，而当地拥有书籍出版的物质和技术条件，所以成为经籍所设立的首选地点。这也间接证明金代平阳的出版业与图书收藏的兴盛。因此只能说平阳立经籍所是平阳出版兴盛的结果，而不是其发达的原因。那么杨守敬的"平阳立经籍所，故一时书坊印板，

---

①　（清）叶德辉：《书林清话·金时平水刻书之盛》卷4，中华书局1957年版，第89页。

②　李晋林、畅引婷：《山西古籍印刷出版史志》，中央编译出版社2000年版，第28页。

③　转引自张承宗《金代刻书中心平水考辨》，《苏州大学学报》1982年第2期。

④　（明）宋濂：《元史·太宗纪》卷2，中华书局1976年版，第34页。

⑤　（明）宋濂：《元史·世祖三》卷6，中华书局1976年版，第112页。

麇集于此"的说法恰是把二者之间的关系倒置了，所以这一说法也是不能成立的。

第三种观点是 1952 年北京图书馆举行"中国印本书籍展览"，在所编目录《说明》中指出平水本之兴盛，乃因金人占领北宋都城汴梁后，迁移了那里许多书肆刻书工匠到平阳，从此平阳代替汴梁成为黄河以北地区的雕版印书中心。

第四种观点认为金山西具备了雕版印刷业发展所必需的物质条件，是平水为金代刻书中心的原因之一。这两种说法有一定的合理性，但不是平水成为金坊刻中心的唯一原因。任何一种现象的产生都有其自己发展的内部原因与外部因素，都是社会历史条件共同作用的结果。笔者认为平水成为刻书中心是经济、文化共同发展的结果。山西地区经济的发展与文化的繁荣，结合以上两个有利条件，促使平水发展成为金代坊刻中心。北宋时期，河东地区的社会经济发展比较稳定，为金时的发展奠定了基础。再有一点就是文化的繁荣，带动了该地出版业的发展。世宗与章宗朝山西的文化事业勃兴，人才涌现，据谭正璧《中国文学家大辞典》所录，辽宋金时期河东的文学家共 59 人，其中辽北宋时期 10 人，金时则达到 49 人。[1] 金人统治时期文学家数量的绝对多数，表明当地文化发展在金代进入了一个高速发展时期。同时山西的教育也十分繁荣，府州县学达 40 所，科举考试在河东南路与河东北路分别单独设立一个考区，而文化不发达地区则是几个合设一个考区。由此可见，河东南北路的文化发展在金政权范围内是处于领先地位的。这些条件的同时具备，促使平水成为金代的坊刻中心。从当地"家置书楼，人畜文库"[2]的藏书盛况可知平水出版业的发达。经济发达为书坊这一商业机构的成长提供了有利环境。文化繁荣促使书籍需求的增长，再加上熟练工人与物质资源条件，平水在金代得以发展成为民间坊刻的中心。

第二个问题是金在平水是否设有书籍出版管理机构。钱大昕曾指出金在平阳设有书籍出版管理机构。钱大昕将《金史·地理志》平阳府条

---

① 谭正璧：《中国文学家大辞典》，上海书店出版社 1981 年版。
② 孔天监：《藏书记》，（清）张金吾：《金文最》卷 28，中华书局 1990 年版，第 385 页。

"有书籍"一语,与"近平水书籍王文郁,携《新韵》见颐庵老人",①
两条史料相印证,认为"书籍"为王文郁的官名,进而得出金在平阳设
有书籍出版管理机构,类似于近代的官书局。后李晋林在《金元时期平
水刻版印刷考述(上)》②中对此进行了进一步的论证,认为平阳确实设
有书籍出版管理机构,书坊中和轩的主人王文郁任职其中,其官称为
"书籍"。

那么,金代是否确实在平水设过出版管理机构,现还没有确凿史料
证据可以证明。据《元史》载元太宗八年(1236)太宗即从耶律楚材之
请,"立编修所于燕京,经籍所于平阳,编集经史"③。钱氏说"元代经
籍所是因平阳之旧而设",但对于金代所设的这一机构史书并无直接的史
料记载,只能根据元代经籍所的设置与发展来加以推断。如果元代的经
籍所是因金而设,那么在职能上应是相同的,从《元史》中的记载可知
元代的经籍所职能是编辑经史,是纂修机构,史书中并未言其参与刻书
或兼具刻书管理事宜。到了"至元四年(1267),改经籍署为宏文院。院
罢,立兴文署。复罢。二十七年(1290),复置"④,"掌经籍板及江南学
田钱谷"⑤。"至元十年(1273)十一月初七日,太保大司农奏过事内一
件:'兴文署掌雕印文书,交属秘书监呵,怎生?'"⑥《天禄琳琅书目》
卷五亦云:"朝廷于京师册立兴文署,署置令、丞并校理四员,厚给禄
廪,召集良工剞劂诸经、子、史版本,流布天下。"⑦可知元代的兴文署
由经籍所发展而来,兴文署在元代是专司书籍刻印的机构,因而可以推
断元初设于平阳的经籍所可能也负责经史的刊刻。之所以设于平阳极有
可能是沿续金朝在平阳的机构设置,但由于并无确凿的证据可以证明,
这也只能看作是一种推测。

平水书坊及其刻书内容如下:

---

① 许古:《平水新刊韵略序》,(清)张金吾:《金文最》卷41,中华书局1990年版,第
596页。

② 李晋林:《金元时期平水刻版印刷考述》(上),《文献》2001年第2期。

③ (明)宋濂:《元史·太宗纪》卷2,中华书局1976年版,第34页。

④ 柯绍忞:《新元史》卷51,吉林人民出版社1995年版,第1424页。

⑤ (明)宋濂:《元史·世祖十三》卷16,中华书局1976年版,第334页。

⑥ (元)王士点等:《秘书监志·兴文署》卷1,浙江古籍出版社1992年版,第113页。

⑦ (清)于敏中等:《天禄琳琅书目·元版经部》卷5,中华书局1995年版,第98页。

（1）晦明轩书坊：坊主张存惠（约 1204—?），字魏卿，金末元初平阳（今临汾）人。"精于星历之学，州里以好事见称。"① 其书坊刻书较多，一般卷首多有"平阳府张宅晦明轩（或晦明轩）谨识（或谨记）"刻书螭首龟座等牌记，目录后有"平阳张宅印"琴形牌记，又有"晦明轩记"钟形等牌记，卷末载"尧都张宅晦明轩谨记"等字样。

晦明轩刻有《重修政和经史证类备用本草》一书。据《四库全书总目提要》著录《证类本草》30 卷，有"明成化戊子翻刻金泰和甲子（1204）晦明轩本。前有宋政和六年（1116）提举医学曹孝忠序，称钦奉玉音，使臣杨戬总工刊写，继又命孝忠校正润色之"。"书末又有金皇统三年（1151）翰林学士宇文虚中跋"，"泰和中所刻政和本，则以第三十一卷移于三十卷之前，合为一卷，已非大观之旧。又有大定己酉（1189）麻革序及刘祁跋，并称平阳张存惠增入寇宗奭《衍义》"，说明编纂《四库全书》时见有明成化间所翻刻的金泰和间晦明轩刊刻的《证类本草》，"刊刻清整"。②

晦明轩还刻有赵秉文的《滏水文集》。据《楹书隅录续编》卷四影金精钞本《滏水文集》二十卷载："庚辰仲春得杨文敏公家藏晦明轩刻本，影钞一本。"另载有他人题跋，清常道人题云"《滏水集》八卷叶文庄公影录金源旧椠，晦明轩本也，予得诸友人孙氏唐卿"，赵牧斋题云"元遗山《中州集》刘祁《归潜志》，均称赵闲闲《滏水集》三十卷，或并外集计之耳。此本由金椠过录，篇次全备，乃完本也"③。

《丹渊集》也是晦明轩的刻本。据杨绍和《楹书隅录》载："《丹渊集》明刊者已不易得，此本为金泰和间从宋庆元四年（1198）戊午家诚之邛州本重梓，卷末本记'金泰和丙寅（1206）晦明轩张宅记'。"④

（2）中和轩书坊：坊主王文郁，生平不详，他的书坊名为中和轩，已知刊刻有《道德宝章》一卷。据《楹书隅录》载："金本《道德宝章》

---

① （金）元好问著，姚奠中主编，李正民增订：《元好问全集·集诸家通鉴节要序》（增订本）卷 36，山西古籍出版社 2004 年版，第 753 页。

② （清）永镕等：《四库全书总目·子部·医家类一》（上、下）卷 103，中华书局 1965 年版，第 863 页。

③ 杨绍和：《楹书隅录》续编，续修四库全书编委会《续修四库全书·史部目录类》（第 927 册），上海古籍出版社 1996 年版，第 131 页。

④ 同上书，第 8 页。

一卷，昔得诸京师市肆，书高二尺一寸有奇，字径一寸五六分。作欧虞体，古秀遒劲，镌印极精。卷尾有木记题为'金正大戊子（1228）平水中和轩王宅重刊'。"①

正大六年（1230）刻有《平水新刊礼部韵略》5卷，这是金代非常有影响的一部韵书，为王文郁在宋《礼部韵略》的基础上增订改编而成，并刻版流传。《金文最》卷四一《平水新刊韵略序》称"近平水书籍王文郁，携《新韵》见颐庵老人……求《韵》引"②。这是正大六年（1229）乙丑发生的事。清张金吾《爱日精庐藏书志·经部小学类》卷末有墨阁记两行"大德丙午（1273）重刊新本平水中和轩王宅印"。③

（3）平水姬氏书坊：金代著名版画《四美图》由平阳姬家雕刻，刻印技术高超，可知姬家为平水书坊之一。

（4）平水徐氏书坊：金代版画《义勇武安王位》（《关羽图像》）上署平水徐氏刻，图像端庄肃穆，威武逼人，体现了较高的版画刻印水平。

（5）平水李子文：刻有《重刊增广分门类林杂说》。此书现存，书前有著者王朋寿序："乡人李子文一见曰：'专门之学，不可旁及，至如此书，无施不可。好学通变之士之所愿见，我为君刊镂以广其传，如何？'予谨应之曰：'诺。'于是举以畀之，并为之序。"④

（6）书轩陈氏：刻有《壬辰重改证吕太尉经进庄子全解》和《铜人腧穴针灸图经》。据《书林清话》载："大定丙午，二十六年（1186），当宋淳熙十三年。刻《铜人腧穴针灸图经》五卷，序云'告大定丙午岁，平水闲邪瞋叟述'。有'书轩陈氏印行'六字。见森《志》责池刘世珩已影刊。"⑤

以上是有名称可考的平水书坊及其刻书，现在还可知一些书籍为平水坊刻本，但不知书坊名称的，如《黄帝内经素问》，据《文禄堂访书

①　杨绍和：《楹书隅录》续编，续修四库全书编委会《续修四库全书·史部目录类》（第926册），上海古籍出版社1996年版，第657页。

②　（金）许古：《平水新刊韵略序》，（清）张金吾：《金文最》卷41，中华书局1990年版，第596页。

③　（清）张金吾：《爱日精庐藏书志》卷7，续修四库全书编委会《续修四库全书·史部目录类》（第925册），上海古籍出版社1996年版，第306页。

④　王朋寿：《重刊增广分门类林杂说序》，（清）张金吾：《金文最》卷38，中华书局1990年版，第547页。

⑤　（清）叶德辉：《书林清话·金时平水刻书之盛》卷4，中华书局1957年版，第89页。

记》载为金平水刻本，附《音释》，存卷一、卷三至五、卷十一至十四，①但未言为哪家书坊所刻。另有张谦《地理新书序》中称《地理新书》"仆今见平阳数家印卖此书，虽有益于世，竟未有完者"②，可知此书为平水书坊竞相刻印出售的热销书籍。

4. 宁晋的书坊刻书

宁晋荆氏书坊：河北西路宁晋县的唐城荆里庄人荆祐，字伯祥，祖上是做陶器的，到了其祖、父时已经开始刊行《五经》等书。"君讳祐，字伯祥，赵之宁晋人。世陶浚滨，逮祖暨祢，以改工是图，曰：'与其供器用于一乡，何若以善及人为愈。'于是板行《五经》等书。"荆氏书坊发展较快，"不二十寒暑，荆氏家籍布满河朔"。③《中国古籍善本书目》著录荆氏书坊刻印《崇庆新雕改并五音集韵》十二卷。④贞祐时为躲避战争的破坏，荆氏书坊又将《五经》《泰和律义篇》《广韵》等书的刻版"阔墟圹中。乱定来视，盗发掘无几，君悉力补购，随复为完部"⑤。说明此书坊在战争结束后又继续印书，也说明这些书是销量最大的，是最能获得利润的。

5. 其他地区的书坊刻书

（1）太原刘氏书坊：刻有刘元素的《伤寒直格》。该书无名氏序云："今太原书坊刘生锓梓以广其传，深有益于世。如宵行冥冥，迷不知径，忽遇明灯巨火，正路昭然。"⑥

（2）太原等地的书坊：刻《地理新书》。此书序中称："古唐（今太原）、夷门（今开封附近）、蒲阪（山西永济县蒲州镇）等处，前后印卖

① 王文进著，柳向春标点：《文禄堂访书记》卷3，上海古籍出版社2007年版，第167页。

② （金）张谦：《地理新书序》，（清）张金吾：《金文最》卷38，中华书局1990年版，第549页。

③ 王恽：《故赵州宁晋县善士荆君墓碣铭》，李修生等：《全元文》，江苏古籍出版社1998年版，第539页。

④ 中国古籍善本书目编辑委员会：《中国古籍善本书目·经部》，上海古籍出版社1989年版，第468页。

⑤ 王恽：《故赵州宁晋县善士荆君墓碣铭》，李修生等：《全元文》，江苏古籍出版社1998年版，第539页。

⑥ （金）佚名：《伤寒直格序》，（清）张金吾：《金文最》卷36，中华书局1990年版，第530页。

新书。"①

（3）嵩州福昌孙夏氏书籍铺：据《铁琴铜剑楼藏书目录》记载，此书铺刻有《经史证类大观本草》三十一卷附《本草衍义》二十卷，"卷首有艾晟序，后有墨图记云'经史证类大观本草三十一卷，附本草衍义二十卷，贞祐二年（1214）嵩州福昌孙夏氏书籍铺印行。'"②

还有一些书籍不明是何处书坊所刻，如《宋徽宗谢表》《李师师小传》，长年销往南宋市场，可知必为书坊为营利所刻。还有一些书籍知为书坊刻本，但不明书坊名称的，均列入表4－5。

表4－5　　　　　　　　　　金代坊刻书统计表

序号	刻印者	书　名	类别
1	汴梁书坊	《地理新书》	阴阳
2	汴梁书坊	《如庵小稿》	文集
3	平水晦明轩	《滏水文集》	文集
4	平水晦明轩	《丹渊集》四十卷拾遗两卷附录一卷	文集
5	平水晦明轩	《重修政和经史证类备用本草》	医书
6	平水中和轩	《平水新刊礼部韵略》五卷	经书
7	平水中和轩	《道德宝章》一卷	道经
8	平水陈氏书坊	《壬辰重改证吕太尉经进庄子全解》	医书
9	平水陈氏书轩	《新刊补注铜人腧穴针灸图经》五卷	医书
10	平水李子文	《重刊增广分门类林杂说》十五卷	类书
11	平阳姬氏	《四美图》	版画
12	平阳徐氏	《义勇武安王位》	版画
13	平水书坊	《六壬课秘诀》	阴阳
14	平水书坊	《地理新书》	子书
15	平水书坊	《新雕注疏珞琭子三命消息赋》	子书
16	平水书坊	《周礼》十二卷	经书
17	平水书坊	《春秋纂例》	经书

① （金）张谦：《地理新书序》，（清）张金吾：《金文最》卷38，中华书局1990年版，第548页。

② 瞿镛编纂，瞿果行标点，瞿凤起复校：《铁琴铜剑楼藏书目录·经史证类大观本草》，上海古籍出版社2000年版，第360页。

续表

序号	刻印者	书 名	类别
18	平水书坊	《黄帝内经素问》	医书
19	平水书坊	《萧闲老人明秀集》六卷	文集
20	平水书坊	《萧闲老人明秀集注》六卷	文集
21	平水书坊	《南丰曾子固先生集》三卷	文集
22	平水书坊	《重编补添分门字苑撮要》	字书
23	平水书坊	《新修絫音引证群籍玉篇》三十卷	音韵
24	平水书坊	《刘知远诸宫调》	话本
25	平水书坊	《云斋广录》	笔记
26	宁晋荆氏	《诗经》	经书
27	宁晋荆氏	《易经》	经书
28	宁晋荆氏	《春秋》	经书
29	宁晋荆氏	《礼》	经书
30	宁晋荆氏	《书》	经书
31	宁晋荆氏	《泰和律义》	律书
32	宁晋荆氏	《广韵》	音韵
33	宁晋荆氏	《崇庆新雕改并五音集韵》	音韵
34	太原刘氏书坊	《伤寒直格论方》	医书
35	太原书坊	《地理新书》	阴阳书
36	嵩州福昌孙夏氏书籍铺	《经史证类大观本草》附《本草衍义》	医书
37	名称不详的书坊	《宋徽宗谢表》	文集
38	名称不详的书坊	《李师师小传》	文集

表4-5中所列书坊，主要集中于平水地区。书坊刻书种类极其丰富，体现了书坊刻书以市场需求为主，笔记、版画和话本是迎合民众日常生活的图书，均由书坊刻印出版。

二 家宅刻书

1. 刻书目的
（1）传承文化
家宅刻书最普遍的目的是传承文化，与书坊的商业行为相区别。"私宅出版是指某人某家某宅或他们的家，以私人私家之财投资或主持刻印出版图籍的活动。其出版的图书多以学问崇尚、文化推广、传播知识为目的，不以盈利为第一要务。"① 金代家宅刻书的常刻品种有自撰的文集，有祖上的作品集，还有的是当时著名文人的作品，以及日常生活必备的医书。书籍刊刻之前所写的序言中常见"锓木以传""镂板流传于世""刻梓流布""以寿其传"等词句，表明了其刻书的目的正是利用雕版印刷技术可以生产大量的书籍复本的优势，一方面起到了传播文化的目的，另一方面也使其不至湮灭不闻。与藏之于家相比，刻版印刷的书籍复本多，流传的时间与空间范围都远优于依靠家族内部人的收藏。元好问《中州集序》中载"商右司平叔衡尝手抄《国朝百家诗略》"，"独其家有之，而世未知之也"②，说明手抄本藏于家，流传范围狭小，容易散失。

如孔元措刊刻家谱《孔氏祖庭广记》充分体现这一目的性。孔元措，字梦得，孔子五十一代孙。章宗明昌二年（1191）袭封衍圣公。其祖上曾刊印家谱《祖庭》与《广记》二书，广为流传，"凡缙绅之流，靡不家置"③，后来元措又将二书"合为一，复增益门类，冠以图像，并载旧碑全文，因祖庭之名，而称广记，书成于金正大四年（1227）丁亥，张左丞行信为之序，镌版南京"④。书前有张行信的序言"宜有信书，广记备言，显扬世美，以示于将来，传之永久"。⑤

（2）维护作者权

出版的繁荣，使得更多的书籍进入人们的生活，对生活的影响越来越大，社会对书籍的需求也在不断增强，图书出版成为商人获利的重要途径。在利润的驱使下有人便盗窃他人之书，以自己的名字署名出版以获利。据杨威撰《素问病机气宜保命集序》所载，刘完素此书曾遭人冒名出版。"天兴末，予北渡，寓东原之长清，一日，过前太医王庆先家，于几案间得一

---

① 李致忠：《中国出版通史·宋辽西夏金元卷》，中国书籍出版社 2008 年版，第 81 页。

② （金）元好问著，姚奠中主编，李正民增订：《元好问全集·中州集序》（增订本），山西古籍出版社 2004 版，第 787 页。

③ （金）孔元措：《孔氏祖庭广记序》，（清）张金吾：《金文最》卷 41，中华书局 1990 年版，第 595 页。

④ 瞿良士：《铁琴铜剑楼藏书题跋》，上海古籍出版社 1985 年版，第 68 页。

⑤ （金）张行信：《孔氏祖庭广记序》，（清）张金吾：《金文最》卷 14，中华书局 1990 年版，第 594 页。

书，曰《素问病机气宜保命集》，试阅之，乃刘高尚守真先生之遗书稿也。其文则出自《内经》中，撼心其要而述之者，朱涂墨注，凡三卷，分三十二门。"刘完素是金的名医，医术高明，著有许多实用的医书。其书的特点是"治病之法尽于此矣"，"处方之法尽于此矣"，"读之使人廓然有所醒悟"，"用药次第，悉皆蕴奥，精妙入神"，"虽古人不是过也，虽轩岐复生，不废此书也"，因此其著作的社会需求极大，"虽在农夫、工贩、缁衣、黄冠、儒宗，人人家置一本可也"。然而令人惋惜的是，刘完素卒后，"书不世传，使先生之道，窃入小人口，以此己书者有之?"可见有人得到此书之后，以其作为自己的书籍出版，序言的作者杨威即欲将此书重新刊刻，以向世人表明其真正的作者。正如其在序言中所说"予悯先生之道，屏翳于茅茨荆棘中，故存心精校，今数年矣。命工镂版，拟广世传，使先生之道，出于茅茨荆棘中，亦起世膏肓之一端也"①。

王若虚的作品也遭遇过类似被剽窃的情况，王鹗《滹南遗老集引》："壬寅之春，先生归自范阳，道顺天，为予作数日留。以手书四帙见示曰：'吾平生颇好议论，尝所杂著，往往为人窃去，今记忆止此，子其为我去取之。'"②

由此可知书籍在撰写完成后，如未能广泛流传为世人所知，则会导致作品被不良之人剽窃，或将作者替换为自己的名字后，把作品完全据为己有。解决的办法是将作品刻印出版，广泛流传，使更多的人了解作品的真正作者，以维护作者的权利。

2. 刻书方式

家宅刻书方式因其经济能力的不同可以分为两类，官宦富贵之家一般供养一定数量的刻工，从事自家刻书事务。如《资治通鉴详节》的刻印者张亨知是历亭州将，"侯官偏将军，佩金符，食大县万家，千头木奴足供指使，何至就楮墨工营什一邪?"③"木奴"应指刻木的工人，说明张侯官位较高，有较强的经济来源，家里有数千名刻工为其刻书，所以

---

① （金）杨威：《保命集序》，（清）张金吾：《金文最》卷42，中华书局1990年版，第609页。

② 王鹗：《滹南遗老集引》，李修生：《全元文》卷245（第8册），江苏古籍出版社1998年版，第4页。

③ （金）元好问著，姚奠中主编，李正民增订：《元好问全集·陆氏通鉴详节序》（增订本），山西古籍出版社2004年版，第749页。

才能够刻印卷帙繁多的《通鉴》。一般的百姓刻书则是采取雇用雕版印刷工人进行刊刻。

3. 刻书的内容

关于金代家宅刻书内容目前尚无人进行统计，笔者通过查阅大量资料整理如下。

表 4 - 6　　　　　　　　　　私宅刻书一览表

序号	刻者	类别	书名	时间	史料来源
1	陈氏	经书	《扬子法言微旨》	元光元年（1222）	《扬子法言微旨序》载赵秉文训解《法言》一书："论高而意新，盖奇作也。……古泽陈氏者，将购工板行以广其传。"①
2	平水刘敏仲	经书	《尚书注疏》二十卷	金末	平阳刘敏仲刻。"地理图中有款一行曰'平水刘敏仲编'，盖即校刻之人也。"②
3	邢台好事者	医书	《明理论》	正隆元年（1156）	《金文最》卷36《注解伤寒论序》："兼公别有《明理论》一编，十五年前，已为邢台好事者镂板流传于世。"③
4	宋云公	医书	《伤寒类证》	大定三年（1163）	"故命工开版，庶传永久。时大定癸未九月望日，河内宋云公述。"④

---

① 王若虚：《扬子法言微旨序》，（清）张金吾：《金文最》卷40，中华书局1990年版，第586页。

② 瞿镛编纂，瞿果行标点，瞿凤起复校：《铁琴铜剑楼藏书目录·尚书注疏》卷2，上海古籍出版社2000年版，第44页。

③ （金）王鼎：《注解伤寒论序》，（清）张金吾：《金文最》卷36，中华书局1990年版，第519页。

④ （金）宋云公：《伤寒类证序》，（清）张金吾：《金文最》卷36，中华书局1980年版，第522页。

续表

序号	刻者	类别	书名	时间	史料来源
5	王鼎	医书	《注解伤寒论》	大定十二年（1172）	《注解伤寒论序》："欲力自刊行，竟不能就。……出谒故人以干所费，一出而就。"①
6	孙执中	医书	《素问玄机原病式》	大定二十一年（1181）	"大定二十一年，予自京兆运使移邢台，下车视事之余，擢医者数人与说《素问》……众中有孙执中者，尤为好事，一日请求《原病式》，欲为之开板，广传于世。……予悯其仁者之用心，欣而授之。"②
7	陈文中	医书	《小儿痘疹方》	金末	太医局医生陈文中："取家藏已验之方集为一卷，名之曰《小儿痘疹方论》，刻梓流布，以广古人活幼之意。"③
8	张谦	阴阳	《地理新书》	明昌三年（1192）	张谦《地理新书序》称："仆叨习地理，忝慕阴阳，虽专述二宅，而取则于此书。"在金大定与明昌间经过多次校对，最后于明昌壬子（1192）刊刻了这部精加校对的《地理新书》。④

　　① （金）王鼎：《注解伤寒论序》，（清）张金吾：《金文最》卷 36，中华书局 1980 年版，第 519 页。
　　② （金）程道济：《素问玄机原病式序》，（清）张金吾：《金文最》卷 37，中华书局 1990 年版，第 534 页。
　　③ （金）陈文中：《小儿痘诊方论序》，（清）张金吾：《金文最》卷 45，中华书局 1990 年版，第 648 页。
　　④ （金）莫友之：《宋元旧本书经眼录》卷 2，《续修四库全书·史部目录类》第 926 册，上海古籍出版社 1996 年版，第 495 页。

续表

序号	刻者	类别	书名	时间	史料来源
8	张谦	阴阳	《地理新书》	明昌三年（1192）	丁氏《持静斋书目》云："皇统三年（1143），诏王洙等勾管修删具进，洙书序。金世宗大定甲辰（1184），平阳毕履道校正，为之图解。章宗明昌壬子（1192），古戴鄘夫张谦复为精校刊本。"①
9	时雍	道经	《道德真经全解》	正隆四年（1159）	时雍《道德真经全解序》故人"自真定复归于亳，出《道德全解》示仆……仆既得斯文，不忍独善，遂勉两金、诸友，哀诸好事，命工镂板，以广其传"。正隆四年（1159）亳社时雍逍遥序②
10	王宾	道经	《道德真经取善集》	大定十二年（1172）	《金文最》载饶阳李霖"会聚诸家之长，并叙己见，成六卷"。其旧友王宾"赏其勤而成其志，命工镂板，俾好事者免缮写之劳"③
11	王子渊	道经	《西岳华山志》	大定二十三年（1183）	《金文最》卷38《西岳华山志序》载王子渊增补《华山记》成文七十余篇，"命工镂板，务广流传"④

---

① 潘景郑：《著砚楼书跋》，古典文学出版社1958年版，第175页。

② 时雍：《道德真经全解序》，（清）张金吾：《金文最》卷37，中华书局1990年版，第536页。

③ （金）刘允升：《道德真经取善集序》，（清）张金吾：《金文最》卷38，中华书局1990年版，第555页。

④ （金）刘大用：《西岳华山志序》，（清）张金吾：《金文最》卷48，中华书局1990年版，第552—553页。

序号	刻者	类别	书名	时间	史料来源
12	朱抱一	道经	《重阳教化集》	大定二十八年 (1188)	《金文最》卷38《重阳教化集序》"是以收聚所藏，编次至三百余篇，分为三帙，共成一集。丹阳门人灵真子朱抱一欲镌板印行，广传四方"①
13	毕守真	道经	《阴符经注》	明昌二年 (1191)	《阴符经注序》载："神山长生刘公真人教法令器……乃覃思研精，探赜索隐，为之注解。……济南毕守真命怿作序，欲广传于四方。"②
14	周至明	道经	《阴符经注》	正大六年 (1229)	《阴符经注序》载"迩来莹然子周至明，实今之好事者，因游崆峒，感黄帝故事，慨然有兼善之心"，肯求唐淳所注《阴符经》，镂板印行③
15	萧道士	道经	《水云集》	正大六年 (1229)	又第四次为道士萧某于正大己丑年刊行④
16	刘长生	道经	《磐山栖云王真人语录》	具体时间不详	《磐山栖云王真人语录序》称"门下刘公先生从师有年，密记老师之謦欬，衷以成集，约百余则……命工锓梓，以广其传"⑤

①　（金）范怿：《重阳教化集序》，（清）张金吾：《金文最》卷38，中华书局1990年版，第537页。

②　（金）范怿：《阴符经注序》，（清）张金吾：《金文最》卷42，中华书局1990年版，第607页。

③　（金）孟绰然：《阴符经注序》，（清）张金吾：《金文最》卷42，中华书局1990年版，第608页。

④　张秀民著、韩琦增订：《中国印刷史》，浙江古籍出版社2006年版，第185页。

⑤　论志焕：《盘山栖云王真人语录》，阎凤梧主编：《全辽金文》，山西古籍出版社2002年版，第3764页。

序号	刻者	类别	书名	时间	史料来源
17	李展	佛经	《大方广佛华严经合论》	皇统九年（1149）	此经为山西图书馆近年发现的一部佛经。经尾刻有"当乡小冀村施板人李展，金皇统九禩岁次己巳孟秋七月四日记"①
18	百万和尚	佛经	《大般若经》	大定六年（1166）	百万和尚归故里，"镂板印施大般若经数千卷，于先人墓侧，广济僧众"②
19	李彪	佛经	《三昧华鲜经》	泰和六年（1206）	据张秀民《中国印刷通史》玉田县大泉村忠武校尉通州税务都监李彪重刻出版③
20	吉赟、吉用	佛经	《妙法莲华经》	具体时间不详	此经现存上海图书馆，为金绛州曲沃县裴长官庄吉赟、吉用刻④
21	李守忠	佛经	《妙法莲华经》	具体时间不详	寇昌、李守忠刻《妙法莲华经》⑤
22	耶律承信并妻大氏	佛经	《高王观世音经》	大定十三年（1173）	经上刻有"洪洞县令耶律承信并妻大氏谨启诚心印造高王经一十卷……大定十三年六月承信校尉行洪洞县令耶律珪敬施"⑥

① 张秀民著，韩琦增订：《中国印刷史》，浙江古籍出版社2006年版，第180页。
② （金）释大：《观音院碑》，（清）张金吾：《金文最》卷85，中华书局1990年版，第1244页。
③ 张秀民著，韩琦增订：《中国印刷史》，浙江古籍出版社2006年版，第180页。
④ 第二批国家珍贵古籍名录著录。
⑤ 张秀民著，韩琦增订：《中国印刷史》，浙江古籍出版社2006年版，第180页。
⑥ 韩琦：《在美国发现金刻本佛经》，《中国出版年鉴1991—1992》，印刷工业出版社1993年版，第373页。

续表

序号	刻者	类别	书名	时间	史料来源
23	刘友张氏	佛经	《佛说生天经》	贞元三年（1155）	经上刻有"长命村信佛弟子刘友张氏印造……尽形散施，愿天下人安乐，贞元三年（1155）"①
24	孔璠	家谱	《续编祖庭广记》	正隆元年（1156）	《孔氏祖庭广记跋》载"璠宣和间尝预检讨，辄因公暇，考诸传记，证以旧闻，重加编次，仅成完书。……遂镂板流传"②
25	孔元措	家谱	《孔氏祖庭广记》	正大四年（1227）	书成于金正大四年（1227）丁亥，张左丞行信为之序，镂版南京③
26	常彦修	文集	《两汉策要》	大定二十五年（1185）前	吾乡同知彦修宅取旧本《两汉策要》，摹搭刊行于世④
27	常彦修	文集	《校补两汉策要》	大定二十五年（1185）	今二孙克家，不坠箕裘之绪，皆业进士，乃承意继志，遂再为编次，时向者遗脱，一一校证，添补附入，命工镂木，用广传布⑤

　　① 韩琦：《在美国发现金刻本佛经》，《中国出版年鉴1991—1992》，印刷工业出版社1993年版，第373页。

　　② 孔璠：《续编祖庭广记跋》，（清）张金吾：《金文最》卷47，中华书局1990年版，第67页。

　　③ 瞿良士：《铁琴铜剑楼藏书题跋》，上海古籍出版社1985年版，第68页。

　　④ （清）龚显曾：《金艺文志补录》，杨家骆：《中国目录学名著·金元艺文志上》（第3集），世界书局1976年版，第225页。

　　⑤ 同上。

序号	刻者	类别	书名	时间	史料来源
28	赵秉文	文集	《明昌辞人雅制》	章宗时	闲闲公尝集党承旨、赵黄山、路司谏、刘之昂、尹无忌、周德卿与逸宾七人诗，刻木以传，目为《明昌辞人雅制》①
29	完颜天琦	文集	《如庵小稿》	金末	"公平生诗文甚多，晚自刊其诗三百首、乐府一百首，号《如庵小稿》，赵闲闲序之，行于世。"②

从表 4 - 6 可以看出所刻之书的种类以医书、宗教典籍居多。宗教著作数量 15 部，医书 5 部，说明民间私人刻书还是以宗教典籍和实用性书籍为主。刻印时间最早的为正隆元年（1156），最晚为元光元年（1222），其中世宗与章宗时期刻本的数量最多。

另外还有一个问题需要说明，即平阳刘敏仲所刻《尚书注疏》，历来被认定为金代坊刻本，但未见史料证明确为书坊所刻，笔者认为应为私人刻书，理由如下。

其一，考《尚书注疏》"地理图中有款一行曰'平水刘敏仲编'，盖即校刻之人也"③。刘敏仲为金刘祖渊之子，据《中州集》中《刘邓州祖谦小传》载刘祖谦"子敏仲，今在平阳"。其父刘祖谦，曾任监察御史、武胜军节度使、翰林修撰等职。由此，可知刘敏仲出身官宦家庭，在古代以读书为上品的社会环境下，其不太可能会从事书坊业。

其二，刘敏仲"家多藏书，金石遗文略备"④。为收藏而刻印《尚书

① （金）元好问著，姚奠中主编，李正民增订：《元好问全集·王隐君碣》（增订本）卷41，山西古籍出版社 2004 年版，第 867 页。

② （金）刘祁：《归潜志》卷 1，中华书局 2007 年版，第 5 页。

③ 瞿镛编纂，瞿果行标点，瞿凤起复校：《铁琴铜剑楼藏书目录·尚书注疏》卷 2，上海古籍出版社 2000 年版，第 44 页。

④ （金）元好问著，姚奠中主编，李正民增订：《元好问全集·刘祖谦小传》（增订本）卷41，山西古籍出版社 2004 年版，第 876 页。

注疏》是顺理成章的。

其三，此书刻印质量精良，符合家刻本的特点。历来家刻因以收藏自用为目的，多具有校勘精详，刻印工整的特点。据《铁琴铜剑楼藏书目录》记载，此本经过了刘敏仲的精心校对，是极少讹误的善本，"余与考文所载宋板合者什九，核其文义，多胜他本"，在雕版印刷方面更为优良，"蝇头小楷，雕镂极工，虽南宋精椠不能及也"①。其雕刻质量可以说超越了南宋的上等刻本，这是金代刻本中所获得的最高评价。

从以上三点可以断定《尚书注疏》为家宅刻书，而非书坊刻本。

第四节　寺院和宫观刻书

一　寺院刻书

雕版印刷术的发明是源于刻印佛经的需求，而佛经的雕刻与印刷又促进雕版印刷的发展。"雕版印刷技术发明后，受益最大的大概首推寺院藏书，刻经事业在功德心理的支配下，从一开始就进入了状态，官刻、寺刻、家刻、坊刻并举。"② 宋金时期雕版印刷的发展处于黄金时期，也随之带来了佛经雕印的高峰期，北宋雕印我国古代第一部大藏经《开宝藏》，此后辽以《开宝藏》为底本雕印了《契丹藏》，金又翻刻《开宝藏》雕印了《赵城金藏》，元又在金藏的基础上补雕了《弘法藏》。

前文提到金代各阶层对佛教也是极为崇信的，统治者对佛教的积极态度以及推行的一些扶持佛教发展的政策，促使民间大肆兴建佛寺，佛教逐渐成为女真人信奉的主要宗教。崇佛之风的盛行，使得民间崇奉佛教的人数激增，进而带来了佛经需求量的增加，刺激了佛经的刊布。佛教自身的发展也要求出版更多的佛经以传播佛法。

1. 寺院刻书的经费来源

寺院刻印经书是僧人修行与传教的需要，刻印佛经需要耗费大量的

① 瞿镛编纂，瞿果行标点，瞿凤起复校：《铁琴铜剑楼藏书目录·尚书注疏》卷2，上海古籍出版社2000年版，第44页。

② 肖东发等：《中国宗教藏书》，贵州人民出版社2009年版，第21页。

人力与财力，金代寺院的经费来源主要有三种途径。

第一种途径是向民间募集资金刻印。捐资雕印可以证明信徒的崇佛诚心，是提高修行的一种方式，因此，募化是寺院获得刻经经费的主要途径。如金代西京（山西大同）补刻辽代的《薄伽藏教》"鸠集邑众，所获施赠，以给其签经之值。然后遍历乎州城、郡邑、乡村、岩谷之间，验其厥目，从而采之。或成帙者，或成卷者，有叫赎者，有奉施者"①。可见此藏经的补雕是通过四信徒募集资金，百姓施赠而完成的。另外，金代雕刻的7000多卷的《大藏经》（《赵城金藏》）也完全由私人募刻而成。崔法珍在山西地区断臂募刻《大藏经》，受感化捐赠者众多，不仅富有者捐施，贫穷之人亦竭力而为，有施雕一二板者，有施金三十两者，有施驴子的，有施布匹的，有施梨树五十根，有施经板二十版或三十片的，也有施雕字刀子的。这部多达7000多卷的《金藏》就是在普通民众的支持之下雕刻而成的。

第二种途径是来自于皇家的布施。金代许多寺院由皇家兴建，拥有大量的土地和殷实的资财。如世宗在位期间，于燕京建大庆寿寺，曾赐沃田二十顷，钱二万贯；重建燕京昊天寺，赐田百顷，特许每年度僧十人；又修建香山寺，改名大永安寺，赐田二千亩，钱二万贯；他的生母贞懿太后出家后住东京，特为创建清永禅寺，别筑尼院，由内府给营建费三十万，寺成后更施田二百顷，钱百万，寺内僮仆多至四百余人，其富饶可想而知。

第三种途径的经费来源是寺院利用自身拥有的大量资财，在寺内外设置质坊即当铺以获利。据《松漠纪闻》载，延寿院一寺即设有质坊二十八所②，这种经营更促进了寺院经济的不断发达。

2. 寺院刻书的内容

（1）《赵城金藏》的刻印

金代解州（今运城市西南解州）天宁寺主持了有金一代规模最大的一次出版，即金版大藏经的雕印，也就是现藏于国家图书馆的《赵城金

---

① 段子卿：《大金国西京大华严寺重修薄伽藏教记》，阎凤梧主编：《全辽金文》，山西古籍出版社2002年版，第1549页。

② （宋）洪皓：《松漠纪闻》，《丛书集成续编·集部》（第166册），上海书店出版社1994年版，第48页。

藏》，因 1933 年发现于赵城广胜寺而得名。这部大藏经原有 7182 卷，现存 4330 卷。皇统九年（1149）开始雕印，到世宗大定十三年（1173）完成。大藏经的雕印是金代佛教事业中的一件盛事。

金藏的雕刻由寔公菩萨尹矧迺发起，在其弟子崔法珍等人的辅助之下完成。按《雕藏经主重修大阴寺碑》中的记载，寔公菩萨尹矧迺在归德府路遇宋徽宗后于台山"见佛摩顶授记曰：汝于晋绛之地大有缘法，雕造大藏经板"①，之后便立志雕刻大藏经，于金台天宁寺纠集门徒 3000 余人，雕造大藏经板。由于尹矧迺在金藏雕刻完成前的大定十六年（1176）即去世，后续雕经的工作就由法珍等弟子完成。大定十八年（1178），法珍将这部大藏经进献金廷。金世宗敕令中都左右街十大寺院僧众香花迎经。大定二十一年（1181），法珍又将所有经版运到中都（即今北京），共计 168113 版，7980 卷。

《金藏》原版雕成之后，又有两次补雕，第一次是泰和二年（1202）"绛县张上村（今山西运城东南）中，构修堂殿，印造藏经"。第二次是贞祐二年（1214），天兵至此，殿堂灰烬，贤圣烟飞，鬼哭神号，山鸣海沸。门人法澎，再寻良匠雕印金藏。②从开雕到补雕前后达 65 年之久。

1933 年《赵城金藏》面世后，支那内学院的蒋唯心赴广胜寺，经过 40 多天，将大藏经全部展阅一遍，于 1934 年发表了《金藏雕印始末考》一文，在对《金藏》实物进行仔细研究的基础上，结合相关的史料记载，考证了金藏的雕印时间及发起者等，后来的研究基本围绕这两个问题展开。

第一，关于《赵城金藏》的刻印时间。

赵城金藏发现之时并不清楚是刊于哪个朝代，现关于雕印时间有三种观点。

第一种观点认为金藏最早雕刻于皇统九年（1149），完成于大定十三年（1173）。这种观点是蒋唯心最早提出来的，蒋氏从出土大藏经中发现 30 多处刻版年代的题记，时间最早的为皇统九年（1149），具体见日字帙大般若经卷 822 尾跋。其文云：

① 王泽庆：《〈解州版金藏〉募刻的重要文献——〈雕藏经主重修大阴寺碑〉》，《佛学研究》2002 年第 11 期。

② 同上。

蒲州河津县第四都西毌村，施雕大藏般若经口卷，都维那毌戬、维那王行者，助缘维那等毌忱、薛谨、（人名略）奉为报答龙天八部四恩三有，法界众生，同成佛果。皇统九年己巳岁。

三十余年记载中最迟为大定十三年（1173），见雁字帙大乘智印经尾跋，其文云：

大定十三年（1173）三月日，藏经会下重雕造。

又因为"于般若卷八十二以前尚有经八帙，智印经后有经七十余帙，刻版起讫虽未必适在皇统九年与大定十三年，然据此推测亦不过远"[1]。因此蒋氏的观点是金藏开始时间不晚于皇统九年（1149），终止时间不早于大定十三年（1173）。

第二种观点认为金藏最早雕刻于皇统八年（1148），完成于大定十八年（1178）。赵沨撰有《敕赐弘教大师雕藏经板院记》碑文，文中记载，"潞州长子县崔进之女，名法珍，自幼好道，年十三岁断臂出家。尝发誓愿雕造藏经，垂三十年，方克有成。大定十有八年（1178），始印经一藏进于朝"。[2]

碑中所记崔法珍献经于金廷的时间为大定十八年（1178），向前推三十年为皇统八年（1148），也是在皇统九年左右，与蒋氏的考定出入不大。因此也有将大定十八年（1178）确定为大藏经雕刻完成的时间。

第三种观点认为金藏最早雕刻于天眷二年（1139）。这种观点是李富华在《〈赵城金藏〉研究》一文中提出的，他认为"刻经最早的年代是金熙宗天眷二年（1139），见'鸣'帙《妙法莲华经》卷3、卷5、卷6、卷7。这4卷经现存上海图书馆，其中两卷卷首有'赵城县广胜寺'题字的说法图扉画……在卷5、卷7两卷卷末有'天眷二年己未六月一十七日印毕'的印经题记……那么天眷二年印造的《妙法莲华经》与整部《金藏》是什么关系？首先，这4卷经有千字文编次，这就排除了单刻本的可能。……第一，这四卷经的千字文编次与现存《金藏》相符，而区别

① 蒋唯心：《金藏雕印始末考》，支那内学院1935年版，第7页。
② 李际宁：《佛经版本》，江苏古籍出版社2002年版，第108页。

于同一时代的其他版本的大藏经……第二，在当时的洪洞县，有没有现成的其他大藏经的现成雕版可供'印补'，而且这一经版的帙号又与《金藏》完全一致，我们认为这种可能性是不存在的。因此，只能说这4卷经是新雕《金藏》的一部分"。①

根据这一提法，何梅撰文《〈赵城金藏〉的几个问题》，通过到上海图书馆翻阅这四卷天眷二年（1139）时刻本，得出如下结论：

> 一，金天眷二年由晋南洪洞县卫家经坊印造的《法华经》存本4卷，因无千字文帙号，所以不是大藏经本，而是单刻本佛经；二，其中两卷有"赵城县广胜寺"题字的扉画，只能表明这4卷经本曾是收藏于广胜寺的旧物，但绝非《赵城金藏》本；三，《金藏》的始刻年代，依据现存刻版题记的记载，仍应以蒋唯心所述始刻于金皇统九年（1149）为准，而不是金天眷二年（1139）。②

笔者也倾向于蒋唯心和何梅的观点。其一，在李富华的文中还提到在广胜寺经卷中还有"鸣"字帙下七卷相当完整的《妙法莲华经》，"解州夏县如古乡赵村王德并妻李氏同发虔谨，舍净财大藏经板会下，施财两千贯，奉为先亡祖父祖母……如意吉祥，愿四恩三友，法界生灵同成佛果。乙亥十二月八日奉佛男弟子王德施"③。题记中明确表明是这七卷经是大藏经版会雕印的，是金藏之一无疑，如果天眷二年（1139）雕本也是此金藏的一部分，那么又怎么解释一部大藏经中一部经书要雕印两次。其二，天眷本的刻印者是洪洞县的卫氏经坊，也与金藏的解州天宁寺不同。其三，如果赵城藏开雕于天眷二年（1139），到崔法珍献经于金廷的大定十八年（1178），中间间隔为40年，与赵沨题记中的30年又不符，所以说明其并非《赵城金藏》本，也就不能将其刻印的天眷二年（1139）定为金藏开雕的时间。

第二，关于《赵城金藏》的发起者。

蒋唯心认为是由潞州断臂女子崔法珍发起募刻的，较长时间内为大

---

① 李富华：《〈赵城金藏〉研究》，《世界宗教研究》1991年第4期。
② 何梅：《〈赵城金藏〉的几个问题》，《中国典籍与文化》2008年第3期。
③ 李富华：《〈赵城金藏〉研究》，《世界宗教研究》1991年第4期。

多数学者所接受，其间有人对法珍一人募雕如此规模的大藏经提出质疑，如叶恭绰即认为："《金藏》全为法珍所刻，尚未敢完全肯定。"① 但因史料欠缺没能证明。近年来随着元代《雕藏经主重修大阴寺碑》这一新的史料的发现，为澄清金藏雕刻者提供了可能。张德光在《关于赵城〈金藏〉研考中几个问题的商榷》② 一文中认为《金藏》是由天宁寺寔公法师和崔法珍二人先后主持完成的。咸增强《一座不容忽视的出版史料碑》——《从〈雕藏经主重修大阴寺碑〉看〈金藏〉募刻的主要人物》，根据《雕藏经主重修大阴寺碑》的记载指出寔公菩萨尹矧迺为《金藏》募刻的首要人物，而其徒崔法珍只是辅助者，一同辅助募捐刻经的还有寔公菩萨的另一位弟子刘法善。《金藏》并非法珍一人刻印的观点逐渐为研究者所接受。

（2）其他佛经及书籍的刻印

辽代崇佛极盛，寺院多有大量藏经，经辽金战乱多有遗失不全，金时对辽代藏经的补雕是金代寺院刻经的重要部分。如皇统八年（1148），宜州厅峪道院也补雕院内收藏的《辽藏》，这部辽代的藏经金初遇火焚毁，皇统八年（1148），郡人马祐与颜寿集千人立为一社，"募钱易经，鸠工构藏，随其卷帖，贮以柜匣"。③

另有金代西京（山西大同）补刻辽代的《薄伽藏教》是金代寺院刻经中规模较大的一次。据《大金国西京大华严寺重修薄伽藏教记》碑记载，大同大华严寺辽时原藏《薄伽藏教》经579帙，经辽金战乱的破坏散失过半，金时寺人决定补雕。由兴严寺的慈慧大师主持开雕，补缀之事岁历三年，至大定二年（1162）完成。补雕后的《薄伽藏教》"卷轴式样，新旧不殊；字号诠题，先后如一"。④

寺院出于传播、阅读与收藏的需要也雕刻单行本佛经，已知最早的为金刘豫伪齐时刻本，《成唯识论了义灯钞科文》，经中刻有"阜昌丁巳

---

① 叶恭绰：《历代刻经考略》，张曼涛：《大藏经研究汇编》（上），北京图书馆出版社2005年版，第64页。

② 张德光：《关于赵城〈金藏〉研考中几个问题的商榷》，《文物世界》2006年第1期。

③ 徐卓：《宜州厅峪道院复建藏经千人邑碑》，（清）张金吾：《金文最》卷66，中华书局1990年版，第955页。

④ 段子卿：《大金国西京大华严寺重修薄伽藏教记》，阎凤梧主编：《全辽金文》，山西古籍出版社2002年版，第1549页。

（1137）醴州乾明院比丘道溥，愿心劝缘校勘重雕记"①，题记当中的阜昌为金初伪齐政权刘豫使用的年号，刘豫原是北宋济南府知府，投降金朝后被金人封为傀儡皇帝，国号大齐，定都大名府（今河北大名县）。刘豫政权存在了八年，在阜昌八年（1137）即金天会十五年（1137），被金人废除。即此经刻于刘豫政权灭亡这一年，为伪齐乾明院所刻，是迄今发现的金代最早刻本。另有大定四年（1164），僧正明净尽出粟帛、赵统经酒官视局五台山捐金，合力刊印出版《清凉传》《广清凉传》《续清凉传》②。百万和尚为纪念父母，在故乡同邑镂板印施《大般若经》数千卷。晋阳明妃和尚以多年工夫刻印出版《华严经》，以新经千部施人。少林寺僧志明刻印出版《禅院蒙求》。

除了佛经，金代的寺院也雕印与佛教有关的书籍。赵秉文与李纯甫都好佛学，其二人所作有关佛学的文章均被寺院僧人刊行传播。如赵秉文将其为佛老二家所作的文章集为一编，由少林寺僧刊行，"并其葛藤诗句另作一编，号《闲闲外集》。以书与少林寺长老英粹中，使刊之，故二集皆行于世"③。李纯甫有关佛教之说的著作多被僧人镂板刊行。"屏山南渡后，文字多杂禅语葛藤，或太鄙俚不文，迄今刻石镂板者甚众。……又多为浮屠作碑记传赞，往往诋訾吾徒，诸僧翕然归向，因集以板之，号《屏山翰墨佛事》，传至京师，士大夫览之多愠怒，有欲上章劾之者。先子尝谓曰：此书胡不斧其板也？屏山曰：'是向诸僧所镂，何预我耶？'后屏山殁，将板其全集，闲闲为涂剔其伤教数语，然板竟不能起，今为诸僧刻于木，使传后世。"④ 可知，李纯甫的著作多为寺院刻本。

二 宫观刻书

金代全真教盛行，在金道教各派中占据绝对优势，金代宫观刻书主要就是全真道观对道教书籍的刊刻。

① 《山西曲沃广福院发现宋金（齐）刻印佛经》，《中国科技史料》1994年第3期。

② 姚孝锡：《重雕清凉传序》，（清）张金吾：《金文最》卷38，中华书局1990年版，第547—548页。

③ （金）刘祁撰，崔文印点校：《归潜志》卷9，中华书局2007年版，第106页。

④ （金）刘祁撰，崔文印点校：《归潜志》卷10，中华书局2007年版，第119页。

1. 全真教的发展对道教典籍出版的需求

大定时期，全真教经过数年时间的传播势力日益扩大，"金国崇重道教，与释教同，自奄有中州之后，燕南燕北皆有之"①，已经发展成为与佛教并立的最大的宗教流派。一个新的宗教派别能在如此短暂的时间内迅速赢得广大信众，全真教典籍的出版在其中发挥了不可替代的作用。王重阳及其弟子习惯于用诗词来传达修道境界和修道体验，并以此作为宣传与弘扬全真教学说的重要方式。《磐山栖云王真人语录序》称此书"诚为初机学道者之指南也"，"孤峰道人亦得预其徒"。② 全真教的这些理论著作为宣传其教义的重要工具，将其刊刻出版使得全真教典籍能在大范围内迅速传播，这在全真教的迅速崛起中发挥了关键性的作用。

2. 宫观刻书的经费来源

全真教宣扬乞食为生，因此乞化是宫观刻书经费的主要来源。如《全真集序》中说到为刻印《全真集》，刘长生"乃命曹瑱、来灵玉、徐守道、刘真一、梁通真、翟道清等化缘"③ 募资，以为刻书。

全真教的经济来源中还有朝廷的赏赐与富人的捐助，朝廷多是赐予道观和钱物。全真教在大定时期开始受到朝廷的重视，世宗大定二十七年（1187）开始召见教中的领导人物，并赐全真堂。承安三年（1198）章宗再次召见，又赐修真观居住。承安二年（1197）王处一再次被金廷宣召，其弟子乘机入赀于礼部，得赐玉虚观额。乔宸《太清观记》载："大定中，诏天下佛老之居未列通籍者。听纳赀请名。阎之子宁以是应诏。遂颁赐为太清观。土豪武授、李辅辈入金县吏。度师古、师中为道士。师中施县东之田三百亩充常住以赡给之。"④ 有许多富贵人家出于对全真教的崇信，供养全真教士，马珏曾从制度上对教团的经济生活加以规定，"遇宠若惊，不得诈做好人，受人供养"。"不得学奇怪事，常守本

---

① （宋）宇文懋昭撰，崔文印校证：《大金国志校证·道教》卷36，中华书局1986年版，第518页。

② 论志焕：《磐山栖云王真人语录序》，阎凤梧主编：《全辽金文》，山西古籍出版社2002年版，第3764页。

③ （金）范怿：《重阳全真集序》，（清）张金吾：《金文最》卷38，中华书局1990年版，第558—559页。

④ （金）乔宸：《太清观记》，（清）张金吾：《金文最》卷24，中华书局1990年版，第330页。

分。只以乞化为生，不惹纤毫尘劳。"① 从中可以看出教团中是有人受供养的，这些供养之家虽未出家修道，但出于对全真教的支持，也必然资助道教典籍的刻印。

3. 宫观刻书的内容

全真教的道观曾多次大规模地刊刻道藏经典的总集，据张秀民考证，"金末元初不但京城有道藏经板，保定、真定、太原、平阳、河中府王一祖师庵头、关西等处，均有道藏经板。这些经板除平阳板刊于蒙古宪宗时外，其余当为金代旧板。一部《道藏经》多至五六千卷，工程浩大，非数十百名工人与数年时间不能成功。京城内外多至六七副板，为我道教史上空前绝后之盛事"② 。以上这些道教经板是由谁雕刻，无明文记载。从其卷数来看，是一部道教总集，要雕刻一部五六千卷的道藏经，不仅要具备一定的经济实力，还必有一定的目的，从书坊的经营目的来看不可能雕刻卷数众多的大藏，在销售环节无法实现其经营目的。个人更无力雕刻卷数如此之多的总集。最大的可能就是道观自己雕刻。

又据《道藏源流考》引《光绪鹿邑县志》所收金人胡筠撰《续修太清宫记》，谓靖康难后道士田子文、韩元英等创修亳州太清宫太极殿，"并转轮大藏，仍印经以实之"。事当在金海陵王天德年间（1149—1153），时在孙明道刊《大金玄都宝藏》之前。故金亳州太清宫所庋道藏，当仍为宋政和《道藏》。③

另有宫观刻印大量的单行本道教典籍，有的著作还是多次刻印。

《教化下手迟》《分离十化》《好离乡》为王喆所著，曾在关中和宁海州刊行。"真人平昔著述，已有《全真前后集》，又其游吾乡时所著，类皆玄谈妙理，衰集得三百余篇，分为三帙，上曰《下手迟》、中曰《分梨十化》、下曰《好离乡》。此集关西虽已刊印，然传到乡者何其罕耶。门人共对曰'真人向至宁海化师父，实其根始，他处尚且刊行，况乡中乎？当重加校证编次，亦作三帙，命工镂板，以广其传。'"④

---

① 马钰：《丹阳马真人十劝碑》，陈垣编纂，陈志超、曾庆瑛校补：《道家金石略》，文物出版社1988年版，第432页。

② 张秀民著，韩琦增订：《中国印刷史》，浙江古籍出版社2006年版，第186页。

③ 陈国符：《道藏源流考》（上册），中华书局1963年版，第157页。

④ 马大辨：《分梨十化集序》，（清）张金吾：《金文最》卷39，中华书局1990年版，第576—577页。

王喆的《重阳全真集》也多次刊印。据范怿《重阳全真集序》记载：大定二十八年（1188），"真人羽化之后，门人哀集遗文，约千余篇……载开版印行，广传四方"①。从序言中可知此集在京兆地区曾由道众刊行，但东洲道众因路途遥远不便去京兆购买，便于大定二十八年（1188）在当地重又刊行。

谭处端《水云集》也曾多次刊行。第一次是"浚州全真庵主王琉辉等镂板印行，广传四方"。第二次为大定丙午（1186）郡大水淹没，其板散亡。次年，掖水刘长生不胜悯悼，命工重刊于东莱全真堂。② 第三次是由山阳城西庵路黔高友并其妻孟常善刊行，"举家孜孜慕道，往来于淮楚间，访寻真人遗稿，乃于门人弟子处，疑若神授，得其全帙，恐其诗文泯绝，今复镂板印行于山阳城西庵"③。

泰和八年（1208）丘处机《磻溪集》也由栖霞太虚观丘氏门徒锓木以传。另又有滨都道人王处一刊《栖霞长春子丘神仙磻溪集》④ 行于世。郝大通所著《太古集》也在天兴二年（1233）前刊行于世⑤。

表4-7   金代宫观刻书统计表

序号	刻印机构	书名	刻印时间
1	关西道观	《教化下手迟》	大定二十三年（1183）
2	关西道观	《分离十化》	大定二十三年（1183）
3	关西道观	《好离乡》	大定二十三年（1183）
4	宁海州道观	《教化下手迟》	大定二十三年（1183）
5	宁海州道观	《分离十化》	大定二十三年（1183）
6	宁海州道观	《好离乡》	大定二十三年（1183）
7	浚州全真庵	《水云集》	大定二十六年（1186）前
8	东莱全真堂	《水云集》	大定二十七年（1187）

① 范怿：《重阳全真集序》，（清）张金吾：《金文最》卷38，中华书局1990年版，第558页。
② 范怿：《水云集序》，（清）张金吾：《金文最》卷38，中华书局1990年版，第560页。
③ 范名阙：《水云集后序》，（清）张金吾：《金文最》卷46，中华书局1990年版，第658页。
④ 张秀民著，韩琦增订：《中国印刷史》，浙江古籍出版社2006年版，第185页。
⑤ 刘祁：《太古集序》，（清）张金吾：《金文最》卷45，中华书局1990年版，第654页。

续表

序号	刻印机构	书名	刻印时间
9	东莱全真堂	《重阳全真集》	大定二十八年（1188）
10	京兆道观	《重阳全真集》	大定年间
11	栖霞太虚观	《磻溪集》	泰和八年（1208）
12	太清宫	《政和道藏》	海陵天德年间
13	山阳城西庵	《水云集》	大定以后
14	道观名称不详	《七真要训》	具体时间不详
15	道观名称不详	《太古集》	天兴二年（1233）前
16	滨都某道观	《栖霞长春子丘神仙磻溪集》	具体时间不详
17	保定、真定、太原、平阳、河中府、关西等处道观	《道藏》	具体时间不详

　　从表4-7可以看出金代道观刻书主要集中于山东地区，与全真教传布的地区有关。而且同一部书可能在不同地区都有刻印，表明需求量比较大，传布的范围广。

表4-8　　　　　　　　　　现存的金代刻本统计表

序号	馆藏地	书名	资料来源
1	北京大学图书馆	《重校正地理新书》十五卷	首批《国家珍贵古籍名录》，第62页
2	国家图书馆	《周礼》十二卷，（汉）郑玄注释音一卷（唐）陆德明撰	首批《国家珍贵古籍名录》，第21页
3	国家图书馆	《黄帝内经素问》二十四卷，（唐）王冰注，（宋）林亿等校正，孙兆改误，亡篇一卷存十三卷（三至五、十一至十八、二十、亡篇）	《中国国家图书馆古籍珍品图录》，第55页
4	国家图书馆	《萧闲老人明秀集》六卷，（金）蔡松年撰，（金）魏道明注	首批《国家珍贵古籍名录》，第122页
5	国家图书馆	《萧闲老人明秀集注》，（金）蔡松年撰，（金）魏道明注	《中国国家图书馆古籍珍品图录》，第118页

序号	馆藏地	书名	资料来源
6	国家图书馆	《南丰曾子固先生集》三十四卷，（宋）曾巩撰	首批《国家珍贵古籍名录》，第105页
7	国家图书馆	《栖霞长春子丘神仙磻溪集》三卷，（金）丘处机撰，傅增湘跋	首批《国家珍贵古籍名录》，第113页
8	国家图书馆	《新编诏诰章表机要》□卷，（金）郭明如撰，存一卷（二）	首批《国家珍贵古籍名录》，第49页
9	国家图书馆	《新修絫音引证群籍玉篇》三十卷存二十九卷（一至二十、二十二至三十）	首批《国家珍贵古籍名录》，第30页
10	国家图书馆	《崇庆新雕改并五音集韵》十五卷	《中国国家图书馆古籍珍品图录》，第114页
11	国家图书馆	《集注分类东坡先生诗》二十五卷，（宋）苏轼撰，存卷十六	《中国国家图书馆馆藏目录》
12	国家图书馆	《重编补添分门字苑撮要》□□卷存十卷（六至十五）	《中国国家图书馆馆藏目录》
13	国家图书馆	《壬辰重改证吕太尉经进庄子全解》十卷	《第二批国家珍贵古籍名录推荐名单》，第71页
14	国家图书馆	《刘知远》十二卷	首批《国家珍贵古籍名录》，第123页
15	国家图书馆	《观音偈》《邙山偈》	《第三批国家珍贵古籍名录》，第33页
16	国家图书馆	《新雕注疏珞琭子三命消息赋》三卷	首批《国家珍贵古籍名录》，第62页
17	国家图书馆	《新雕李燕阴阳三命》二卷	首批《国家珍贵古籍名录》，第62页
18	国家图书馆	《赵城金藏》六千九百八十卷，存四千八百一十三卷	首批《国家珍贵古籍名录》，第78页
19	故宫博物院	《本草集方》八卷	《见故宫善本书目》记载：金版又有不注撰人《本草集方》存八卷

续表

序号	馆藏地	书名	资料来源
20	上海图书馆	《大般若波罗蜜多经》六百卷，（唐）释玄奘译，金皇统九年至大定十三年（1149—1173）解州天宁寺刻赵城金藏本，存四卷（六、二十二、三十六、一百四十八）	《第二批国家珍贵古籍名录推荐名单》，第58页
21	上海图书馆	《法句喻经》四卷，（西晋）释法炬、法立译，金皇统九年至大定十三年（1149—1173）解州天宁寺刻赵城金藏本，存一卷（三）	《第二批国家珍贵古籍名录推荐名单》，第58页
22	上海图书馆	《佛说随勇尊者经》一卷，（唐）释施护等译，金皇统九年至大定十三年（1149—1173）解州天宁寺刻赵城金藏本	《第二批国家珍贵古籍名录推荐名单》，第59页
23	上海图书馆	《佛说五大施经》一卷，（唐）释施护等译，金皇统九年至大定十三年（1149—1173）解州天宁寺刻赵城金藏本	《第二批国家珍贵古籍名录推荐名单》，第59页
24	上海图书馆	《守护国界主陀罗尼经》十卷，（唐）释般若等译，金皇统九年至大定十三年（1149—1173）解州天宁寺刻赵城金藏本，存一卷（五）	《第二批国家珍贵古籍名录推荐名单》，第59页
25	上海图书馆	《旧杂譬喻经》二卷，（吴）释康僧会译，金皇统九年至大定十三年（1149—1173）解州天宁寺刻赵城金藏本，存一卷（上）	《第二批国家珍贵古籍名录推荐名单》，第59页
26	上海图书馆	《鞞婆沙论》十四卷，（秦）释僧伽跋澄译，金皇统九年至大定十三年（1149—1173）解州天宁寺刻赵城金藏本，存一卷（九）	《第二批国家珍贵古籍名录推荐名单》，第59页

序号	馆藏地	书名	资料来源
27	上海图书馆	《景德传灯录》三十卷，（宋）释道原撰，金皇统九年至大定十三年（1149—1173）解州天宁寺刻赵城金藏本，存一卷（五）	《第二批国家珍贵古籍名录推荐名单》，第59页
28	上海图书馆	《大唐新译仁王护国经道场念诵轨仪》一卷，（唐）释不空译，金皇统九年至大定十三年（1149—1173）解州天宁寺刻赵城金藏本	《第二批国家珍贵古籍名录推荐名单》，第59页
29	上海图书馆	《妙法莲华经》七卷，（姚秦）释鸠摩罗什译，金平阳府洪洞县卫氏经坊刻本，存四卷（三、五至七）	《第二批国家珍贵古籍名录推荐名单》，第63页
30	上海图书馆	《妙法莲华经》七卷，（姚秦）释鸠摩罗什译，金绛州曲沃县裴长官庄吉赟吉用刻本，存一卷（四）	《第二批国家珍贵古籍名录推荐名单》，第63页
31	上海博物馆	《佛说弥勒下生成佛经》一卷，（后秦）释鸠摩罗什译，佛说弥勒来时经一卷，金皇统九年至大定十三年（1149—1173）解州天宁寺刻赵城金藏本	《第二批国家珍贵古籍名录推荐名单》，第59页
32	南京图书馆	《新编诏告章表机要》四卷，存三卷（一、三至四）	首批《国家珍贵古籍名录》，第49页
33	中国民族图书馆	《大方便佛报恩经》七卷，元重修赵城金藏本，存三卷（卷二、五、七）	首批《国家珍贵古籍名录》，第93页
34	中国民族图书馆	《菩萨本行经》三卷，元重修赵城金藏本	首批《国家珍贵古籍名录》，第86页
35	山西省曲沃县图书馆	《妙法莲华经邑前记》六卷，存五卷（一至三、五、六）	首批《国家珍贵古籍名录》，第86页

序号	馆藏地	书名	资料来源
36	山西省曲沃县图书馆	《成唯识论了义灯抄》七卷，（唐）释惠沼撰，存一卷（四）	首批《国家珍贵古籍名录》，第94页
37	山西省图书馆	《大方广佛华严经合论》一百二十卷，（唐）李通玄造论，释志宁合论，存一卷（六）	首批《国家珍贵古籍名录》，第92页
38	山西省图书馆	《成唯识论了义灯钞科文》三卷，存一卷（中）	首批《国家珍贵古籍名录》，第94页
39	辽宁图书馆藏	《续附经验奇方》	张秀民著，韩琦增订：《中国印刷史》，浙江古籍出版社2006年版，第179页
40	广西壮族自治区博物馆	《大乘庄严经论》一卷，（唐）波罗颇蜜多罗译	《第二批国家珍贵古籍名录推荐名单》，第67页
41	台湾"国立中央图书馆"	《新雕云斋广录》	钟克豪著：《宋代小说考证》，新文丰出版公司1987年版，第88页
42	台湾"国立中央图书馆"	《重校正地理新书》十五卷	容坤：《台湾所藏金元时期山西刻本（二）》，《文献》2002年第2期，第275页
43	俄罗斯科学馆东方学研究所圣彼得堡分所	《南华真经》二十八面	《俄藏黑水城文献》汉文部分述要，第400页
44	俄罗斯科学馆东方学研究所圣彼得堡分所	《摩诃般若波罗密多心经注》十四面	《俄藏黑水城文献》汉文部分述要，第401页
45	俄罗斯科学馆东方学研究所圣彼得堡分所	《佛说三十五佛名经》五面	《俄藏黑水城文献》汉文部分述要，第402页
46	俄罗斯科学馆东方学研究所圣彼得堡分所	《大方广佛华严经梵行品》九面	《俄藏黑水城文献》汉文部分述要，第402页

续表

序号	馆藏地	书名	资料来源
47	俄罗斯科学馆东方学研究所圣彼得堡分所	《大方广圆觉修多罗了义经略疏卷上二》一面	《俄藏黑水城文献》汉文部分述要，第 402 页
48	俄罗斯科学馆东方学研究所圣彼得堡分所	《孙真人千金方》	《俄藏黑水城文献》汉文部分述要，第 403 页
49	俄罗斯科学馆东方学研究所圣彼得堡分所	《辰龙麝保命丹》	《俄藏黑水城文献》汉文部分述要，第 403 页
50	俄罗斯科学馆东方学研究所圣彼得堡分所	《新雕文酒清话》	《俄藏黑水城文献》汉文部分述要，第 403 页
51	俄罗斯科学馆东方学研究所圣彼得堡分所	《汉书陈咸传》	《俄藏黑水城文献》汉文部分述要，第 404 页
52	俄罗斯科学馆东方学研究所圣彼得堡分所	《六壬课秘决》	《俄藏黑水城文献》汉文部分述要，第 403 页
53	美国新奥尔良艺术博物馆	《高王观世音经》	韩琦：《在美国发现金刻本佛经》，《中国出版年鉴 1991—1992》，印刷工业出版社 1993 年版，第 373 页
54	美国新奥尔良艺术博物馆	《佛说生天经》	韩琦：《在美国发现金刻本佛经》，《中国出版年鉴 1991—1992》，印刷工业出版社 1993 年版，第 373 页
55	美国国会图书馆	《重刊政和经史证类备用本草》（残存十三卷）十册三函。	卢伟：《美国公藏宋元版汉籍概述》，北京大学中国古文献研究中心编：《北京大学中国古文献研究中心集刊》第 7 辑，北京大学出版社 2008 年版，第 10 页

续表

序号	馆藏地	书名	资料来源
56	日本静嘉堂文库	《太医张子和先生儒门事亲》九册	张从正撰《太医张子和先生儒门事亲》十二卷，日本静嘉堂文库藏金本九册①

---

① 张秀民著，韩琦增订：《中国印刷史》，浙江古籍出版社 2006 年版，第 179 页

第五章

金代图书的装帧设计

图书装帧设计是指书稿在印刷之前，对书的版式、插图形式和装帧形制三方面所进行的艺术和工艺设计。图书的装帧一方面是图书内容的延伸，渲染一种意境，同时也是影响图书流通速度与范围的因素之一。书中行格的疏密、字体的美观与否、字号的大小是否适宜均影响到读者对图书的选择。版式设计能做到字迹清晰、整齐有序、行格疏朗明快的书籍自然受到读者的欢迎。因此，伴随着出版业的发展，图书的版式与装帧也越来越精美。图书版式上体现出来的美感及装式的演变都反映着一个时代图书出版的特色。

第一节 版式

版式指版面的式样，包括边栏、界行、行款、版心、鱼尾、正文的字体等内容。

现在所知的金代刻本共有的特点是以白口、有界行为主。所谓白口是指书页的版心，版心又叫中缝、书口、版口，是印页版框中间的窄行。一方面用来对折书页，另一方面可在格内刻上书名、卷次、页码、字数、刻工姓名等。有的书在版心处印有竖行的黑色标线，称为黑口，不印标线的称为白口，现所见金刻本均为白口。界行是边栏内分行的直线，金刻本现所见的多有界行，版面显得整齐规范。但《赵城金藏》为卷轴装，无界行。

金代出版图书的版式设计有如下几种情形，以不同的标准可以将金刻本的版式划分为不同的类型。

一　边栏和鱼尾

从边栏和鱼尾的设计来看，金刻本可以划分为以下三种类型。

1. 左右双边、单鱼尾

左右双边是边栏设计的一种。边栏指一张印页四边的围线，以围线的条数划分，有四周单边、左右双边、四周双边几种。四周单边即一条黑线将页面中的字框起来。左右双边，指的是在左右粗黑竖直栏线的内侧再刻一道较细的墨线，形成一粗一细两道竖直边线，也称为文武边。所谓四周双边，指的是沿着四周粗黑栏线的内侧，再刻一道较细的墨线，使四周都形成一粗一细的双栏线。左右双边也好，四周双边也好，都要比四周单边镌刻费事，但使版面显得更为精细。

鱼尾指的是版心骑中缝线所铭刻的鱼尾形的饰物。鱼尾有单鱼尾、双鱼尾、三鱼尾之分。单鱼尾，位置多在版口上方 1.5 寸左右的地方。双鱼尾又有顺鱼尾、对鱼尾之分。所谓顺鱼尾是指版口上下两个鱼尾，鱼尾都朝下。对鱼尾则上部的鱼尾朝下，下部的鱼尾朝上，两者相对。鱼尾的用意有二，一是标识作用，二是为了折页时标识中缝线。使鱼尾的叉心成为中缝，这无疑是美与用的巧妙结合。

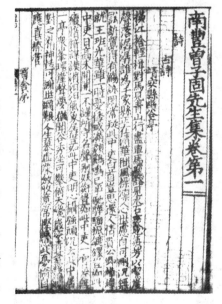

图 5-1

金代左右双边、单鱼尾的书籍有平水刻宋吕惠卿《壬辰重改证吕太尉经进庄子全解》，白口，左右双边，有界行，单鱼尾。

平水刻《南丰曾子固先生集》，白口，左右双边，有界行。有版口，单鱼尾。鱼尾上镌刻有本版字数，鱼尾下镌刻简化了的书名或类名。（详见图 5-1）

2. 左右双边，双鱼尾

左右双边、双鱼尾书籍有《刘知远诸宫调》，白口，左右双边，有界

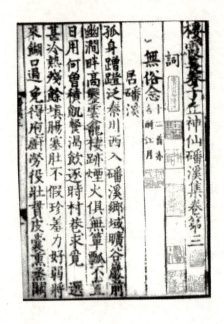

图 5 - 2

图 5 - 3

行。版口为双顺鱼尾，并用鱼尾符号来标示"商调""回戈乐""尾""正宫""应天长缠令"等题调名称。又镌有句读圆圈"○"。《萧闲老人明秀集》也是左右双边、双顺鱼尾。字体兼颜、柳风韵。再如《栖霞长春子丘神仙磻溪集》也是左右双边，双鱼尾的版式。（详见图 5 - 2）

3. 四周双边

边栏采用四周双边的书籍有平水刻《黄帝内经素问》。中医金元四大家，金占其三，表明金对医人治病十分重视，故出版印制医经、药书也较著名。此为医经之首。版式取白口，四周双边，足见其精雕细镂。（详见图 5 - 3）

其他如《新修象音引证群籍玉篇》也是白口，四周双边。

二　行款

行款是指版面的行数和字数。一本书每页几行，每行多少字基本上是固定的。金刻本多是从 9—15 行的款式，广度 10.8—15.5 厘米。高度差距较大，最小的 10.3 厘米，最高的达到 23.2 厘米。每行字数 17—27 字不等。可分为疏朗和紧密两种。

行款疏朗的刻本如《新修象音引证群籍玉篇》，广 15.5 厘米，每半版 14 行，行 21 字。《萧闲老人明秀集》框高 20.1 厘米，广 12.5 厘米，每半版 12 行，行 23 字。《黄帝内经素问》框高 18.3 厘米，广 13 厘米，每半版 13 行，行约 26 字。金崇庆元年（1212）宁晋浇川荆珍刻印《崇庆新雕改并五音集韵》，框高 20.5 厘米，广 13.8 厘米，每半版 13 行，注文双行，行约 41 字，白口，左右双边。（详见图 5－4）

图 5－4

图 5－5

行款紧密的刻本有《壬辰重改证吕太尉经进庄子全解》，框高 16.1 厘米，宽 11 厘米，半版 12 行，行 23—27 字不等。《南丰曾子固先生集》，框高 15.2 厘米，宽 10.5 厘米，每半版 15 行，行 25 字。《刘知远诸宫调》，框高 10.3 厘米，广 7.8 厘米，每半版 12 行，行 20 字。整个版面显得行紧字密。（详见图 5－5）

三　用字

1. 字体

雕版印刷有一些常用字体，金代版刻风格受宋影响较大，字体运用上与宋有一致的地方。北宋刻本多用欧体，欧体字形略长，瘦劲秀丽，笔画转折轻细有角。金本也多用欧体，后来逐渐流行颜真卿、柳公权体。金刻本用颜体的如《天禄琳琅书目》金版史部著录金刻《贞观政要》十

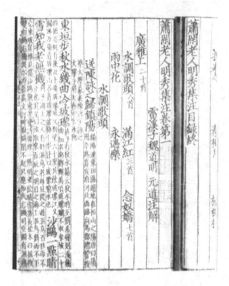

图 5 - 6

卷，"此本字宗颜体，刻印精良，与宋版之佳者无异。藏书家知崇宋本，而金版多未之及，盖缘流传实尠，耳目罕经，似此吉光片羽、真为希世之宝也"①。还有《磻溪集》也是颜体。依北京图书馆所藏《萧闲老人明秀集注》（详见图 5 - 6）、《南丰曾子固集》《玉篇》和《集韵》来看，则近于柳体字，字画结构瘦俏有神，起落顿笔、折笔有棱角，横轻直重，结构抗肩，显得特别有精神。金版书所用字体以欧、颜、柳为主的同时，还有苏体与虞体。作欧、虞体的有《道德宝章》，书高二尺五寸，字径一寸五六分，古秀遒劲，镌印极精。《赵城金藏》的字体有苏体，也有欧体。

2. 简化字

简化字，又称俗字，在金代刻书中出现了大量的简化字。如竜（龍）、贤、处、帰（歸）、继、礼、迁，见于《萧闲老人明秀集注》。礼、乱、尽、尘（塵），见于《邙山偈》。乱、齐（齊）、尽等字，见于《刘知远诸宫调》。也将"第一"作"弟一"，重复字作"："，如"整：四百年"。古代的有些繁体字笔画数过多，书写尚可，但若用于刻版则不太适合，一方面由于木板的特性，在固定的空间雕刻过多的笔画容易造成断裂以致毁板。另一方面雕刻上板时费时费力，简化字简易速成，可以提高刻书的效率，故书坊刻书多用简化字。

3. 避讳

金为少数民族建立的政权，建国以前，是没有避讳的习俗的。但随着与宋接触的日益紧密和频繁，在汉文化的影响下也很快形成了一套避讳的规定。"金自灭辽而后，与宋人接触频繁，适当宋人避讳极盛之时，

———————

① （清）于敏中等：《天禄琳琅书目·金版史部》卷 3，中华书局 1995 年版，第 68 页。

故金亦受其熏染，其避讳遂比辽为盛。"① 洪皓《松漠纪闻补遗》谓："金人庙讳尤严，不许人犯。尝有一武弁经西元帅投牒，误斥其讳，杖脊流递。武元（太祖尊号）初，只讳'旻'，后有申请云，'旻，闵也。'遂并'闵'讳之。"② 辛弃疾《南烬纪闻录》载靖康二年（1127）五月，金兵囚禁徽钦二帝及帝后时，"朱后有疾卧冷地上，连日呻吟，监者尚加诟詈。帝语左右：'汝等可悯念吾国破家亡，取汤水相救。''吾国禁违犯者过于杀人，汝呼'悯'字，已该大罪，尚欲索汤水耶？'再恳之，不顾而去"③。由此可知金初已有严格的避讳制度。

金代首开避圣人讳的先例，"明昌中诏周公孔子名，俱令回避，又诏有司，如进士名有犯孔子讳者避之。著为令。此近代避圣讳之始也"④。

金朝避讳极严，章宗泰和元年（1201）下诏书，"敕官司、私文字避始祖以下庙讳小字，犯者论如律"⑤。这一点又体现在科举上，避讳与否成为科举录取首要考察的内容。《金史·选举一》："所试文卷惟犯御名庙讳、不成文理者则黜之，余并以文之优劣为次。"⑥ 金的名医张元素因"犯庙讳下第，乃去学医"⑦。

金代避讳在图书出版及手写中主要采用改字与缺笔的方法。《金史·孙即康传》载：章宗问参知政事贾铉"太宗庙讳（晟）同音字有读作'成'字者，既非同音，便不当缺点画，睿宗庙讳改作'崇'字，其下却有本字全体，不若将示字《依兰亭帖》，写作'未'字，显宗庙讳'允'，'充'字合缺点画，如'统'傍之'充'似不合缺"⑧。

金代避讳之严格，必然体现在书籍出版当中。张秀民《辽、金、西夏刻书简史》列举金本避讳情况有："《明秀集注》，凡晓字均作曉。崇庆本《五音集韵》十二笑尧字作尭。《增广分门类林杂说》尧字亦缺笔。这

①　陈垣：《史讳举例》，中华书局 1962 年版，第 128 页。

②　（宋）洪皓：《松漠纪闻》，《丛书集成续编·集部》（第 166 册），上海书店出版社 1994 年版，第 58 页。

③　（宋）辛弃疾著，王步高、刘林辑校汇评：《辛弃疾全集》，珠海出版社 2002 年版，第 306 页。

④　（清）赵翼：《廿二史札记》卷 28，中华书局 1984 年版，第 644 页。

⑤　（元）脱脱等：《金史·章宗三》卷 11，中华书局 1975 年版，第 256 页。

⑥　（元）脱脱等：《金史·选举一》卷 51，中华书局 1975 年版，第 1148 页。

⑦　（元）脱脱等：《金史·方伎》卷 131，中华书局 1975 年版，第 2812 页。

⑧　（元）脱脱等：《金史·孙即康传》卷 99，中华书局 1975 年版，第 2196 页。

些都是避世宗之父宗尧（睿宗）讳。《明秀集注》恭字作恭，供字亦减笔，避显宗允恭（世宗第二子）讳。又同书乘字减笔，疑避太宗完颜晟之同音字。大安初刻《栖霞长春子丘神仙磻溪集》，游字缺笔，不知避何讳。"①

第二节　插图与装式

一　插图

书籍当中的插图是对文字的形象说明，清晰的图像可以加深读者对文字的理解。利用雕版印刷技术刻印的图像即为版画。版画最初也是更多地运用于佛经的雕印当中，后逐渐应用到世俗书籍中。

金代书籍中的插图版画比较常见，并且刻印水平较高。金雕印的大藏经《赵城金藏》7000 余卷，每卷卷首都有扉画，描绘如来佛偏袒正座，头肩圆光，妙相肃然，与佛弟子说法。左右侍立弟子十人，一人仰首合掌，聆听佛法。其余亦各具神态。两角分别侍立一金刚，以示护卫。整个构图和线描，表现得严整而又生动有力，代表了北方豪放雄浑的风格。② 发现于美国的《高王观世音经》卷首也有镌刻精美的扉画。《佛说生天经》，折本半页四行，扉首有地藏菩萨像。

世俗书籍当中附有插图的多见于医学书籍，如《图解素问要旨论》《铜人腧穴针灸图经》《经史证类大观本草》均有插图版画。可惜这些书籍今已不传，我们无法看到其原貌，但是蒙古乃马真后元年（1242）重刻出版的《孔氏祖庭广记》、元定宗四年（1249）平阳张存惠晦明轩所刻的《重修政和经史证类备用本草》却流传了下来，透过这两部书我们可以看到金刻书籍插图的影子。

《孔氏祖庭广记》中《孔子乘辂出游图》构图严谨，车、马、人物布置有序，花纹、人物形象、骏马神态都能传神，线描、刀法都很流畅。

《重修政和经史证类备用本草》的海盐图中大海的波涛、取水的长

① 张秀民著，韩琦增订：《中国印刷史》，浙江古籍出版社 2006 年版，第 187 页。
② 李致忠：《中国出版通史·宋辽西夏金元卷》，中国书籍出版社 2008 年版，第 317 页。

勺、肩挑的树枝、填柴入灶的叉铲、熬盐的锅灶，以及各种工种、各种神态的人物形象，都刻得精细逼真。此书中还用图像展示药物的形象，更为直观和准确。这两种书虽然都出版在蒙古时期，但透过这两种书的插图版画，可以推想金代刻印此书时插图的风貌状况，也当是上乘之作。

最能代表金代版画刻印水平的是发现于甘肃黑水城的《四美图》（《随朝窈窕呈倾国之芳容》）和《义勇武安王图》（《关羽图像》）。这两幅版画是由俄国的柯兹洛夫在甘肃张掖的黑水城发掘西夏遗址时发现的，现藏于彼得格勒博物馆，国内只有影印件。这两幅图分别为平阳姬家和平阳徐家所刻。《四美图》以墨色印在黄色的纸上，高二尺五寸，宽约一尺，描绘的是我国历史上四位不同时代的美人，人物旁边均刻有名字，四位美人分别是汉成帝时赵飞燕；怀抱琵琶出塞和亲的王昭君；才华出众、继班固完成《汉书》写作的班昭；晋代石崇的爱妾绿珠。此版画构图富于变化，人物形象生动自然。赵飞燕、绿珠居前，王昭君、班昭在后。绿珠面左朝前，其余三人均面右朝前，但衣裙向左飘斜，因而画面的视线集中，而人物仿佛都在微风中款步徐前，故画面又显得动中有静，静中有动，动静结合，跃然纸上，颇有呼之欲出的效果。人物的背后又布置有玉阶、雕栏、牡丹、假山，并细绘花边，饰以双凤。双凤之下，刻有标题一横行，即"随朝窈窕呈倾国之芳容"十字，下有一行小字"平阳姬家雕印"。画中线条刻画精致入微，墨印协调自然。1940年郑振铎在《中国版画图录》中评价《四美图》称："因为太精美了，有人怀疑其不是金代之作，而将其时代排后到元、明之际（14世纪后半期）。"[①]可以证明金代雕版印刷已经达到非常高的水平。

《东方朔偷桃》为金代彩色纸制版画，1973年陕西省文管会在《石台孝经》石碑修整时发现的。"这份印刷品的印制方法是雕刻人物框架之后，以手工方式用颜色进行描绘，形成了彩色版画。技术上仍处于雕版与涂色相结合的阶段，还不是成熟的套版印刷。但它是迄今发现时间较早的彩色印刷品实物，说明中国最晚在11世纪，地处北方的金朝已开始了彩色印刷的试验，经过长期的努力，才成功实现了彩色套版印刷技术的发明和完善，开拓了印刷事业的新前程，对促进印刷术的发展，再立

---

① 郑振铎：《中国版画图录》，郑尔康：《郑振铎艺术考古文集》，北京文物出版社1988年版，第356页。

新功。"①

　　金代书籍中的插图，历来的研究者都给予了较高的评价。如"《重修政和经史证类备用本草》一书图版甚多，绘刻清晰，被明王世贞推为古本中的精刻"②。周心慧著《中国古代版刻画史论集》评价金代赵城藏中佛教版画"显示了金刻佛教版画的高超技能和审美价值"。③张树栋等著的《中华印刷通史》指出，"《赵城藏》佛画构图严整，线条流畅圆熟，刻印精工，反映当时北方地区印刷事业力量的强劲和较高的技术水平"④。

二　装式

　　书籍的装式是指书籍装订的形式，自从图书产生以后，古籍的装订形式几经变化，到金代之时已经经历了卷轴装、旋风装、经折装、蝴蝶装等几种形式。金代刻书的装式以卷轴装、经折装和蝴蝶装为主。

　　1. 卷轴装

　　卷轴装又称卷子装，早在简帛时代就已经流行了，到了纸本书时代更加完善。卷轴装由卷、轴、带、签四个部分组成。"卷"是整个卷轴的主要部分，它由若干张纸粘连而成。卷的长短不一，这主要依据文字的多少而定。"轴"是一根短棒，卷子就缠绕在上面。"带"是指头的丝带，用以捆扎卷子。"签"是指轴头所系标明书名、卷次等内容的牌子。卷轴装有容量大的优点，但卷面过长，翻阅极不方便。

　　金代所刻的经书中多有采用卷轴装的，《赵城金藏》7000多卷采用的即为卷轴装，黄纸护首，朱漆木轴。依照千字文编帙，自"天"至"几"每版23行14字，版端小字刊雕经名简称、卷次、版片号、千字文编号。后来济州普照寺翻印此经，为黄卷赤轴。西京大华严寺补雕的《薄伽藏教》也是卷轴装。

---

　　①　张树栋：《中华印刷通史》，台北：财团法人印刷传播兴才文教基金会2004年版，第351页。

　　②　郭味蕖：《中国版画史略》，朝花美术出版社1962年版，第33页。

　　③　周心慧：《中国古代版刻版画史论集》，学苑出版社1998年版，第161页。

　　④　张树栋：《中华印刷通史》，台北：财团法人印刷传播兴才文教基金会2004年版，第351页。

2. 经折装

经折装亦称折子装，由卷轴装发展而来，因卷轴装舒展不便而加以改造。具体办法，是将长条的卷子装佛经，依一定行数左右连续折叠，最后形成长方形的一叠，再在前、后各粘裱一张较厚的纸，作为护封，也叫作书衣、封面。由于是改造佛经卷子装而成为互相连属的折子装，故名经折装。

金代的单行本佛经有许多为经折装，近年发现于山西的《大方广佛华严经合论》即是采用的经折装，基本上是每六行折为一页。发现于美国的《高王观世音经》为经折装，折本半页四行，行十三字，有水月观音扉画。《佛说生天经》，折本半页四行，贞元三年（1155）刻本。发现于黑水城的《大方广佛华严经梵行品》为经折装。

3. 蝴蝶装

"蝴蝶装"简称"蝶装"，又称"粘页"，蝴蝶装出现在经折装之后，由经折装演化而来。人们在长期翻阅经折装书籍的过程中，经折装书籍的折缝处常常断裂，而断裂之后就出现了一版一页的情况，这给人以启示，逐渐出现了以书页成册的装订形式，就是将印有文字的纸面朝里对折，再以中缝为准，把所有页码对齐，用糨糊粘贴在另一包背纸上，然后裁齐成书。蝴蝶装的书籍翻阅起来就像蝴蝶飞舞的翅膀，故称"蝴蝶装"，这也是当时全国书籍装订的主要方式。如发现于黑水城的《南华真经》《刘知远诸宫调》《集注分类东坡先生诗》均采用蝴蝶装。

金刻本的装帧设计与宋本有很高的相似性，正如李致忠在《中国出版通史》中的评价："金代刻书的版式、插图、装帧，均带有浓重的宋刻风格，品位也与宋刻方轨并驾。"[1] 对于这一现象形成的原因，李致忠认为是由于金初从北宋迁入金的刻字匠、刷印匠、装裱匠等工人到金后继续进行刻版刷印工作，决定了金本在版式与装帧方面颇具宋刻的风格。笔者认为其原因不止于此，以下两方面的原因也是非常重要的。

第一，金初将北宋的大批书籍运回北方，金的许多本子都是对北宋刻版的再印刷，或是翻刻北宋刻本。如《南丰曾子固先生集》一书中"保留了北宋的避讳字，遇到'宋'、'天子'、'皇帝'等字样还上空一

---

① 李致忠：《中国出版通史·宋辽西夏金元卷》，中国书籍出版社 2008 年版，第 316—317 页。

格。……可以推想，此书源出北宋旧椠，翻刻时，避讳字未作更改"①。这样的本子自然是北宋本的版式。

第二，现在所看到的金刻本的版式多数与南宋的刻本更相近，这不可能是北宋工人带来的影响，而是金学习南宋图书装帧设计的结果。金宋时期，大量的南宋刻本流入金朝，王若虚的《杂著》一书"提到的南宋作者约四十人，著述约达五十多种，包括文学、经义、史学几个方面"②。金的出版者从这些图书中学习了南宋图书的版式与装帧设计。有些金刻本的"纸墨刀法、版式，都与宋本很难区别，比如《云斋广录》和《周礼》两部金刻本，均被误定为宋本"③。北宋时期的边栏多是四周单边④，而现存的金本只有左右双边和四周双边两种，而这种边栏正是南宋时期刻本的主要特征。金代注解类书籍均将经注疏大小字合刻在同一版面上，正文用大号字，注疏用小号字，而这种刻法最早起于南宋绍兴间两浙东路茶盐司所刻的《周易注疏》《尚书正义》《周礼注疏》，这些书均采用经、注、疏合在一起的刻印方式。⑤金平水刻宋吕惠卿《壬辰重改证吕太尉经进庄子全解》，注文则用小字，在正文的一行中，注文刻两行，行28—30字不等。视觉上大小字的搭配协调，正文与注文一目了然，阅读起来极为方便。另有金魏道明曾为《萧闲老人明秀集》作注，注文小字双行，每行30字，字字整齐划一。平水刻《黄帝内经素问》也是采用这种大小字相间的方式刻印，注文小字双行，行30字。这也说明金与南宋间出版的相互交流之密切，南宋图书版式对金影响之大。

从图书的版式设计来看，金对于出版业更为发达的南宋，表现出的是积极地吸收与学习的态度，但同时并未丧失独立发展的个性，在学习的同时也坚持创新，形成了自身的特点，刻本风格上体现了一种北方文化粗犷的神韵。如"金明昌三年（1192）张谦刊本《重校正地理新书》，其最大特征是横直画之刻法，与中土不同；横画起笔刻成近三角状，印

---

① 陈杏珍：《金刻本〈南丰曾子固先生集〉》（《古逸丛书三编》之十），《古籍整理出版情况简报》1985 年第 4 期。

② 孔凡礼：《孔凡礼古典文学论集》，学苑出版社 1999 年版，第 468 页。

③ 陈杏珍：《金刻本〈南丰曾子固先生集〉》（《古逸丛书三编》之十），《古籍整理出版情况简报》1985 年第 4 期。

④ 李致忠：《中国出版通史·宋辽西夏金元卷》，中国书籍出版社 2008 年版，第 143 页。

⑤ 同上书，第 153 页。

以坚韧之微黄麻纸，当出平水坊刻"①。宋德金《中国历史·金史》对金藏进行了评价，在构图、线描方面，反映了不同于宋版的豪放风格；在绘画、雕版方面，十分严整和生动有力。②

---

① 李清志：《古书版本鉴定研究》，台北文史哲出版社 1986 年版，第 59 页。
② 宋德金：《中国历史·金史》，人民出版社 2006 年版，第 143 页。

第六章

金代图书的流通与收藏

图书流通是指图书从生产者到读者的转移，是图书出版中的最后一个环节。印刷出来的书籍必须通过流通才能被广泛利用，进而实现其信息传播的功能，实现其社会价值。当图书成为商品时，又具有了经济价值，经济价值则通过商品交换来实现。图书流通的过程就是其社会价值和经济价值实现的过程。图书流通与图书的收藏之间又有着紧密的联系，藏书的出现是图书流通的必然结果，图书典藏的丰富则说明图书流通比较活跃，反过来藏书的需求也会进一步促进图书流通的发展。

第一节　金代图书的流通方式

随着金、宋和平时期的到来，金代北方社会生产得到恢复，经济逐渐繁荣起来，手工业和商业的发展为图书产量的增加创造了条件，图书流通也随之复苏并活跃起来。金代的图书流通范围扩大，最远到达东北边疆地区。图书流通方式呈现多样化。本文所探讨的图书流通不仅包括图书作为商品参与市场交换的过程，还包括赠送、颁发等一切形式的从一个主体到另一个主体的图书转移过程。

一　市场中的图书买卖

1. 书商的流动售卖

雕版印刷术发明后，图书生产实现了数量上的飞跃，为图书贸易的活跃提供了可能。在此前手抄图书阶段，图书生产需要花费较多的人力和时间，生产的数量极为有限，从而导致图书价格高，流通范围狭小，图书不易得。故而人们在得到一本书后，则往往藏之不出，极大地影响了图书的流通。从北宋开始，雕版印刷进入繁荣阶段，使得图书贸易逐渐繁盛起来。

金的出版业是辽与北宋出版业的继续，政权间的更替并未中断图书的流通，即使在金与辽、北宋的战争期间也有图书贸易存在。各政权之间的争战打开了久固的贸易壁垒，为商品的流通开辟了新的渠道与市场。书商的流动售卖是书坊出现之前的主要书籍交易方式，可以满足人们对图书的少量需求。由于其较为灵活，活动区域不受限制，只要是有需求的地方，原则上就会有书贩活动。天会七年（1127）金灭北宋后，将徽、钦二帝及大部分皇室成员北迁，徽宗曾"谓行在诸臣曰：'北狩以来，无书可阅。'"当行至河北境内时，恰"一日闻外有货书者，以衣易之"[1]。在徽宗苦于无书可读的时候，恰好有流动书贩售书，使其可以用衣物换取书籍。当徽宗等北迁至韩州时又恰好遇到有卖王安石《日录》的，"闻之欣然，辍而易之"[2]。韩州为今吉林梨树北偏脸城，金时划归咸平路管辖。这条史料反映出即使在远离中原的东北地区，金初也已经有图书买卖存在了。以上两次图书贸易都是以书商沿路贩卖的形式出现的，说明当地已经有了图书供求的市场。随着战事的平息，安定的社会环境的到来，文化教育与科举取士的发展客观上扩大了人们对书籍的需求，更多的书籍被贩运到此地进行出售。

北宋都城汴京相国寺及其周围就是较大的图书交易市场，据《东京梦华录》卷三载，"殿后资圣门前，皆书籍、玩好、图画……寺东门大街皆是幞头腰带、书籍冠杂铺席。"到了金代，相国寺仍是繁荣的图书交易市场，"相国寺如故，每月亦以三、八日开寺"[3]。叶昌志《藏书纪事诗》引宋王明清《玉照新志》："绍兴庚申（1140），金人以河南故地归我，诏以孟富文庾为东京留守。富文辟毕少董良史以自随；未几，金败盟，

---

① （南宋）蔡绦：《北狩行录》，赵永春辑注：《奉使辽金行程录》，吉林文史出版社 1995 年版，第 180 页。

② 同上书，第 182 页。

③ （南宋）楼钥：《北行日录》，赵永春辑注：《奉使辽金行程录》，吉林文史出版社 1995 年版，第 251 页。

少董身陷伪地累年。尝于相国寺鬻故书处，得熙丰日残历数帙，无复伦序。"① 这段史料说明在金天眷年间，相国寺的书市上仍有北宋时刻印的残历出售，相国寺售书的惯例一直持续到金末。元光年间，元好问曾在相国寺书肆中购得《笠泽丛书》，"是唐人竹纸番复写，元光间应辞科时，买于相国寺贩肆中"②。

　　2. 书坊的店铺售书

　　书坊又称书肆或书铺，是专门从事图书刻印与买卖的商业性店铺，是书籍市场中的主要图书生产者。进入市场流通的书籍大部分来源于书肆的刻印，然后再在书肆中对外销售，书肆实行的是产销一体的销售模式。书坊作为图书的销售渠道与摊贩相比具有一定的优势，货源充足，提供的可供买者选择的图书品种更丰富，数量也更多，顾客选择的空间也就更大。

　　中都、南京、平阳和宁晋等出版业发达的地区聚集了大量的书坊，即使在女真内地也有书坊存在。③ 据本书统计已知的金代书坊有 27 家④。

　　书坊作为商业性的刻书、售书机构，出版书籍以追求利润为最终目的，往往十分注重采用有效的经营销售策略，不断开发新的图书品种。因此，可以说书坊是图书出版业发展的中坚力量。金代书坊的营销策略主要体现在两个方面。

　　首先，确定优秀的选题。

　　选题即指经过一定的市场调查，将获得的市场信息资料进行分析后，寻找出市场的需求方向，制定自身的生产与营销方案，确定要出版图书的种类与大致内容。书坊对于刻印出版哪一类的书籍，以及生产的书籍要有哪些特点等都应事先做好充分的准备，这是决定一部书是否能够成功销售的关键。选题优秀的图书有利于流通，能够满足大多数读者的阅读需求，只有这样的图书才能在投入市场之后占有较大的市场份额，获得尽可能多的商业利润，这是古代和现代出版共同追求的目标。金代的

---

　　① （清）叶昌炽著，王欣夫补正，徐鹏辑：《藏书纪事诗》，上海古籍出版社 1989 年版，第 14 页。

　　② （金）元好问著，姚奠中主编，李正民增订：《元好问全集·校笠泽丛书后记》（增订本）卷 34，山西古籍出版社 2004 年版，第 709 页。

　　③ 宋德金：《金史》，人民出版社 2006 年版，第 142 页。

　　④ 见本书第四章中的"金代坊刻书统计"。

书坊在出版的选题方面也充分体现了迎合市场需求的特点。在图书出版种类的选择上，正经、正史、韵书等科举考试用书是其出版的首选。如科举考试所用的《地理新书》刻印较多，在"古唐、夷门、蒲阪等处，前后印卖新书"①，平阳也有数家印卖。书坊还会选择出版迎合市民文化生活需求的书籍。金元时期是诸宫调这一戏曲的繁荣时期，是市民日常娱乐的内容之一，戏曲的脚本便成为书坊出版的又一类型。现在已知的金代书坊出版的诸宫调有《刘知远诸宫调》，此本不仅在金境内销售，还传到了西夏，也说明此类书籍的出版量是较大的，可以满足对外交流的需要。此外，根据史料记载，金代还有《西厢记诸宫调》，只是今天并未见到金代的刻本实物。但是可以推断，金代书坊出版了许多戏曲脚本，已经成为当时的畅销书。另外，如《宋徽宗谢表》《李师师小传》《劾秦桧疏稿》等，均体现了书坊在选择图书种类上的特殊之处。

其次，有效的推销方法。

在书籍的发行上，书坊也会寻求一些方式来推广自己的书籍。但在所刻书籍的序引当中都对本书的内容有积极的评价，具有明显的推广之意。如"既详且当"，"贵于旧本远矣"等。张树栋等著《中华印刷通史》对金代书坊的营销策略有所评价，认为金代书坊刻书的最大特点就是思想比较开放，不固守陈规，勇于创新。出版从内容到形式上均是大众喜闻乐见的书籍，以满足群众的需要。②

二　学校中教材的颁发与使用

书籍是文化的载体，学校是文化传播的基地。作为教育机构，学校需要大量的图书用于教学而成为图书流通的一个重要渠道。金朝的学校分为官学和私学两个系统，在这两个系统中又分为汉语言学校和女真语言学校。下面按照官学与私学两大系统分别介绍图书的流通情况。

---

① 张谦：《地理新书序》，（清）张金吾：《金文最》卷 38，中华书局 1990 年版，第 548页。

② 张树栋：《中华印刷通史》，台北：财团法人印刷传播兴才文教基金会 2004 年版，第255 页。

（一）官学中的图书流通

官学是国子监刻印的教材向下流通的主要渠道。官学作为由政权掌控的教育机构，其设置和管理均由政府负责，所用教材的版本也由政府划定统一的标准。为确保版本的一致性，金规定"皆自国子监印之，授诸学校"①。

金代国子监设于海陵天德三年（1151），国子监教材的刻印与颁发应始于天德年间。国子监的刻本以各中央官学和地方府、州学为依托，形成了一种长期而稳定的流通渠道。由于史料的缺乏，金代监本书向官学流通的具体方式和数量无法详细考证，但可以从北宋的惯例来推测金朝的情形。北宋官学的教材由国子监刻印颁发，但同时学校也要向国子监支付一定的纸墨工本费。如北宋田表圣在睦州兴学，请求国子监刻印书籍，同时自己提供印书所需的纸张，"入纸国子监，印经籍以给诸生"②。金承宋制，国子监教材的颁发也应与宋相似，都不是无偿给予的，这在一定程度上制约了监本书的流通。

（二）私学中的图书流通

1. 金代私学发展情况

私学是图书流通的另一重要渠道。金朝官学建立后，未能完全满足教育的需要，一方面是各学校招收的学生名额是有限的，府学学生数为60人，节镇学学生数为25—30人，州学学生数为10—15人。另一方面是对入学条件的限制，即要选择优良子弟入学，并且需要缴纳学费，可见能够进入官学学习的人数是有限的。而私学对学生的入学条件则没有限制，规模可大可小，级别可高可低，恰好可以弥补官学的不足，使更多的学子可以获得受教育的机会。因此，金朝的私学在培养人才方面发挥着重要作用，也为书籍的流通构建了一条重要渠道。

金代的私学可以说起步较早，主要是由出使金国被扣留的宋朝儒士开设的。金初许多被扣留的南宋使臣便凭借自己的学识，开设私学授徒

---

① （元）脱脱等：《金史·选举一》卷51，中华书局1975年版，第1132页。

② （金）李俊民：《重修庙学记》，阎凤梧主编：《全辽金文》，山西古籍出版社2002年版，第2604页。

以谋生。如张邵建炎三年（1129）出使金国，被扣留在金15年，"其在会宁，金人多从之学"①，"学者为之期日升僧座，鸣鼓为候，请说大义，一时听者毕至，由是生徒或有钱、米帛之馈，则赖以自给"②。朱弁在金时，"金国名王贵人多遣子弟就学"③。洪皓使金后因不肯仕金，被拘留在冷山，完颜希尹慕其才学，"使教其八子"④。南宋派遣出使金国的儒士们在金地讲学，传授儒家经典、诗词歌赋，促进了金前期书籍在私学当中的流通。

如果说金前期见于记载的私学多是由南宋留金的使臣开设的，到了中后期则多见本朝文士设学授徒。王去非，"家居教授，束修有余辄分惠人"。赵质"大定末，举进士不第，隐居燕城南，教授为业"⑤。杜时升章宗承安、泰和年间"隐居嵩、洛山中，从学者甚众"⑥。徒单镒，"明敏方正，学问该贯，一时名士皆出其门，多至卿相"⑦。"薛继先，字曼卿。南渡后，隐居洛西山中，课童子读书。"⑧

2. 私学中流通的书籍种类

私学教授内容没有严格的限制，极为宽泛。因此，在私学当中流通的书籍种类相对官学来讲就更丰富。《盛京通志》记载洪皓在金为了应对纸张的缺乏，取桦叶为纸，在上面忆写出"《论语》、《大学》、《中庸》、《孟子》传之，时谓桦叶四书"⑨。近年有学者对此记载提出质疑，认为洪皓使金时还没有"四书"之说，此"桦叶四书"的说法为后人杜撰。⑩虽然"桦叶四书"之说不可信，但鉴于当时书籍的缺乏，洪皓在金期间极有可能忆写过这四部书，并将其作为教学的课本使用，后人便附会此

---

① （元）脱脱等：《宋史·张邵传》卷373，中华书局1977年版，第11556页。

② （宋）徐梦莘：《三朝北盟会编·炎兴下帙一二二》卷222，上海古籍出版社2008年版，第1605页。

③ （元）脱脱等：《宋史·朱弁传》卷373，中华书局1977年版，第11553页。

④ （元）脱脱等：《宋史·洪皓传》卷373，中华书局1977年版，第11559页。

⑤ （元）脱脱等：《金史·赵质传》卷127，中华书局1975年版，第2749页。

⑥ （元）脱脱等：《金史·杜时升传》卷127，中华书局1975年版，第2749—2750页。

⑦ （元）脱脱等：《金史·徒单镒传》卷99，中华书局1975年版，第2191页。

⑧ （元）脱脱等：《金史·薛继先传》卷127，中华书局1975年版，第2750页。

⑨ 丁傅靖：《宋人轶事汇编》（下）卷16，中华书局2003年版，第879页。

⑩ 刘浦江：《文化的边界——两宋与辽金之间的书禁及书籍流通》，张希清等：《10—13世纪中国文化的碰撞与融合》，上海人民出版社2006年版，第145页。

事，杜撰了"桦叶四书"之说。但附会之事恰恰可以说明洪皓在私学中传授了这些儒家经典。

启蒙书籍在私学当中的流通。宋时的启蒙书籍有《千字文》《百家姓》和《三字经》，三者习称"三、百、千"，为流传最为广泛的启蒙书籍。虽不知金朝的私学中是否都有流传，但《百家姓》是一定有的。因为金时译有女真字《百家姓》，女真字译本是受汉语《百家姓》的影响而出现的，可知一定有汉语版本的《百家姓》流传在先。唐时私学发达，对教材的需求促进了童蒙课本的编纂，唐李瀚纂《蒙求》一书，并广为流传，也是金代私学中使用的主要课本，"安平李瀚撰《蒙求》二千余言，李华作序，李良荐于朝，盖在当时，已甚重之。迄今数百年之间，孩幼入学，人挟此册，少长则遂讲授之"。① 可见，在金朝私学当中，《蒙求》一书已是人手一本，足见利用程度之高。金时私学的发展也促进了童蒙教材的编撰，姑汾王渷编有《次韵蒙求》，交城吴庭俊又重编《十七史蒙求》。

进行高等教育的私学传授的是儒家经典或是某一专门的学问，如郝天挺，"太原元好问尝从学进士业"，进士考的是词赋、经义、策论，所以郝天挺向元好问传授的应是儒学。有的私学又以讲授《易经》为主，"高仲振，字正之，辽东人。博极群书，尤深《易》、《皇极经世》学"②。也有讲授律学的，"王汝梅，字大用，大名人。始由律学为伊阳簿，秩满，遂隐居不仕。性嗜书，动有礼法。生徒以法经就学者，兼授以经学"③。还有讲授通鉴之学的，元好问《陆氏通鉴详节序》称"近岁，此学（《通鉴》学）颇行河朔，武臣宿将讲说记诵，有为日课者，故时人稍稍效之"④。私学对教授内容的选择与官学相比较，要更为灵活，更易于传播新的思想与学说，亦带动相关书籍在私学当中的率先传播。如杜时升在嵩、洛山中，传授"伊洛之学"，《金史》评价："大抵以'伊洛之

---

① （金）元好问著，姚奠中主编，李正民增订：《元好问全集·序引》（增订本），山西古籍出版社2004年版，第754页。

② （元）脱脱等：《金史·隐逸传》卷127，中华书局1975年版，第2751页。

③ 同上书，第2752页。

④ （金）元好问著，姚奠中主编，李正民增订：《元好问全集·陆氏通鉴详节序》（增订本）卷36，山西古籍出版社2004年版，第749页。

学'教人自时升始。"① 表明伊洛之学首先在私学中开始传播，为伊洛之学的书籍开辟了一条快速流通渠道。

金朝的私学还包括书院教育，主要是恢复辽宋时的旧有书院，加上自建的约有 10 所，② 历史上最初的书院只是藏书与修书之所，因此拥有丰富的藏书是书院必备的条件之一，这些藏书是书院讲学的基本知识储备。金的冠山书院内即藏书万卷，讲学与藏书使每一处书院都成为一个书籍流通点。

（三）学校渠道图书流通的特点

金朝的各级官学和私学构建了一个遍布全国的图书流通网络，纵向来看，这个网络以中央为中心向纵深辐射，深入到各级行政区，直到最基层的乡村。横向来看，其以京城为中心向四周辐射，扩展到遥远的边疆地区。在这个网络中每个学校即为一个图书流通点，发挥着图书流通与传播的功能。金朝学校渠道的图书流通呈现出各地区不均衡性的特征。

各地的官学与私学构成了一个巨大的图书流通网络，在这个互相交错的网络当中，各地区学校的分布密度又有不同，有的地方密集些，有的地方则相对稀疏。金共有府、州、节镇学 67 处，地方官学的县学数量史书记载不详，但可考的大约有 33 处，③ 其中有 23 处分布于河北、河南、山西、山东等文教事业发达的地区。故学校渠道的图书流通以中原地区为主，呈现出地区间的不平衡性。

女真府、州学的分布也呈现出北多南少的特点，22 处女真府、州学，其中上京路有 6 处（会宁府、合懒路、蒲与路、胡里改路、恤品路、隆州），北京路 3 处（大定府、临潢府、泰州），东京路 3 处（辽阳府、婆速府路、盖州），咸平路 1 处（咸平府），中都路 1 处（大兴府），山东东路 1 处（益都府），山东西路 1 处（东平府），西京路 2 处（大同府、丰州），河北东路 1 处（冀州），大名府路 1 处（开州）、河南、陕西置之各 1 处，其中 13 处分布于上京路、东京路、咸平路和北京路。可以说女真语书籍的流通在东北最为兴盛，中原的流通量相对要小一些。

---

① （元）脱脱等：《金史·隐逸传》卷 127，中华书局 1975 年版，第 2750 页。
② 兰婷：《金代教育研究》，硕士学位论文，吉林大学，2008 年，第 162 页。
③ 同上书，第 60 页。

流通渠道的不均衡性是多方面因素综合作用的结果，体现了图书流通的客观规律，即文化发达的地区图书流通渠道多、规模大，文化落后的地区流通渠道少、流通规模小。反过来流通的强与弱又对文化的发展产生重要影响，流通与文化发展之间形成了一种相互促进或相互制约的关系。因此，若要提高某地的文化发展水平，必须开辟书籍的流通渠道。

三　政府的搜求与赐赠

金政府为增加官方藏书曾一度向民间征集图书，使得民间的藏书以从地方向中央聚集的独特方式进行流通。

大定二十九年（1189），章宗命刊修《辽史》，为收集资料，下令"凡民间辽时碑铭墓志及诸家文集，或记忆辽旧事，悉上送官"①。作为金朝汉化程度最深的皇帝，章宗对书籍的重视程度极高。为增加内府的藏书数量，曾两次下诏从民间收集图书，第一次是明昌五年（1194），诏购求《崇文总目》内所缺书籍，第二次是泰和元年（1201）。并给予献书者非常优厚的奖励措施，以求最大限度地获得民间藏书，"购遗书宜尚其价，以广搜访"。同时对于某些视书如宝，即使在高价之下仍不愿出卖的收藏者，则向其支付相当于书价一半的酬金以换取抄写的机会，"藏书之家有珍惜不愿送官者，官为誊写，毕复还之，仍量给其直之半"②。抄书的工作也由政府派人完成，抄写后及时归还原主。章宗的这两次图书搜求活动，从民间获得书籍的确切数量不得而知，但从其采取的措施来看，范围应是全国性的，因此数量也应较大。

朝廷的赏赐也是书籍流通的方式之一。金初所修《太祖实录》记录了女真先祖的事迹，为了使臣子不忘祖宗创业的艰辛，大定初年，世宗"以《太祖实录》赐宗宪及平章政事完颜元宜、左丞纥石烈良弼、判秘书监温王爽各一本"③。书籍在提高道德教化方面发挥着重要的作用，世宗为了达到"欲女直人知仁义道德所在"④的目的，在大定二十三年

---

① （元）脱脱等：《金史·党怀英传》卷125，中华书局1975年版，第2727页。
② （元）脱脱等：《金史·章宗三》卷11，中华书局1975年版，第257页。
③ （元）脱脱等：《金史·宗宪传》卷70，中华书局1975年版，第1616页。
④ （元）脱脱等：《金史·世宗下》卷8，中华书局1975年版，第185页。

（1183）"以女直字《孝经》千部付点检司分赐护卫亲军"①，这次赏赐又是一次女真字书籍的流通。黄河水患历来为各朝的大事与难事，金代黄河在"数十年间，或决或塞，迁徙无定。金人设官置属，以主其事"②。明昌五年（1194）"河决阳武，灌封丘而东，琪行尚书省事往治之"③。"上以宋阎士良所述《黄河利害》一帙付参知政事马琪曰：'此书所言亦有可用者，今以赐卿'。"④

四　私人间的借阅、传抄

私人间的借阅、传抄是书籍流通的方式之一。借阅、传抄与购买相比具有成本更低的优势，即使是在物质极大丰富的今天，书籍的借阅也是其流通的重要渠道之一。据《中州集》载"仲显，字伯达冀州人，国初赋学家有类书名《节事》者新出，价数十金。大家儿有得之者，辄私藏之"。数年后，伯达的母亲节衣缩食为其购得此书，为使学童们都能借阅，令伯达将书置于学舍中，并以私藏不外借为耻。⑤ 这段记载说明，对于不易购得的书籍，借阅是其流通的最主要的方式之一。

五　与周边政权间的图书交流

相对于金政权内部的图书流通来说，与周边政权的图书交流是图书流通不可或缺的组成部分。金与同时期的南宋和西夏均有图书交流，后期金的图书也向蒙古地区流通。

（一）金与南宋的图书交流

南宋是金代图书对外贸易的主要市场，金与宋之间的图书贸易占据了金代图书对外流通的主体部分，双方的图书交易主要是通过榷场贸易、

---

① （元）脱脱等：《金史·世宗下》卷8，中华书局1975年版，第184页。
② （元）脱脱等：《金史·河渠志》卷27，中华书局1975年版，第669页。
③ （元）脱脱等：《金史·马琪传》卷95，中华书局1975年版，第2118页。
④ （元）脱脱等：《金史·河渠志》卷27，中华书局1975年版，第676页。
⑤ （金）元好问著，姚奠中主编，李正民增订：《元好问全集·路冀州仲显》（增订本）卷41，山西古籍出版社2004年版，第910页。

边境走私贸易得以实现。

1. 榷场中的图书买卖

榷场是宋、辽、西夏、金时期各政权设于边境接界地区进行互市贸易的市场。图书也是双方榷场中交易的商品之一,双方的书商首先在榷场中购进书籍,再将购得的书籍拿到国内市场出售。金与南宋之间正式设立榷场是在金皇统二年(1142),金置榷场于寿、蔡、泗、唐、邓、秦、巩、洮州、凤翔府等地,宋置榷场于光州、枣阳、安丰军、花靥镇、盱眙军等地。

市场需求是影响书籍流通的最主要因素,金人所刻《宋徽宗谢表》长期销往南宋一事充分说明了这一点。据宋张端义的《贵耳集》记载:"道君北狩,在五国城,或在韩州,凡有小小凶吉丧祭节序,北房必有赐赉,一赐必要一谢表。北房集成一帙,刊在榷场中博易,四五十年,士大夫皆有之。余曾见一本,更有《李师师小传》,同行于时。"① 北宋亡后,宋徽、钦二帝被掳到金国,流放到遥远的东北边疆地区,过着阶下囚的生活。宋人对于先帝的生活状况极其关心,金的出版商捕捉到宋人这一心理,便将宋徽宗在金国的相关事宜集成《谢表》在边境出售,内容每年更新。宋徽宗(1082—1135)死后,钦宗(1100—1161)时仍有谢表,故《谢表》的刻印持续时间长达四五十年,从南宋士大夫人手一本可知其销量也是非常可观的。

金朝的医学成就高于同时期的南宋,改变了北宋墨守成规,不知变通的医风,形成了新的医学派别和医学理论,并在临床上取得了显著的成效。多位著名医学家的医学著作为宋人所青睐,成为榷场交易的主要品种。荆门守张孝忠获成无己著述,"无己之所作,自北而南,盖两集也。予以绍熙庚戌岁入都,得前十卷(《伤寒论注》十卷——笔者注)于医者王光廷家,洎守荆门,又于襄阳访后四卷(《明理论》,笔者注)得之",并于彬山刊印此书,即《伤寒明理论》一书。② 襄阳为金与南宋间一处重要的榷场所在地,故此书应是从榷场传入南宋的。又有金刻的

---

① (宋)张端义:《贵耳集》卷下,中华书局1985年版,第45页。
② (金)张孝忠:《伤寒明理论序》,中华书局1985年版。

《风科集验名方》，南宋"虚白处士赵公获是书于荆湖间"。① 朱熹曾通过北方互市获得过司马光《潜虚》的金刻本。

金人的文学作品在南宋也有市场，如毛麾"平阳府人，有《平水老人诗集》十卷行于虏境。榷商或携至中国，余偶得一帙，可观者颇多"②。在宋藏书家目录中著录的金人著作有蔡松年《萧闲集》、吴激《东山集》，《萧闲老人明秀集》的金本甚至流传到了今天，《东山集》也在金代行于世。此二人本是北宋人，后入金，南宋人对其作品很感兴趣，所以其印本流入南宋市场正是迎合市场需要的结果。

金朝的官制也可能通过榷场流入南宋。洪皓《金国文具录》记录了金初创制的官制、禄格、封荫、谥讳等制度，在归宋时其他可能涉及金国机密的书籍都焚烧了，只有此书带回了南宋。洪皓《跋金国文具录札子》记载："臣拘縶绝域十有五年，凡所见闻，亦尝记录。比闻孟庾南还，发篋得其状稿，几沮归计，应有书籍，悉被留。臣之所编，若紧切者惩艾焚毁，独存此书。"③ 这就说明书中所记有关官制等内容的书籍是允许对外流通的，不在限禁之列。金的这一类书籍流入南宋的并不少，南宋人见到了这些金代的官制、律法，并录入藏书目录，如宋《遂初堂书目》职官类录有《金国大定官制》④，《宋史·艺文志》职官类有《金国明昌官制新格》⑤。

2. 边境的图书走私贸易

与榷场上图书买卖相对的是民间的书籍走私。政府通过榷场来控制边境地区的贸易，在榷场中进行交易的商品是受到严格限制的。当图书传播的信息对各政权统治可能带来不利影响的时候，便会被禁止流通。榷场贸易中允许出售图书，但凡有关国家军政的书籍都是被严格禁止的。因此，这些违禁书籍便通过走私的方式输出。

辽与两宋都有限制书籍输出的禁令。南宋体现得最为明显，限制书籍输出的禁令比较多，据《宋会要辑稿》载，政府为限制某些书籍的雕

① （元）阎复：《静轩集·风科集验名方序》，缪荃孙：《藕香零拾》（影印本），中华书局1999年版，第376页。

② （宋）赵与时：《宾退录》卷2，中华书局1985年版，第18页。

③ 李澍田：《金史辑佚》，吉林文史出版社1990年版，第219页。

④ （南宋）尤袤撰：《遂初堂书目》，中华书局1985年版，第12页。

⑤ （元）脱脱等：《宋史·艺文二》卷203，中华书局1977年版，第5108页。

印、传播而三令五申。嘉定六年（1213）十月二十八日，"臣僚言：'国朝令甲，雕印言时政边机文书者皆有罪。近日书肆有《北征谠议》《治安药石》等书，乃龚日章、华岳投进。书札所言，间涉边机，乃笔之书，锓之木，鬻之市，泄之外夷。事若甚微，所关甚大。乞行下禁止，取私雕龚日章、华岳文字尽行毁板，其有已印卖者，责书坊日下缴纳，当官毁坏。'从之"①。

　　金初书禁较严，对于南宋的归正人所携带的物品均进行检查，严格防止有关金国军政机密的书籍外流。如孟庾归宋时"应有书籍，悉被夺留"，从这条记载来看，孟庾没能将任何书籍带回南宋。洪皓听说此事后便将自己所写书中事涉机密的文字销毁，"若紧切者，惩艾焚毁"②。这是金初的情形，中后期的情况则不见史料记载，但从各政权的对立关系来看，书籍的禁令应该还是存在的，只是程度上可能有所减轻。

　　在宋人赵与时《宾退录》中曾提到金朝的《士民须知》一书："近岁金虏为鞑靼所攻，自燕奔汴。有《南迁录》一编盛行于时，其实伪也。卷首题'通直郎秘书省著作郎骑都尉赐绯张师颜编'。虏之官制，具于《士民须知》，独无'通直'一阶，其伪一也。"③《士民须知》为金的律书，见于《金史·百官志》，"御史台，登闻检院隶焉。见《士民须知》。《总格》、《泰和令》皆不载"④。武器署直长一职，"见《士民须知》，《泰和令》无"⑤。另外，南宋人所著的《遂初堂书目》刑法类中有《金国须知》⑥，估计与《士民须知》是同一本书。可见，南宋人见过《士民须知》一书，并引用其中的记载来证明《南迁录》为伪书。据此可断定这部金的制书也已经传到南宋。但因其事关金朝法律，极有可能是通过走私途径销往南宋的。

　　《遂初堂书目》还录有《金国世系》《女真实录》⑦《金国刑统》⑧，

---

　　① （清）徐松：《宋会要辑稿·刑法二之一三八》（第166册），中华书局1957年版，第6564页。

　　② 李澍田：《金史辑佚》，吉林文史出版社1990年版，第219页。

　　③ （宋）赵与时：《宾退录》卷3，中华书局1985年版，第38页。

　　④ （元）脱脱等：《金史·百官一》卷55，中华书局1975年版，第1242页。

　　⑤ （元）脱脱等：《金史·百官二》卷56，中华书局1975年版，第1257页。

　　⑥ （南宋）尤袤撰：《遂初堂书目》，中华书局1985年版，第13页。

　　⑦ 同上书，第16页。

　　⑧ 同上书，第13页。

《三朝北盟会编》中载有《太祖本纪》数语，这些书也都事关机密，估计通过走私渠道流传到南宋的可能性比较大。

3. 移民、使臣的携带

对立的金宋政权间常有移民往来，双方之间还常互派使臣，这种政权之间人口的流动，必然会带来书籍的交流。移民往往通过自身的携带实现了一部分书籍的对外流动。如洪皓"有书万余卷，名画数百卷，皆厄兵烬。居穷绝域，复访求稇载以归"①，是说洪皓在金收集原在兵火中散失的各种图书，后均带回南宋。金宋间出于政治交往的需要，遇有节日和重要事件都要互派使者，称为交聘。这些使者出使时常携带部分商品与对方交换，其中也应有图书文籍。有的是将对方国内出版的图书带回国内，有的是带本国图书通过交易输入对方市场。实现图书在各政权之间的相互流通。

有一些书籍，已知是从金流入南宋，但因史料记载的缺乏，尚不明其具体是何种渠道，现暂归入此类。如《释书品次录》记载："唐僧从梵集，末有大定丁未黎阳张羣跋，称大定丁未，盖房中版本也。"②所谓房中版本即指金人的刻本，可知《唐僧从梵集》为大定时刊本，后传入南宋。

南宋私纂《靖康稗史》中的很多资料来自金人的著作。宋人确庵《靖康稗史》共收《开封府状》《南征录汇》《宋俘记》《青宫译语》《呻吟语》等宋金人著述……达15种。宋人耐庵在序言中指出："《开封府状》、《南征录汇》、《宋俘记》、《青宫译语》、《呻吟语》各一卷，封题'《同愤录》下帙，甲申重午确庵订'十二字，藏临安顾氏已三世。""所采皆房中书，绝笔于梓宫南返，当是奉迎诸老手笔。"③《靖康稗史》所记录的是靖康年间金宋战争前后的历史事实，书中所采用的《南征录汇》为金李天民辑，《宋俘记》为金可恭撰，《青宫译语》为金王成棣撰。

---

① （宋）洪适：《盘洲文集·行状一·先君述》卷74，《宋集珍本丛刊》（第45册），线装书局2004年版，第492页。

② （宋）陈振孙：《直斋书录解题》卷12，上海古籍出版社1987年版，第358页。

③ （宋）确庵、耐庵编：《靖康稗史笺证·重印弁言》，中华书局2010年版，第2页。

（二）金与西夏、蒙古间的图书交流

金与地处西北的西夏政权也有图书贸易往来，贞元二年（1154）九月，"夏使谢恩，且请市儒、释书"①，即西夏使臣向金廷申请购买儒学与佛教书籍。除了官方记载金夏间的图书交易外，还可从考古实物中获得金向西夏输出图书的信息。如西夏黑水城遗址（现为内蒙古自治区额济纳旗黑城镇）出土的大批文献中，有一部分即为金代出版物。据《俄藏黑水城文献》汉文部分记载，金传入西夏的书籍有：《南华真经》《摩诃般若波罗密多心经注》《佛说三十五佛名经》《大方广佛华严经梵行品》《大方广圆觉修多罗了义经略疏》《孙真人千金方》《六壬课秘决》《辰龙麝保命丹》《新雕文酒清话》《礼记注释》《汉书陈咸传》《刘知远诸宫调》以及版画《随朝窈窕呈倾国之芳容》和《义勇武安王》。这些图书包括佛经、医书、史书、诸宫调脚本及木版年画，可谓种类丰富。甚至还有写本的传入，如伪齐写本《阜昌三年秦凤路第七将权会州冯发遣状》《大金国陕西路某告冥司许欠往生钱折看经品目牒》11 余幅。②

金还有图书流向蒙古。金后期蒙古崛起于北方草原，逐步脱离了金的统治，金蒙战争期间，也有书籍流入蒙古统治区，构成了金朝出版物流通的另一个途径。金兴定三年（1219）成吉思汗召丘处机赴中亚大雪山传授长生之术，此次西行，丘处机带去了部分金朝的书籍，"盖长春（丘处机）有瑞鹤图卷，燕京士大夫皆有题咏，后携至西域，故文正（耶律楚材）见之"③。燕京士人托丘处机带诗给耶律楚材，"盖长春西行时，燕京士大夫多托其致书于湛然（耶律楚材）"④。蒙古占领金的领地后，除掠夺财物外，也大量索取图书文籍，"开兴元年（1232）三月，大元遣使自郑州来谕降，使者立出国书以授译史，译史以授宰相，宰相跪进，上起立受之，以付有司。书索翰林学士赵秉文、衍圣公孔元措等二十七家"⑤。可知金著名文人著作通过此次官方索取而流入蒙古。

① （元）脱脱等：《金史·交聘表上》卷 60，中华书局 1975 年版，第 1408 页。
② 俄罗斯科学院东方研究所圣彼得堡分所、中国社会科学院民族研究所、上海古籍出版社：《俄藏黑水城文献》卷 5，上海古籍出版社 1998 年版，第 332—337 页。
③ 王国维：《王国维遗书·长春真人西游记校注》，上海书店 1983 年版，第 13 页。
④ 同上书，第 16 页。
⑤ （元）脱脱等：《金史·哀宗上》卷 17，中华书局 1975 年版，第 386 页。

第二节　金代图书的收藏

"藏书的出现是图书流通的一种标志，藏书的体制和规模是衡量图书流通程度的一个重要尺度。"① 通过前面的论述我们知道，金代的图书出版获得了长足的发展，图书的品种也极为丰富。不仅在国内市场销售，还远销到境外。金代图书的广泛流通，为图书典藏的发展提供了可能。图书收藏逐渐成为一种社会风气，反过来又再次刺激图书流通的发展。

一　图书收藏

1. 官方藏书

金于天会三年（1125）灭辽，天会五年（1127）灭宋，将辽政府藏书、北宋的三馆秘阁及民间藏书运回女真内地与燕京，奠定了金代官方藏书的基础。金在中央建立有书籍的收藏与管理机构，负责图书典籍的校勘整理，为图书的出版服务。

（1）中央官府藏书

关于金朝中央官方的藏书情况，元人张翥《题李早女真三马扇头》中有所表述，其言："金源六叶全盛年，明昌正似宣和前。宝书玉轴充内府，时以李早当龙眠。想当画院供奉日，饱阅天闲万奇骨。"② 这首题诗描述的是章宗时期金朝文化及图书出版极为兴盛的情形，内府收藏的图书与宝物之繁盛，可与北宋灭亡前的盛况相比。金初中央官府藏书来自于对辽与北宋内府藏书的搜集，随着本朝图书出版事业的发展，金朝社会的图书数量不断增多，金章宗朝为增加国家藏书实施了全国范围内的图书搜求活动。为了提高这次图书搜求的效果，金朝廷提供了较为有利的政策，给予献书者一定的报酬，鼓励民间藏书者向朝廷献出自家的收藏，再一次丰富了国家藏书的种类与数量。

---

① 李瑞良：《中国古代图书流通史》，上海人民出版社 2000 年版，第 98 页。

② 张翥：《蜕庵集·题李早女真三马扇头》，（清）顾嗣立：《元诗选》（初集），中华书局 1987 年版，第 1341 页。

随着金朝各种官僚机构的建立，中央官府的图书收藏体系日益完善，也设立了各种藏书管理机构。

金初将从辽、宋得来的图书典籍建稽古殿以藏之，"朝殿，天眷元年（1138）建，殿曰敷德，门曰延光，寝殿曰宵衣，书殿曰稽古"①。可知熙宗时建稽古殿收藏图书典籍，并加以利用，考察书中所载古代史事，辨明是非，总结经验规律以资利用。

秘书监为历代藏书机构，专门负责经籍图书的收藏、校勘与编修。金秘书监设秘书郎通掌经籍图书，校书郎专掌校勘在监文籍。

国史院，作为修编前朝与本朝史的机构，必然拥有大量藏书，以备修史之用。史馆中不仅藏有历代史书，还藏有当代人所撰写的，有资于修史的一切书籍。"司天提点张正之写灾异十六条，张承旨家手本载旧事五条，金礼部尚书杨云翼日录四十条，陈老日录三十条，藏在史馆。"②"宣宗南播……图籍散逸既莫可寻，而其宰相韩企先等之所论列，礼官张晰与其子行简所私著《自公纪》，亦亡其传。故书之存，仅《集礼》若干卷，其藏史馆者又残缺弗完，姑掇其郊社宗庙诸神祀、朝觐会同等仪而为书，若夫凶礼则略焉。"③

另外，大定年间设立的译经所、明昌年间设立的弘文院等都有专门收藏图书的场所，其他如蓬莱院、贲文馆、集贤院也收藏图书，并设专员管理。这些机构不仅收藏大量汉文典籍，而且也收藏有契丹文、女真文等书籍。

有金一代中央官府具体收藏了多少典籍不得而知，但从宣宗迁汴时图书典籍的运输情况可以窥见一斑。宣宗于贞祐二年（1214）五月迁汴，图籍、重宝委弃之余，南迁南京者，秘书省、蓬莱院、贲文馆书籍计用三万车，犀玉、玛瑙等器计用骆驼三千头。汴京吏民指所载车叹曰："恰去九十年，谁知又归在此耶？"④可见金代中央官府藏书与文物之富。

（2）学校藏书

金朝的各级官学中都有数量不等的藏书，以备教学之用。"躬教诸子

---

① （元）脱脱等：《金史·地理上》卷24，中华书局1975年版，第550页。
② （元）脱脱等：《金史·卫绍王传》卷13，中华书局1975年版，第298页。
③ （元）脱脱等：《金史·礼一》卷28，中华书局1975年版，第692页。
④ （明）杨循吉撰：《金小史》卷8，《辽海丛书本》，辽沈书社1985年版，第36页。

学，不听外出，每患经史不备，妨于指授。"① 说明学校内藏书的多寡对于教学具有重要影响。

学校藏书首推国子监。国子监为国家最高学府，下设国子学、太学。同时国子监还负责校勘与刊刻书籍，藏有大量的图书。 "承安四年（1199）二月，诏建太学于京城之南，总为屋七十有五区。西序置古今文籍、秘省新所赐书。"② 金于大定六年（1166）始置太学，此次所说的诏建太学，为当时学校改址重建，新建学舍中有一部分屋舍专为收藏古今图书，其中包括秘书省的赐书，这也证明金秘书省是重要的藏书之所，适当的时候将藏书赐予官学使用。

地方府学也多有大量藏书，以供生员习学。如太原府学"讲学谈经，既有堂与斋矣；储粟藏书，既有库矣；饮食有庖，祭祀有器。秀茂之士，其至如归"。③ 某郡学重建后，"购求多方，私家所藏，麾下将佐及趋走吏所得，莫不出之。又于东莱宋披云处获《三洞秘书》，兼收并蓄，几万余卷"④。路冀州仲显字伯达，其母为其购得《节事》一书，告诫伯达"此书当置学舍中，必使同业者皆得观"⑤。说明学校中有藏书之处，供学生借阅。

山东曲阜素来文化教育发达，庙学藏书必定不在少数。"庙有层阁，以备庋书。"⑥ "殿宇翚飞，石经堵立。斋厨廊芜，焕然一新。济济乎，洋洋乎，聚秀异而诲焉。《易》以经之，《礼》以纬之，《诗》、《书》以成之，《春秋》以断之。标准《语》、《孟》，鼓吹《韩》、《柳》，博采于历代史氏，日渐月滋，作为文章，华国藩身，厥迹茂矣。"⑦ 肥乡县庙学，

---

① （金）元好问著，姚奠中主编，李正民增订：《元好问全集·顺安县令赵公墓碑》（增订本）卷20，山西古籍出版社2004年版，第458页。

② （宋）宇文懋昭撰，崔文印校证：《大金国志校证·章宗皇帝中》卷20，中华书局1986年版，第275页。

③ 赵沨·《太原府学文庙碑》，（清）张金吾：《金文最》卷76，中华书局1990年版，第1107页。

④ 李俊民：《泽州重修庙学碑》，（清）张金吾：《金文最》卷83，中华书局1990年版，第1223页。

⑤ （金）元好问著，姚奠中主编，李正民增订：《元好问全集·路冀州仲显》（增订本）卷41，山西古籍出版社2004年版，第910页。

⑥ 党怀英：《曲阜重修至圣文宣王庙碑》，（清）张金吾：《金文最》，第1026页。

⑦ 刘渭：《重修府学教养碑》，（清）张金吾：《金文最》卷82，中华书局1990年版，第1194页。

"讲经有堂，肄业有斋，贮书有库，修膳有厨，壮伟闳敞，焕然一新"①。可知庙学多建有藏书之所，藏有经、史、文集等书籍。

2. 私人藏书

随着文化教育事业的发展，士人学子数量增多，这也使私人藏书群体不断壮大。

金初有一部分由宋入金的学者，携带大量的书籍来到金朝，构成金最早的私人藏书群体。宋官员宇文虚中（1079—1146），宁叔通，成都华阳（今属四川）人，曾任中书舍人、国史编修官、资政殿大学士等职。建炎二年（1128）出使金被扣，被金主封为翰林学士知制诰，仕至礼部尚书。皇统六年（1146）因与金贵族不和，被诬谋反，"唐括酬斡家奴杜天佛留告虚中谋反，诏有司鞫治无状，乃罗织虚中家图书为反具，虚中曰：'死自吾分。至于图籍，南来士大夫家家有之，高士谈图书尤多于我家，岂亦反耶。'"② 这条记载说明入金的北宋士大夫家均有藏书，其中高士谈家中藏书比宇文虚中的藏书还多，构成了金初重要的藏书群体。

女真人中有一部分人也对书籍特别的痴迷，对书籍的重视超过物质财物富。著名将领完颜勖为"穆宗第五子。好学问，国人呼为秀才"。在金兵攻占汴京（开封）后，主帅宗翰问勖想要什么？完颜勖回答"惟好书耳"③，载数车而还。这段记录反映金朝贵族对汉族文化的渴求，同时也反映了在战争的大背景下，女真族与汉族文化的交融亦势在必行。

可见，金初能够藏书的还是具备特殊条件的人群，书籍的获得在金初大部分还只是来源于从辽宋的掠夺。藏书阶层只限于统治阶级上层，一般的士人还没有条件藏书。

随着出版的发展，刻印流通的书籍数量增多，书籍的获得越来越容易，藏书者也逐渐增多，藏书卷数从千卷到万卷不等。

金上京、东京、南京、西京及各地都有大批的学问家，藏书亦是他们做学问的基础。如许昌范季霑（范仲淹四世孙，金初入金）聚书三万卷。顺天贾候万卷楼藏书数万卷，后效蔡中郎畀书王粲故事，悉以赠郝

---

① 庞云：《肥乡县创建文宣王庙碑》，（清）张金吾：《金文最》卷79，中华书局1990年版，第1149页。

② （元）脱脱等：《金史·宇文虚中传》卷79，中华书局1975年版，第1792页。

③ （元）脱脱等：《金史·完颜勖传》卷66，中华书局1975年版，第1557页。

经。宁知微迁居淮阳，积书万卷以行。①

金代比较著名的私人藏书家有：完颜璹（1172—1232），为金世宗之孙，博学有俊才，擅绘画，工书法，尤喜读书，曾读《资治通鉴》三十余遍。其藏书楼为"樗轩"，所藏法书名画几与秘府相等。宣宗南迁时，"乃尽载其家法书名画，一帙不遗。居汴中，家人口多，俸入少，客至，贫不能具酒肴，蔬饭共食，焚香煮茗，尽出藏书"。②

元好问（1190—1257），字裕之，号遗山，秀容（今山西忻县）人，是金末有名的藏书家。为当时文坛盟主。在《故物谱》中说道："予家所藏，书，宋元祐以前物也。""贞祐丙子（1216）之兵，藏书壁间，得存。兵退，予将奉先夫人南渡河，举而付之太原亲旧家。自余杂书及先人手写《春秋》三史、《庄子》、《文选》之等，尚千余册，并画百轴，载二鹿车自随。三砚则瘞之郑村别墅。是岁寓居三乡。其十月，北兵破潼关，避于女几之三潭。比下山，则焚荡之余，盖无几矣。今此数物，多予南州所得，或向时之遗也。住在乡里，常侍诸父及两兄燕谈。每及家所有书，则必枚举而问之。如曰某书买于某处，所传之何人，藏之者几何年，则欣然志之。今虽散亡，其缀缉装褙、签题印识、犹梦寐见之。"③元好问家藏书之富，并多为宋元祐以前的佳刻，凡所收藏的图书必记购书地点、所传何人、收藏时间等。贞祐蒙古南侵，因藏于墙壁间得以保存，后来奉先人南渡，大部分归于太原的亲戚朋友之家，带走的大约一千多册，所带走的这些书籍最终也因战乱颠沛流离而几乎散失殆尽。清人叶昌炽《藏书纪事诗》中为元好问作诗："女几三潭忆避兵，遗簪败屦不胜情。金源文献空山在，野史亭前夜哭声。"④表示对元氏藏书因战乱最终散失的悲悼。

刘祖谦（？—1232），字光甫，安邑（今山西运城）人。历官监察御史、右司都事除武胜军节度使、翰林修撰等职。家富藏书，尤多珍善本

---

①　张秀民著，韩琦增订：《中国印刷史》，浙江古籍出版社 2006 年版，第 188 页。

②　（元）脱脱等：《金史·世宗诸子》卷 85，中华书局 1975 年版，第 1905 页。

③　（金）元好问著，姚奠中主编，李正民增订：《元好问全集·故物谱》（增订本）卷 39，山西古籍出版社 2004 年版，第 823 页。

④　（清）叶昌炽著，王欣夫补正，徐鹏辑：《藏书纪事诗》，上海古籍出版社 1989 年版，第 78 页。

和金石遗文，常以善鉴裁书画自名。①

胡景崧（1155—1223），"字彦高，姓胡氏，其先威州人，曾祖智，避靖康之乱，迁武安，遂占籍焉。祖益，家累巨万，其父课之读书，涉猎经史，工于书翰，轻财好施，不责报偿。……正隆南征，以良家子从军，载国子监书以归，因之起万卷堂"②。这段文字说明胡景崧于家中读书，遍览经史，可知其家早已经富于藏书，后来其随海陵南征，运回大量书籍，因此建起藏书之所"万卷堂"。有人质疑，其万卷堂的藏书是否来源于南宋的国子监，因为海陵南征并未渡河，何以得国子监书。这一质疑不无道理，从景崧家原有状况来分析，其家在其南征之前，早已有了丰富的藏书。首先，胡家家资富有，购书藏书有经济条件。其次，其父可以在家教其读书，说明其父也是具备相当高的学术素养，所建万卷堂之前必已有相当丰富的藏书，当然也不排除其中的部分藏书来自于南征时所获，但不等于万卷堂中的藏书都是来源于南宋国子监。

漆水郡夫人耶律氏从小就是一个好学之人，受过良好的文化教育，家中拥有大量的藏书。"夫人少好学问，钅□典教，藏书万卷"。对于上万卷的图书的收藏，采用"部居分别"，按部类分别收藏，使之"各有伦次"，便于翻阅与整理。"每早起□□□诵佛经，日旰方食。已而，杂阅诸书，涉猎传 记 。或时评议古今得失，切当事理，闻者叹息，玩□□□，得所趣入"。③

河东文物之盛由来已久，民风尚学，私人藏书之风亦盛。观州倅武伯英，崞县人。据元好问记载，其"家故饶财，第宅园亭为河东之冠，贮书有万卷楼"，"吾乡衣冠家，法书名画及藏书之多，亦有伯英相上下者"，④ 可知武伯英为藏书万卷的藏书家，在元好问的家乡与其藏书数量相当的不乏其人，足见当地藏书之盛。

---

① （金）元好问著，姚奠中主编，李正民增订：《元好问全集·刘祖谦小传》（增订本）卷41，山西古籍出版社 2004 年版，第 876 页。

② 元好问：《朝散大夫同知东平府事胡公神道碑》，（清）张金吾：《金文最》卷 93，中华书局 1990 年版，第 1356 页。

③ 刘长言：《大金漆水郡夫人耶律氏墓志铭》，王新英：《金代石刻辑校》，吉林人民出版社 2009 年版，第 149 页。

④ （金）元好问著，姚奠中主编，李正民增订：《元好问全集·云岩并序》（增订本）卷4，山西古籍出版社 2004 年版，第 81 页。

大名府南乐县"文士李夏卿家，文籍甚富"，县学中藏书不足妨碍学生学习，有人建议县簿从其家"假借用之，宜无不从"①。商衡历任尚书省令史、监察御史等职，"性嗜学，藏书数千卷，古今金石遗文，人所不能致者往往有之"②。张行简，"老犹笃学，手不释卷，儿时所诵，终身不忘。家多藏书，部里完洁，蝇头细字，往往手自抄写，观者已倦，而公终日伏纸挥翰而已"③。王术所作《题吴莘老万卷堂》："好收书史贮新堂，岂羡珠玑夸润屋。文字本为子孙藏，子孙能勤文字熟。撑肠各有五千卷，插架更盈一万轴。"④

从以上叙述可知，金代的私人藏书群体庞大，藏书量也是少则几千卷，多则几万卷。

3. 寺院藏书

佛经是僧人研读佛法、修行的必备之物。佛寺的藏经构成了金代藏书体系中的重要一部分。金代佛教盛行，佛寺建筑遍布各地，并都有自己的藏经之所。

天会二年（1124）创建的（应县）净土寺设藏经楼、阁等。天眷三年（1140）重建的华严寺的薄伽教藏殿，共有藏经柜38间，收藏经卷不少。贞元初年在宝坻大觉寺"建内经一藏，漆函金饰，工制瑰玮"⑤。金初宜州厅峪道院的《辽藏》为火所焚，皇统八年（1148）郡人马祐与颜寿集千人立为一社，"募钱易经，鸠工构藏，随其卷帖，贮以柜匣"。⑥世宗时建于东京（今辽阳）的垂庆寺，因是世宗母所建，耗内府之资三十余万，寺内有丰富的藏经。兴建于金大定二十六年（1186）的大永安寺，

①　（金）元好问著，姚奠中主编，李正民增订：《元好问全集·顺安县令赵公墓碑》（增订本）卷20，山西古籍出版社2004年版，第458页。

②　（金）元好问著，姚奠中主编，李正民增订：《元好问全集·商平叔墓铭》（增订本）卷21，山西古籍出版社2004年版，第484页。

③　黄久约：《朝散大夫镇西军节度副使张公神道碑》，（清）张金吾：《金文最》卷86，中华书局1990年版，第1256页。

④　王术：《题吴莘老万卷堂》，薛瑞兆、郭明志：《全金诗》（第4册），南开大学出版社1995年版，第593页。

⑤　张瓒：《大觉寺记》，（清）张金吾：《金文最》卷22，中华书局1990年版，第304页。

⑥　徐卓：《宜州厅峪道院复建藏经千人邑碑》，（清）张金吾：《金文最》卷66，中华书局1990年版，第955页。

寺成时，世宗亲自到寺，赐名给田二千亩，栗七千株，钱二万贯，[①] 其藏书之丰亦有盛名。

山西赵城县东南四十里的广胜寺，收藏有崔法珍等人募刻的《大藏经》7000 余卷。济州普照寺智照和尚听说京师弘法寺有藏经版，特地从山东赶去该寺，用钱二百多万，印造两部藏经以归。一部是黄卷赤轴的卷子本，归藏宝轮藏，一部是摺叠的梵册本，漆版金字，藏在壁藏。[②] 古代藏经阁有两种型制，一为转轮经藏，一为壁藏。转轮藏是于经棚中设置机轴，"下边承以铁轴托，可以旋转，故称转轮经藏。平面多八角形，有基座、柱身、斗拱、飞檐等等，均为木雕"[③]，专门为没有时间阅读全藏，而又欲通过阅读藏经，求得福报的人设计的"转经"装置，推其转轮旋转一匝就可表示阅藏一遍。壁藏是专为批阅经藏之人所制。普照寺印刷的这两部大藏经便以一部为转轮藏，一部为壁藏的形式收藏。

五台山是著名佛教圣地，亦拥有丰富的藏经。永安、福昌二处佛寺多有藏经，供修行僧人阅览。如金烛和尚曾"寄锡长安，往来永安、福昌二刹，遍阅藏经"[④]，说明此处藏经丰富，富有名气，吸引了外地的僧人前来阅读。

《析津志辑佚》载报恩寺"别构后殿，大藏经龛置四傍"[⑤]。"又施大藏经五百函，师每焚香批览。"[⑥]

另外比较有名的寺院如大万安寺、报国寺、顺天寺、十方普益寺、灵泉寺、大万寿寺（今潭柘寺）、戒台寺等均有数量不等的藏经。

4. 道观藏书

金代道教也极为盛行，特别是全真教，信徒众多，遍布各个阶层。信众数量庞大自然带来道教书籍需求量的增长。道观为了满足信徒修行

① （元）脱脱等：《金史·世宗下》卷 8，中华书局 1975 年版，第 192 页。

② 赵沨：《济州普照禅寺照公禅师塔铭》，（清）张金吾：《金文最》卷 111，中华书局 1990 年版，第 1593 页。

③ 北京市文物研究所：《中国古代建筑辞典》，中国书店 1992 年版，第 150 页。

④ 《金烛和尚焚身感应之碑》，王新英：《金代石刻辑校》，吉林人民出版社 2009 年版，第 96 页。

⑤ （元）熊梦祥著，北京图书馆善本组辑：《析津志辑佚》，北京古籍出版社 1983 年版，第 70 页。

⑥ 《义井寺崇远塔铭》，国家图书馆善本金石组编：《辽金元石刻文献全编》，北京图书馆出版社 2003 年版，第 28 页。

的需要，不仅零星刊刻收藏《七真要训》《重阳全真集》《水云集》《磻溪集》《周易参同契简要释义》等单本道教书籍，而且也往往收藏有好几部《道藏经》。

关于金代道观藏书，文献中的记载颇多。在海陵天德年间，老子故乡亳县在重修太清宫时，自印道经收藏入本观。故金亳州太清宫所庋道藏，当仍为宋政和《道藏》。① 这表明太清宫重修之时自刻经书充实院内藏经。世宗召见丘处机的同年，下诏以《南京道藏经》版付天长观。天长观旧贮藏经，缺而未完，以藏于飞玄阁之藏经，与玉虚观藏经对调。提点观事孙明道又分遣黄冠，修成《大金玄都宝藏》藏于天长观。泰和七年（1207），金章宗元纪施道经二藏，一送丘处机所居的栖霞太虚观，一送王处一所居的圣水玉虚观。本书在金代刻书一章中的道观刻书部分谈到许多刻书的实例，道观所刻之书也一定在观内收藏，所以从刻书的情况也可以窥见金代道观藏书的情形。

二　图书典藏的发展对图书流通的促进

1. 藏书观的进步拓展了图书流通渠道

旧的藏书观念主要表现为书藏而不借，秘不示人，使得图书不能流通，清张金吾反对藏书不流通的做法，并加以批驳。他说："书贵通假，不通假，则局鳊固而传本绝。使是书由我而绝，我之罪更甚。"② 作者以流传古书为己任，认为流传古书正是为了珍爱古书，若书不流传导致亡佚，乃是犯罪。其实这种藏书观早在金代就已经产生了。

金代的平阳是当时北方刻书中心，也是私家藏书最为发达地区，那里的人们"家置书楼，人畜文库"，还出现了众人出资创办的公共藏书楼"赎书楼"。最为典型的代表金代藏书观进步的是《金文最》卷二十八载孔天监《藏书记》中的一段记载："河东之列郡十二，而平阳为之帅。平阳之司县十一，而洪洞为之剧。按春秋时所谓扬侯国者，汉为扬县。隋义宁元年改曰洪洞，取县北镇名也。唐宋因之。东接景霍，西临长汾，

---

① 陈国符：《道藏源流考》（上册），中华书局1963年版，第157页。

② （清）叶昌炽著，王欣夫补正，徐鹏辑：《藏书纪事诗》，上海古籍出版社1989年版，第626页。

南瞰大涧，邑居之繁庶，土野之沃衍，雄冠他邑。其俗好学尚义，勇于
为善。每三岁大比，秀选辈出，取数居多。故程能西府，则老郑为之魁。
较艺上都，则二郭取其乙。祖庆以妙龄驰誉，居善以老成擢试。济济蔼
蔼，前后相望。吾见其进，未见其止也。虽家置书楼，人蓄文库，尚虑
夫草莱贫乏之士，有志而无书，或未免借观手录之勤。不足于采览，无
以尽发后生之才分。吾友承庆先辈，奋为倡首，以购书自任。邑中之豪，
从而和之。欢喜施舍，各出金钱。于是得为经之书有若干、史之书有若
干、诸子之书有若干，以至类书字学。凡系于文运者，粲然毕备。噫！
是举也，不但便于己，盖以便于众；不特用于今，亦将传于后也。顾不
伟哉！将见濡沫涸辙者，游泳于西江之水；糊口四方者，厌饫乎太仓之
粟，书林学海，览华实而探源流，给其无穷之取，而能读其所未见之书，
各足其才分之所当得，莫不推本于此。则房山之藏，不得专美于李氏，
阅市之区区，无劳于汉人也。是以义风，率先他邑，使视而仿之，慕而
效之，一变而至于齐鲁，蔚然礼义之乡，其为善利，岂易量哉！承庆同
舍友也，累书索仆为记。仆寓官乡里，人事衮衮，不惟不敏，盖亦不暇，
然勉强为之者，兹不朽之善事，亦冀得一托名于其上也。"① 孔天监其人
不可考，但据同卷宗孔氏所撰《襄陵县创修庙学记》末署"泰和九年
（1209）重午日"，可知《藏书记》写作时间也应在泰和左右，时处金大
定前后鼎盛之期。洪洞紧傍临汾，"家置书楼，人蓄文库"正是这种迹象
的侧面写照。

　　洪洞县经济富庶，民风好学，加上其地处刻书中心平阳，图书的获
取更为便利，所以藏书盛况空前。但仍有家庭贫困之人有志于读书却无
力购书，只能通过借阅来满足读书的需求。鉴于此，有人倡导构建藏书
之所以供人读书，其中经、史、诸子、类书、字书，所有与文教有关的
书籍全部具备。其目的在于利用这些藏书建立一个类似于今图书馆的公
共藏书楼，并且这一做法不仅是要使书籍在当时发挥作用，还要将其发
扬下去，使之传于后世。藏书的目的不是束之高阁，而是促使其在更多
的读者当中流通，以实现书籍传播知识的本质作用。这是一种进步的藏
书观，在当时具有开创性意义。是对社会上旧有保守的藏书之风的一个

---

① 孔天监：《藏书记》，（清）张金吾：《金文最》卷 28，中华书局 1990 年版，第 385—
386 页。

冲击，动摇着人们原有的藏书观念，也在改变着人们的行为。图书流通突破了以前的买卖，私人间的借阅、传抄等常见方式。公共藏书楼的建立，开启了公共借阅之风，实际上是借阅式图书流通方式的升级。

这种进步的藏书观念的形成与实践，是金代藏书与流通对中国出版的重要贡献，对于图书收藏与流通理论的发展具有重要的示范作用。宋代也有人提出藏书要使其流通的思想，但只是限于私人藏书与私人间的流通，其范围与数量还很狭窄。而金代公共藏书楼的建立对这一观念的发展具有突破性意义，其作用的发挥惠及更广泛的人群，影响之大是个人的单独行为所无法比拟的。

2. 藏书风气的高涨加速了图书流通的步伐

从以上的论述可以看出金代官方对图书收藏的重视，私人藏书之风的盛行。寺院、道观以藏书为要务之一，均带动、刺激着图书流通的发展，而图书流通的发达反过来又为藏书的兴盛提供了条件。

藏书需求的增长对图书交易具有较大的促进作用，藏书风气的高涨刺激人们对书籍的购买欲望，有一段文字描述了人们这种购书的热情："水漫城根欲断时，不见向来佻达子，尽为市上买书儿。"[①] 人们热爱藏书，不惜节衣缩食，甚至倾其所有购书、藏书。如许国，"少擢第，有能名。性闲澹，不锐仕进。居卢氏西山下，不赴调。数年后，召为南京丰衍库使。倾家赀市书，后告归"[②]。另有应奉翰林文字张邦直，"俄丁母艰，出馆，居南京，从学者甚重。束修惟以市书，恶衣砺食，虽士宦如贫士也"[③]。可见图书的收藏引发了人们强烈的购书欲望，购书需求的增长要求市场提供更多的书籍参与图书买卖，进而带来图书交易的旺盛，加速了图书商业流通渠道的流通速度。

金代的各级学校是一个比较大的藏书系统，对图书流通具有重要的影响。随着各地庙学的兴建，学校藏书也逐渐兴起，导致书籍需求量增加，进而促进了图书的流通。如泽州重修庙学时，其地方官为增加学校藏书而"购求多方，私家所藏，麾下将佐及趋走吏所得，莫不出之。又

①　李俊民：《高平县宣圣庙上梁文》，（清）张金吾：《金文最》卷62，中华书局1990年版，第893页。

②　（金）刘祁撰，崔文印点校：《归潜志》卷5，中华书局2007年版，第45—46页。

③　同上书，第43页。

于东莱宋披云处获《三洞秘书》，兼收并蓄，几万余卷"①。从这段文字可知学校获得图书的途径有多种，主要的方式是从各处购买，其次是私家藏书者的捐赠。学校藏书的目的是发展教育，培育人才，是备受社会推崇的，私人藏书者愿意将所藏书籍赠予学校收藏，以发挥更大的作用。过万卷的图书仅是一所学校收集的图书数量，如果将全国范围内的学校藏书导致的图书流动作为一个整体来看，其规模应是比较庞大的。

　　寺院、道观藏经体系对宗教典籍的流通同样具有推动作用，如法门寺为增加寺内藏书，多处搜集、购求，收集经卷，使散失各地的经书向一处聚集。济州普照寺的和尚到京师弘法寺印大藏经以归，是弘法寺经卷向外扩散的一个例证。无论是聚集还是扩散，都是图书在读者之间流动的过程，也正是藏的需求促使了这种流动。

---

　　① 李俊民：《泽州重修庙学碑》，（清）张金吾：《金文最》卷83，中华书局1990年版，第1223页。

第七章

金代图书出版的特点、作用与影响

"中国是一个多民族国家，中国历史上的各个少数民族都是中华民族的一部分，各少数民族建立的政权都是中国的一部分。"① 因而，女真族建立的金朝也是中国的一部分。尽管金朝是一个少数民族政权，但在其统治中国北方的一百多年里，社会经济与思想文化的发展仍然引人注目。因其有利的社会环境和金统治者的大力支持，作为思想文化统治方面的图书出版，在金代历经了从无到有，从起步到繁荣的发展历程。综观金代图书出版发展的状况，并通过与同一时期国内其他政权相比较，笔者认为：金代的图书出版具有自身的发展特点，图书出版作为一项社会文化事业对金朝的社会发展有着重要的作用，也产生了较为深远的影响。

第一节　金代图书出版的特点

金代的图书出版起步于太祖、太宗时的建国初期，在经历了熙宗、海陵时期的发展之后，到世宗和章宗朝进入到了较为繁荣的阶段。综观金代图书出版一百多年的发展，我们可以发现其具有以下几个方面的特点。

一　金代图书出版处于相对宽松和有利的环境之中

正如前面笔者所论及的那样，图书作为中国古代社会信息传播的主

---

① 赵永春：《金宋关系史》，人民出版社 2005 年版，第 2 页。

要媒介之一，历来受到中央政府的严格控制。因而，一个朝代的图书出版能否取得长足的发展，除了要受各方面技术条件的制约之外，还要受最高统治者秉持的态度与中央政府的政策导向等人为因素的影响。另外，社会秩序是否稳定，手工业与商业的发展是否景气等客观环境，也是制约图书出版发展的关键因素。对金代的图书出版而言，以上主客观两方面因素不但没有阻碍其发展，反而为其向前发展提供了有力的支持与保障。

首先，金历代统治者对图书出版所采取的支持态度，是推动其向前发展的重要动力之一。

金朝是女真人建立的少数民族政权，建国之初的文化发展水平与社会文明程度远不如宋王朝，这是金初统治者所必须面对，也是想要试图改变的现实情况之一。为此，积极吸收中原地区的先进文化，努力改变自身的落后状态，就顺理成章地成为金初统治者的治国策略之一。伴随着金人向中原王朝学习汉文化的过程，整个金王朝的汉化过程也开始了，这是一个双向互动的过程，即随着金政权汉化进程的深入，金人吸收汉文化的渴望与欲求不断强化。无论是金统治者试图从中原文化中汲取营养，还是金政权的汉化，所需要的共同介质之一即是图书这一文化信息的载体。因而，金初统治者对图书的钟爱甚或比金银、粮食等更为强烈，后继统治者仍对图书出版支持不辍，就不再令人费解了。

同时，金与宋王朝相比，由于两国统治实力的差别，也使两国统治者对于图书出版的勃兴采取了不同态度和政策。无论是北宋还是其后继者南宋政权，由于"三冗"等问题的困扰，国势日渐衰微已经是不争的事实。面对这种情况，宋王朝统治者同其他中原王朝的统治者一样，加强对社会民众的思想控制就成为其巩固封建统治，缓和社会矛盾的重要杀手锏之一。为此，宋王朝加强了对图书出版与流通的控制。如两宋时期曾对图书出版采取了"对出版传播的限禁""加强出版行政管理""对违法行为的追缉惩处"等一系列严厉的管理措施，"以期统一舆论，制裁违法，形成了初具规模的出版管理与控制体系"。① 与两宋相比，金政权建立于戎马倥偬之中，在很长一段统治时期内国力较为强势。因而，金统治者对于其治下的社会民众的控制，远没有宋朝统治者那样处心积虑、

① 郭孟良：《论宋代的出版管理》，《中州学刊》2000 年第 6 期。

手段严厉。

纵览有关金代历史的各种史料，除了金初对南宋归正人携带图书归宋进行严格控制之外，并未看到金政权对境内图书出版管理与限禁的其他任何具体性措施，这与同时期的南宋政权对图书出版所做的种种具体的限制形成强烈对比。从这种对比我们可以看出，金代的图书出版拥有一种较为宽松的发展空间和有利的发展时机。具体而言，金统治者对于金朝图书的编纂、刻印与流通，从内容到形式基本上是采取了开放式的态度。这一方面与金统治者对出版秉持积极利用的态度有关，另一方面也说明金代的图书出版管理还不成熟，并未制定直接的管理制度与管理措施。

其次，金政权治下的社会秩序稳定，手工业与商业发展所营造出来的经济发展环境，为金代图书出版提供了难得的发展空间。

在有金的120年里，中国的版图之内曾并立着辽、金、西夏和宋等各自独立的政权。虽然金与其他政权之间的战争时有发生，但总的来说并不占据彼此之间关系的主流，和平共处仍是常态。如"在宋金交往的117年之中，战争时间少，和平相处时间多"，"战争和对立不是宋金关系的主流，而和平相处、友好往来、互相学习、互相促进才是宋金关系的主流"。[①] 对外战争时间的相对减少，为金政权的稳固和社会秩序的稳定提供了重要的前提。金代的图书出版，也正是在这样相对稳定的政治环境中得到了长足的发展。

金与宋等政权之间政治、经济、文化交流的不间断，也是金代手工业和商业经济发展的重要保障。手工业的进步，带来的是手工业技术的不断革新。商业的繁荣，在促进社会经济发展的同时，也推动着市场的形成、城市规模的不断扩大和城市人口的渐进增长。"政治、法律、哲学、宗教、文学、艺术等的发展是以经济发展为基础的。"[②] 以上金代社会这些因素的变迁，一方面为图书出版提供了技术支持，增加了对能够丰富社会民众精神生活的图书的诉求，更重要的方面则是为图书出版的发展奠定了重要的物质基础。

---

① 赵永春：《金宋关系史》，人民出版社2005年版，第8—9页。

② 恩格斯：《致瓦·博尔吉乌斯》（1894年1月25日），马克思、恩格斯：《马克思恩格斯选集》第4卷，人民出版社1972年版，第506页。

二　各地区发展的不均衡

金朝的统治区域相比当时中国其他几个并立政权而言，是比较复杂的。其中既有女真族一直以来的生息繁衍之地，也有通过战争而取得的原辽、宋等政权的旧有统治区。因而，就金的统治范围来看，各地区间经济、政治发展的不均衡是其突出的特点之一。比如从经济方面来看，"金朝农业发展的水平，在地区之间存在着明显的差异"①。事实上，不均衡不仅体现在经济和政治方面的发展上，还体现在图书出版方面。具体来讲，金代图书出版各地区发展的不均衡性主要体现在以下三点。

首先，从刻书地点的分布来看。据笔者前面的考证，金代的刻书地点分布于 11 个路 42 个府州县，应该说分布的范围较为广泛，但区域性差异也是较为明显的。根据目前学者的研究，金代可考的刻书地点有 42 处，其中刻书之处最多的是河东南路和河北西路，各有 11 和 5 处之多，而最少的只有 1 处，如上京路、西京路。

其次，从刻书的种类与机构分布来看。金代各地区刻书机构所刻书籍内容各有特点，主要与各地的文化传统等因素有密切关系。如河北地区是金朝的政治、经济和文化中心，因金统治者极力推行文治，该地区的文化教育事业蓬勃发展，因而这一地区各刻书地点所刻图书则主要以教育和医学类为主，刻书机构也主要以官刻为主。在山西地区因佛教盛行，山西刻印的书籍中佛经占据了很大的比重，而坊刻则成为主要刻书机构。历来文化是影响一个地区出版业发展的重要因素之一，一个地区的典型文化决定了这一地区出版业的发展方向。山东东路的宁海州牟平县为全真教的发源地。全真教的创始人王重阳于世宗大定七年（1167）来到山东传教，足迹遍布山东东路的文登、宁海、莱州、登州、福山等地。很快赢得众多信徒，并收了七个弟子，一同在山东地区传经布道。全真教在山东地区迅速传播，赢得大批信众，成为当地势力影响最大的宗教之一。因而，山东地区所刻图书中，有关全真教的典籍也就占了绝大多数，道观刻书则占主流。

---

① 傅海波等：《剑桥中国辽西夏金元史》，史卫民等译，中国社会科学出版社 1998 年版，第 338 页。

　　再次，从图书刻印的质量来看。在河北地区主要是官刻，因官刻对图书的刻印质量要求较为严格，并拥有资金与人员等有利条件，所以河北地区所刻的图书质量就较高。而山西地区主要以坊刻为主，因书坊以营利为目的，因而书籍质量相对而言就良莠不齐，有的以质取胜，则刻印精良，有的以价取胜，则草率成书。如韵书，因流传的版本质量较差，中和轩王文郁才精心校刻了《新刊礼部韵略》。山东地区所刻图书大多为全真教典籍，一般由全真教门人所刻，其目的在于宣传教义，达到教化信众的目的而非营利，因而，山东地区所刻书籍一般情况下都较为精细，质量也较高。

三　在继承中实现新的突破

　　尽管金朝是少数民族政权，但金代的图书出版在中国图书出版史上是占有一席之地的。这是因为金代的图书出版曾受到了辽、宋等同一时期其他政权不同程度的影响，也即金代的图书出版在某些方面是继承了辽与北宋图书出版的成果，如利用辽与北宋原有的书板重印图书，辽与北宋出版工匠原有的技术在金代的继续应用等。这种继承性的发展使金代的出版在一开始就拥有了较高的技术基础和出版经验。北宋时期的中原地区出版业已经有了长足的发展，如汴京等地，在金时仍是出版中心。山西出版业在北宋时已初见繁荣，到了金代迅速成为坊刻中心，出版实力明显增强，当地藏书事业的兴盛可以证明。然而一个不争的事实是，金代图书出版的成绩远不止继承来的部分。因为有利的出版环境和官民上下层中从事图书出版人员的努力，金代的图书出版在发展过程中不但具有了自身的特色，还在一些方面取得了新的突破。正如肖东发先生在论及中国历代中央级出版印刷机构的沿革时曾谈道："历朝中央级出版印刷机构在刻书内容、版本形式、所处地位及影响上既各有特点，又能有许多共同之处，它们之间的沿革变化也打上时代的烙印。"① 这种情形也适用于金代的图书出版。具体来看，金代在图书出版业实现的新突破主要体现在出版技术和出版质量两方面。

　　金代雕印技术精湛，有些书籍写绘工整、细腻精致、书画清晰明朗，

---

① 　肖东发：《从国子监到武英殿的中央政府刻书》，《编辑之友》1990 年第 6 期。

版式古朴遒雅，在技术水平与艺术水平上都达到了相当高的境界，有的甚至已经超过了南宋的刻工水平，如平水刘敏仲所刻《尚书注疏》二十卷，《铁琴铜剑楼藏书目录》卷二著录，称："每半页十三行，行大字二十六至二十九不等，小字皆三十五，蝇头小楷，雕镂极工，虽南宋精椠不能及也。"①《南丰曾子固先生集》为金代平水刻本，《中国版刻图录》称其"字画刚劲、世无二帙，堪称平水本之上乘"。又如高二尺一寸、字径一寸五六分的大开本《道德宝章》，特点是"古秀遒劲，镌印极精"。②

图书插图与单幅版画的刻印更能反映一个时代的雕版技术水平。金代佛经《赵城金藏》每卷卷首均有扉画，这些佛教版画构图严整，线条流畅圆润，刻印精工，反映了金代印刷事业较高的技术水平。金代书籍当中的插图也较多，尤以医学书籍为胜，如《铜人腧穴针灸图经》《图解素问要旨论》都刻有各种插图。而最能反映金代雕印水平的是平水所刻的版画《四美图》，1940年郑振铎在《中国版画图录》中指出："因为太精美了，有人怀疑其不是金代之作，而将其时代挪到元、明之际。但我们研究金版的和同时期的宋版的木刻插图之后，就知道这张木刻美人图产生于13世纪初期，完全是可能的。"③宋德金《中国通史·金史》也认为《四美图》"绘画写实，雕版印刷精致入微，刀刻简练纯熟"④。

金代的单幅版画还有1973年在西安碑林发现的《东方朔偷桃图》，这是一幅彩色纸质版画。原题唐画家吴道子绘，画面由浓、淡墨及浅绿色印在浅黄色麻纸上，为12世纪初印于金平阳府（今山西临汾）。此画用两种颜色印刷，最初有人认同其是套色印刷，如薄松年1986年在辽宁美术出版社出版的《中国年画史》中，描述为"用淡墨和浅绿套色印刷"⑤，现在多数人认同其是套色印刷，但还不是套版印刷。2004年张树栋等著的《中华印刷通史》认为"它仍属于雕版与涂色结合施用的阶段，还不是成熟的套版印刷。但它是迄今发现时间较早的彩色印刷品实物，

---

① 瞿镛编纂，瞿果行标点，瞿凤起复校：《铁琴铜剑楼藏书目录·尚书注疏》卷2，上海古籍出版社2000年版，第44页。

② 杨绍和：《楹书隅录》卷3，续修四库全书编委会编：《续修四库全书》，上海古籍出版社2002年版，史部目录类（第269册），第657页。

③ 郑尔康：《郑振铎艺术考古文集》，文物出版社1988年版，第356页。

④ 宋德金：《金史》，人民出版社2006年版，第143页。

⑤ 薄松年：《中国年画史》，辽宁美术出版社1986年版，第18页。

同时说明，中国最晚在 11 世纪，地处北方的金朝已开始了彩色印刷的试验，经过长期的努力，才成功实现了彩色套版印刷技术的发明和完善，开拓了印刷事业的新前程，对促进印刷术的发展，再立新功。"① 无论是套色印刷还是套版印刷，都是印刷技术上的一个重大进步，为后来套版彩色印刷奠定了基础。

由上可见，金代的图书出版技术与出版质量虽然继承于辽宋，但在某些方面可以说是有过之而无不及。

四　体现了鲜明的民族性

金朝是我国的少数民族女真人建立的民族政权，同中原地区的两宋政权相比较，其在治理国家和管理社会方面具有鲜明的民族特色。这种现实，也对金代的图书出版产生了较为明显的影响。金代图书出版的民族性主要体现在对汉文典籍的大量翻译和女真文图书的编纂出版方面。

金代的图书翻译与此前契丹族建立的辽朝相比有了明显的进步。辽代的翻译成果有萧韩家奴译的《贞观政要》《五代史》《通历》，耶律义宗译《阴符经》，耶律庶成译《方脉书》，耶律隆绪译白居易《讽谏集》，不知译者的《辨鸾录》等。金统治者专门设立了译经所和弘文院等机构翻译汉文典籍。所译典籍包括了经史子集各类图书，如《易》《书》《论语》《孟子》《老子》《扬子》《文中子》《刘子》等经书；《女真字贞观政要》等史书；《女真字百家姓》《女真字姜太公书》等启蒙读物；《女真字孙膑书》等兵书，总共达三十余部之多。同时，金代还出版了以女真族文字编撰的图书，如完颜希尹编纂的《太祖女真小字》和熙宗编纂的《熙宗女真小字》等。

除此之外，金代的图书出版还融合了各民族的风格。如"山西赵城县广胜寺之金藏，其卷首扉图中之人物，乃大有西域风。" 在黑水城发现的辽金刻书"中有单帧之版画两幅，一题《随朝窈窕呈倾国之芳容》，署平阳姬家雕印；一题《义勇武安王位》，署平阳府徐家印。这二帧画都是金代的作品，人物衣襞，繁琐细腻，大有唐画韵趣。金版之本草，翻北

① 张树栋等：《中华印刷通史》，台北：财团法人印刷传播与兴才文教基金会 2004 年版，第 351 页。

宋本，亦雅饬可观。而赵城藏尤为巨帙。盖金之文化与南宋文化成南北对峙，皆演北宋之绪余而加变异者。永乐刊板之佛道经卷，有竟卷施以版绘者，富丽精工，旷古所无。图型大似辽金时代之塑像，其精致细密之光轮花饰，一望即知为辽金遗式。盖北平一带之文物，受辽金影响最深也"①。

第二节　金代图书出版的作用与影响

图书出版虽然受到当时经济与社会发展状况的直接影响，但与此同时它也会对金代的社会产生反向作用。即唯物史观认为，"社会思想、理论和政治设施，在社会物质生活的发展即社会存在的发展所提出的已经成熟的任务的基础上一经产生，便反过来影响社会存在，影响社会物质生活，为彻底解决社会物质生活的已经成熟的任务，为社会物质生活能进一步发展，创造必要的条件"②。金代图书出版对金代社会的发展主要具有以下三个方面的作用与影响。

一　推动了金代文化教育的发展

随着人类社会的产生和发展，语言作为人类生活的重要工具之一也随之而产生，它是"手段、工具，人们利用它来彼此交际，交流思想，达到互相了解"③ 的目的。书籍的产生使语言这种人类相互交流的工具具有了物质的载体，在记录人类生产生活的历史方面也开始发挥着不可替代的作用。而通过图书的编纂与刊行，也使人类的文明得以传承，并在较大的范围内和较长的时段内将其有效地传播开来。金朝在建国以前，由于女真人尚未创制本民族的文字，本民族文化和历史的记载几乎接近于空白。因而与有着深厚文化底蕴的两宋政权相比，金朝的文化处于非常落后的状态。在金朝建立后，金统治者采取一切可能的方式来加以改

---

① 郑振铎：《西谛书话》，三联书店 2005 年版，第 377—378 页。
② 斯大林：《斯大林选集》（下卷），人民出版社 1979 年版，第 438—439 页。
③ 同上书，第 514 页。

变。在经过了几代帝王的努力之后，金代的文化开始走向了发展和繁荣。在这一过程中，图书作为传播文化、发展教育的主体媒介之一，发挥出了其固有的功用。

图书编纂离不开图书出版的繁荣。金建国初便开始着手编纂实录，包括追溯太祖以前的史事，编纂成了始祖下共十帝的实录，名为《祖宗实录》。这是金代史学编纂的开端，此后，金代修纂了各帝实录，又编纂《辽史》《续资治通鉴》等史书，在史学编纂上取得不少的成绩。金代编纂了许多经书的注解类著作，如赵秉文的《易经丛说》《象数杂说》《无逸直解》，王若虚的《尚书义粹》《周礼辨》，蔡珪的《续金石遗文跋尾》等。医学方面的《注伤寒论》《伤寒明理论》《伤寒标本心法类萃》等书，都是在前人著作的基础上进行的再创作，没有这些书的出版流传是不可能实现的。金代编纂的 660（文后所附《金史·艺文志》统计表所录图书 631 部，加上本书所补 29 部）部著作，都离不开相关前人成果的出版流通，可以说，没有图书出版的繁荣，金就不会有如此丰富的图书编纂成果面世。

从教育的发展来看，出版对教育的推动，最明显的莫过于女真字书籍对女真民族教育的重要意义。女真文字从创制到应用，女真人对其从初学到后来能够用以参加科举考试，是女真文字教育的重要成绩。在这一过程中，女真文书籍的出版发挥着不可替代的作用。世宗时诏以女真文译汉文经史，选猛安谋克内良家子入京师学习，诸路共选出 3000 名学生，这 3000 名学生的教材必定由政府统一翻译刻印的经史著作。大定十三年（1173），"以策、诗取士"，[①] 正式开创了女真科举。此外，图书出版对汉文化教育与科举的推动作用，从前文经史类图书出版的兴盛也足以证明，此处不再赘述。

总的来看，图书出版的发展既是金代文化教育发展的表现，同时也在推动金代文化教育发展方面具有不可低估的作用。

二　推进了金代社会的汉化进程

女真族在灭亡辽宋以后，在较短的时间内政权迅速汉化，采用辽、

---

① （元）脱脱等：《金史·选举一》卷 51，中华书局 1975 年版，第 1133 页。

宋的政治制度，接受封建文化，加速了女真社会的发展。在女真人汉化的过程当中，图书典籍发挥了不可替代的作用，汉文典籍在统治阶级中的流通儒化了统治者的思想，促进了女真社会的政治变革，促进了文化艺术的发展，加速了女真人的汉化进程。

金代典章制度的建设离不开对相关书籍的利用。世宗时命官参校唐宋故典沿革，纂修礼仪方面的书籍，至明昌初年修成《金纂修杂录》400余卷。章宗时"正礼乐，修刑法，定官制，典章文物粲然成一代治规"。① 明昌元年（1190），章宗问宰臣，"今何不专用律文？"平章政事张汝霖说："前代律与令各有分，其有犯令，以律决之。今国家制、律混淆，固当分也。"② 明昌五年（1194）详定所再次对制、律进行校定，利用当时"条例"，"参酌时宜，准律文修定，历采前代刑书宜于今者，以补遗阙，取《刑统》疏文以释之，著为常法，名曰《明昌律义》"。③ 可知，律书的制定同样是以前代法律文书为底本编纂而成的。

金代民族语言文字图书的出版成就较大，特别是在将汉文经典译成女真文出版方面取得了超越辽朝的成就，其实质是以女真文来推广汉文化。因此，这一措施非但没能留住女真旧俗，反而加速了女真人汉化的进程，正如杨军所言"女真人原无文字。金初虽然创设女真大、小字，却未用于发展本民族的传统，而是将汉文典籍译成女真字，供女真人学习。金世宗时又设女真进士科举考试，虽然以女真字答卷，但考试内容却充分体现着汉文化的精神。金世宗注重培养女真族的自树意识，其政策之一就是提倡以女真字译汉文典籍，提倡女真科举考试制度，但从实际效果来看，这恰恰等于在女真人中推广汉族的思想文化，促使女真族从思想文化上认同于汉族，得到与其出发点相反的结果"④。

三　直接影响到了元代的图书出版

金代的图书出版在发展过程中吸收了辽宋的出版成果，同时也对后

---

① （元）脱脱等：《金史·章宗四》卷12，中华书局1975年版，第285页。

② 同上书，第1021页。

③ （元）脱脱等：《金史·刑志》卷45，中华书局1975年版，第1022页。

④ 杨军：《女真语、汉语与女真文化》，韩世明主编：《辽金史论集》（第10辑），中国社会科学出版社2007年版，第239页。

来元朝的图书出版产生了较为深远的影响。

首先，元代一些出版中心的繁荣是立足于金代既有成果的。金代发展起来的出版中心基本上为元代所承袭，有些出版中心在元代还获得了显著的发展。如"金时已经形成的山西平阳地区的刻书出版事业，金亡后不但保存了下来，而且进一步发展成为中国北方地区名副其实的出版中心，并影响到现在河北省的一些地方，乃至于整个腹里地区"①。

其次，金代的一些出版技术直接为元代所承袭，为元代图书出版的发展提供了技术前提。金朝时期山西平水刻印的版画已经达到了相当高的艺术水准，如该出版中心所刻印的两幅单帧版画《随朝窈窕呈倾国之芳容》和《义勇武安王位》，刻印精美，技艺精湛，足以向世人说明金代版画基本上具备了一门独立艺术的条件。金代版画艺术的发展为元朝提供了绘工、刻工及其技术与经验，使元代的版画艺术又向前大大迈进了一步。正如田建平先生所讲，"从版画艺术自身的发展规律来看，至迟在金代时版画艺术已经成为一门独立的艺术形式，只不过这门艺术尚没有长成葱郁茁壮的大树，它的辉煌和鼎盛时代还没有到来。元朝的版画创作和版画艺术，正是起到了中国古典版画史上承前启后的极重要的作用"②。再如元代时出现了朱墨双色套印《金刚经注》插图，它是世界上已知的最早采用套印技术印刷的图书，而套色印刷的技术在金代已经开始应用，元代正是在此基础上加以改进并最终实现了套版印刷。

金代的图书出版数量虽不能和同时期的南宋相比，流传至今的金刻本也极少，但是却不能掩盖其在出版史上的进步意义。金所占据的中国北部，曾经存在过辽与北宋政权，女真人所建立的金朝作为后续的少数民族政权，其出版业的发展确已超越了这块土地上的历史水平，无论从书籍的种类、刻印的质量、刻印技术的发展等哪个方面来说，金代都取得了显著的进步。

---

① 李致忠：《中国出版通史·宋辽西夏金元卷》，中国书籍出版社 2008 年版，第 331 页。
② 田建平：《元代出版史》，河北人民出版社 2003 年版，第 196 页。

结　语

　　金朝是我国北方少数民族女真人建立的政权，在其统治期间我国北方的图书出版业取得了长足的发展。这源于金初统治者十分重视图书出版事业的发展，采取了搜集辽、北宋的图籍、刻版及迁北宋的出版工匠入金等各项措施，为金代图书出版事业的起步与发展奠定了重要的基础。随着社会秩序的稳定，金代的社会经济逐渐恢复并发展起来，为图书出版业的发展营造了有利的经济环境。金代文教事业的勃兴对于图书出版业的发展起到了积极的促进作用。金代的图书出版业在太祖、太宗时期开始起步，通过熙宗、海陵时期的长足发展，至世宗和章宗两朝进入了繁荣阶段，即使卫绍王以后也仍保持继续发展的态势。金代在管理图书出版方面主要设有国子监、国史院、转运司等机构，图书出版基本上是以中央政府或皇帝的行政命令为旨归，严格限禁不利政权统治的书籍出版。图书编纂是出版的首要环节，据统计金代编纂图书660部，为图书出版提供了丰富的书稿来源。笔者在分析前人补写的《金史·艺文志》的基础上，对《金史·艺文志》进行了考补，增补书籍29部。金代的刻书地点众多，可考的有42处，分布范围较广，最远到达东北的上京路。金代形成了由官方刻书、书坊和家宅等私人刻书、寺院和宫观刻书等组成的刻书系统，刻印了种类丰富的书籍，金代刻书数量可考的有222部。金代书坊刻书比较发达，形成了平水这一新的坊刻中心，出版了种类丰富、质量上乘的书籍。金代的家宅刻书多以传承文化为目的，并出现了为维护作者的署名权而刻书的情况。金代家宅刻书可考的共有29部。金代的寺院雕印了7000多卷的大藏经《赵城金藏》，除了佛经，还刻印有世俗书籍。由于全真教在金代的迅速发展，道观刻书则主要为全真教典籍。金代图书的版式设计多为白口、有界行。边栏多为左右双边与四周双边，版心位置一般刻有单鱼尾或双鱼尾加以装饰。刻书所用字体以欧体、柳体、颜体为主，书中还有避讳与使用简化字的情况。金刻书籍的插图精美、雕刻细致，体现了较高的刻印水平。书籍的装订形式有卷轴装、经折装和蝴蝶装。在装帧设计上金本与宋本有很大的相似之处，金宋间的图书交流为金本学习南宋的设计经验提供了可能。图书流通是出版目的得以实现的关键环节，金代图书流通的方式较多，有市场中的图书买卖，学校中教材的颁发与使用，朝廷的搜求与赐赠，私人间的借阅与传抄以及与南宋、西夏、蒙古之间的图书交流等。金代图书收藏之风盛行，出现了以流通为目的的进步的图书典藏观念，对图书流通具有积极的促进作用。通过前面几章内容的论述，笔者总结出了金代图书出版处于相对宽松和有利的环境之中、地区发展不均衡、在继承中实现新的突破、体现了鲜明的民族性等四个方面的特点，并对金代文化教育、女真人汉化及元代图书出版业产生了较为深远的影响。

综合以上对金代图书出版问题的研究，笔者基本上可以得出以下几点结论。

第一，金代图书编纂、刻印与流通之间做到了互相促进，共同发展，造就了金代图书出版的兴盛。图书的编纂、刻印与流通三个环节构成图书出版的一个完整流程，各个环节是相互制约、相互促进的关系。金代图书编纂的丰富成果为图书出版提供了素材，图书刻版之前的校对、撰写序言等编辑工作为图书流通做出了质量保障与宣传准备，金代雕版印刷技术的发展为图书刻印提供了技术支持，流通方式的多样性扩大了图书流通的速度与范围，反过来良好的流通状态又刺激编纂与印刷的进一步发展。

第二，金代图书出版得到了长足的发展并取得了较为明显的进步。金代图书在继承辽、北宋图书出版成果的基础上继续发展，基于政府对出版的支持，金代共编纂种类丰富的各类图书660部，雕印了7000多卷的《大藏经》和各种图书222部。图书的印刷技术有所改进，发行流通范围扩大、方式多样，使得金代的图书出版获得了新的突破，对后来的元代图书出版也产生较为深远的积极影响。以上事实表明，金代图书出版是中国古代图书出版事业不可分割的重要组成部分，其在中国图书出版史上的地位是能够而且理应为后人所认可的。

第三，金代图书出版与金代社会之间是双向互动的关系。金代社会秩序的相对稳定，为手工业、商业提供了良好的发展环境，同时手工业和商业的发展与繁荣也为金代的图书出版营造了有利的经济环境。反过来，金代图书出版的发展也在维护金政权统治、完善政治制度、推动文化教育进步、加速女真人汉化进程、丰富民众社会生活等诸多方面发挥了积极的作用。简言之，金代图书出版的发展既是金代社会政治、经济、文化等发展的结果，同时也是金代社会向文明社会发展演进过程中的助推因素之一。

第四，从金代图书出版的发展中可以看出金朝统治者对中华民族历史文化的认同。宋金对峙时期，金统治者就针对正统性问题进行了一番讨论。后人在研究金代历史时也就金朝的政权性质问题展开了讨论，核心问题之一即是金政权是否为"异族政权"。其实，无论是"正统问题"还是"异族政权"问题的讨论，似乎都忽略了一个共性的问题，即金统治者对中原汉文化的态度。从金代图书出版的发展历史来看，金朝统治者对汉文书籍的搜求与刻印，表面上是中原汉文化对金朝统治者的吸引，是金统治者加强统治的需要。事实上，抛开问题的表象，金统治者对图书出版的认识与态度，体现的是其对中原汉文化的一种认同。其实对中原传统文化的认同与接受，更深的层面是作为统治民族的女真族对汉文化的认同，即金统治者并没有将自己排除于中华民族这个大家庭之外，而是自视为中华民族固有的一分子，通过支持图书出版进而从中原传统文化中汲取营养，其实质是促进本民族向文明态发展的本能反应。这应该是我们在研究金代历史时所需要注意的一个关键问题。

通过对金代图书出版的研究，我们可以得出以下两点启示。

首先，图书出版的健康发展需要一个良好的社会环境。图书出版作为社会思想文化事业的一个重要组成部分，需要稳定的社会秩序为其提供良好的发展空间，需要经济的发展为其提供坚实的物质基础和技术支持。金代图书出版的历史告诉我们，一个社会的图书出版在发展过程中政府的作用是比较显著的。同时笔者也看到，在图书出版事业发展过程中政府应该秉持既有所为又有所不为的态度。有所为方面主要表现为，在保持政治稳定和社会秩序井然的条件下，政府更多的应该是提供政策支持与保障，如在图书流通市场的形成与完善、图书出版的国际交流等方面创造更多的有利条件。有所不为，即图书的出版与发行同社会的发展变化紧密相连，图书的内容与流通的范围是根据社会民众的需要而发展变化的，这里面应该少一些政府的干预。只有这样，才能有助于图书出版向多元化、大众化等方向健康发展。

其次，对中国历史上少数民族政权的研究仍需我们秉持正确的民族观。金朝是我国东北地区少数民族女真人建立的民族政权，金朝的历史也是中国历史的一个重要组成部分。过去国内外史学界存在着一种错误甚至是不正确的研究倾向，往往把金政权视为是"外国"或中华民族之外的"异族政权"，或者即便是认为女真族是中华民族的一分子，也没有把金朝的历史放在与宋等其他中原汉族政权同等的地位进行研究。如在触及金代图书出版问题时，有些人甚至于怀疑金朝到底有没有图书出版。事实上这是一个民族观的问题，也就是说这些人对金朝历史的研究没有真正重视起来。应该说，这种研究倾向及不正确的民族观是有必要纠正甚至是摒弃的。通过本书的研究我们就可以看到，金代不但有图书出版，而且发展的状况也是良好的，在某些方面甚至还超过了先于金建立的辽、宋等政权。因而可以说，对像金朝这样少数民族建立的政权的研究，不但需要我们秉持正确的民族观，而且必须要秉持支持的态度。只有这样，才能接近历史的真实，得出正确的结论和研究成果。

参考文献

（一）历史文献

[1] （唐）杜佑著，王文锦等点校：《通典》，中华书局 1988 年版。

[2] （金）洪皓：《松漠纪闻》，载《丛书集成续编》第 166 册，《集部》，上海书店出版社 1994 年版。

[3] （金）孔元措：《祖庭广记》，丛书集成初编本。

[4] （金）李纯甫：《鸣道集说》，蓝吉富等主编：《大藏经补编》26 册，华宇出版社 1985 年版。

[5] （金）王重阳、白如祥辑校：《王重阳集》，齐鲁书社 2005 年版。

[6] （金）李俊民：《庄靖集》，丛书集成续编本。

[7] （金）刘祁著，崔文印点校：《归潜志》，中华书局 2007 年版。

[8] （金）马钰著，赵卫东辑校：《马钰集》，齐鲁书社 2005 年版。

[9] （金）丘处机著，赵卫东辑校：《丘处机集》，齐鲁书社 2005 年版。

[10] （金）王鹗：《汝南遗事》，丛书集成初编本。

[11] （金）王寂著，罗继祖、张博泉注释：《鸭江行部志》，黑龙江人民出版社 1984 年版。

[12] （金）王寂著：《拙轩集》，丛书集成初编本。

[13] （金）王寂著，张博泉注释：《辽东行部志注释》，黑龙江人民出版社 1984 年版。

[14] （金）王若虚：《滹南遗老集》，四部丛刊初编本。

[15] （金）王若虚著，霍松林等校注：《滹南诗话》，人民文学出版社 1983 年版。

[16] （金）王庭筠：《黄华集》，辽海丛书。

[17] （金）杨奂：《还山遗稿》，四库全书本。

[18] （金）佚名：《大金德运图说》，四库全书本。

［19］（金）佚名编，李庆善整理、金少英校补：《大金吊伐录校补》，中华书局 2001 年版。

［20］（金）元好问著，姚奠中主编、李正民增订：《元好问全集》（增订本），山西古籍出版社 2004 年版。

［21］（金）元好问：《遗山先生文集》，四部丛刊初编本。

［22］（金）元好问：《中州集》上下，中华书局 1959 年版。

［23］（金）元好问著，常振国等点校：《续夷坚志》，中华书局 1986 年版。

［24］（金）元好问著，赵永源校注：《遗山乐府校注》，凤凰出版社 2006 年版。

［25］（金）张暐等：《大金集礼》，丛书集成初编本。

［26］（金）赵秉文：《闲闲老人滏水文集》，四部丛刊初编本。

［27］（宋）晁公武著，孙猛校正：《郡斋读书志》，上海古籍出版社 1990 年版。

［28］（宋）陈振孙著，徐小蛮、顾美华点校：《直斋书录解题》，上海古籍出版社 1987 年版。

［29］（金）洪皓：《鄱阳集》，四库全书。

［30］（宋）洪迈著，孔凡礼点校：《容斋随笔》，中华书局 2005 年版。

［31］（宋）王辟之：《渑水燕谈录》，中华书局 1985 年版。

［32］（宋）徐梦莘：《三朝北盟会编》（上、下册），上海古籍出版社 2008 年版。

［33］（宋）李焘：《续资治通鉴长编》第 3 册，中华书局 2004 年版。

［34］（宋）李心传：《建炎以来系年要录》，中华书局 1988 年版。

［35］（宋）李心传著，徐规点校：《建炎以来朝野杂记》，中华书局 2000 年版。

［36］（宋）陆游著，李剑雄、刘德权点校：《老学庵笔记》，中华书局 1979 年版。

［37］（宋）沈括：《梦溪笔谈》，辽宁教育出版社 1997 年版。

［38］（宋）熊克：《中兴小纪》，福建人民出版社 1985 年版。

［39］（宋）宇文懋昭著，崔文印校证：《大金国志校证》，中华书局 1986 年版。

［40］（宋）确庵、耐庵编，崔文印笺证：《靖康稗史笺证》，中华书局 2010 年版。

[41]（宋）张端义：《贵耳集》，中华书局1985年版。

[42]（宋）程卓：《使金录》，碧琳琅馆丛书本。

[43]（宋）楼钥：《攻媿集》，四部丛刊初编本。

[44]（宋）叶隆礼著，贾敬颜、林荣贵点校：《契丹国志》，上海古籍出
　　　版社1985年版。

[45]（宋）丁特起：《靖康纪闻》，中华书局1985年版。

[46]（宋）赵与时：《宾退录》，中华书局1985年版。

[47]（元）郝经：《陵川集》，四库全书本。

[48]（元）刘因：《静修集》，四库全书本。

[49]（元）马端临：《文献通考》，浙江古籍出版社1988年版。

[50]（元）脱脱等：《金史》，中华书局1975年版。

[51]（元）脱脱等：《辽史》，中华书局1974年版。

[52]（元）脱脱等：《宋史》，中华书局1977年版。

[53]（元）王恽：《秋涧先生大全文集》，四部丛刊初编本。

[54]（元）熊梦祥：《析津志辑佚》，北京古籍出版社1983年版。

[55]（元）耶律楚材著，谢方点校：《湛然居士集》，中华书局1986年版。

[56]（元）虞集：《道园学古录》，商务印书馆1937年版。

[57]（元）苏天爵著，陈高华、孟繁清点校：《滋溪文稿》，中华书局
　　　1997年版。

[58]（元）房祺编，张正义、刘达科点校：《河汾诸老诗集》，山西古籍
　　　出版社1996年版。

[59]（元）陆友：《墨史》，中华书局1985年版。

[60]（元）王恽：《秋涧集》，四部丛刊。

[61]（明）宋濂等撰：《元史》，中华书局1983年版。

[62]（明）杨士奇等：《文渊阁书目》，中华书局1985年版。

[63]（明）杨循吉著：《金小史》，辽海丛书本，辽沈书社1985年版。

[64]（明）郎瑛：《七修类稿》，广益书局1936年版。

[65]（清）阿桂等：《盛京通志》，辽海出版社1997年版。

[66]（清）阿桂等著，孙文良、陆玉华点校：《满洲源流考》，辽宁民族
　　　出版社1988年版。

[67]（清）赵翼：《廿二史劄记校证》，中华书局1984年版。

[68]（清）丁傅靖：《宋人轶事汇编》，中华书局2003年版。

［69］（清）傅增湘：《藏园群书经眼录》，中华书局 1983 年版。

［70］（清）黄丕烈：《士礼居藏书题跋记》，书目文献出版社 1989 年版。

［71］（清）《畿辅通志》，商务印书馆 1934 年版。

［72］（清）纪昀等：《续通典》，浙江古籍出版社影印 1988 年版。

［73］（清）纪昀等：《续文献通考》，浙江古籍出版社影印 1988 年版。

［74］（清）瞿墉：《铁琴铜剑楼藏书目录》，上海古籍出版社 2000 年版。

［75］（清）孔尚任：《平阳府志》，山西古籍出版社 1998 年版。

［76］（清）李有棠：《金史纪事本末》，中华书局 1980 年版。

［77］（清）钱大昕：《廿二史考异》，丛书集成初编本。

［78］（清）钱曾：《读书敏求记》，丛书集成初编本。

［79］（清）黄虞稷等：《金艺文志》，商务印书馆 1958 年版。

［80］（清）钱曾：《述古堂藏书目》，附宋版书目，丛书集成初编本。

［81］（清）潘祖荫著，潘宗周编：《滂喜斋藏书记》，上海古籍出版社 2007 年版。

［82］（清）施国祁：《金史详校》，书目文献出版社 1996 年版。

［83］（清）吴广成：《西夏书事》，上海古籍出版社 1996 年版。

［84］（清）杨绍和：《楹书隅录》，续修四库全书本。

［85］（清）叶昌炽：《藏书纪事诗》，上海古籍出版社 1989 年版。

［86］（清）叶德辉：《书林清话》，中华书局 1957 年版。

［87］（清）永瑢、纪昀等：《四库全书总目》，中华书局 1965 年版。

［88］（清）于敏中等：《天禄琳琅书目》，中华书局 1995 年版。

［89］（清）张金吾：《金文最》，中华书局 1990 年版。

［90］（清）庄仲方：《金文雅》，江苏书局重刊本 1891 年版。

［91］（民国）柯绍忞：《新元史》，吉林人民出版社 1995 年版。

（二）近现代人著作

1. 国内著作

［1］《北京出版史志》编辑部：《北京出版史志》，北京出版社 1994 年版。

［2］白寿彝、陈振：《中国通史·五代辽宋夏金》，上海人民出版社 1999 年版。

［3］北京辽金城垣博物馆：《北京辽金史迹图志》，燕山出版社 2003

年版。

［4］北京辽金城垣博物馆：《北京辽金文物研究》，燕山出版社2005年版。

［5］北京图书馆编：《中国版刻图录》，文物出版社1961年版。

［6］北京图书馆金石组：《中国历代石刻拓本汇编》，中州古籍出版社1989年版。

［7］蔡美彪等：《中国通史》（第6册），人民出版社1979年版。

［8］曹之：《中国古籍编撰史》，武汉大学出版社1999年版。

［9］陈成国：《中国礼制史·宋辽夏金卷》，湖南教育出版社2001年版。

［10］陈国符：《道藏源流考》（上册），中华书局1963年版。

［11］陈述：《金史拾补五种》，科学出版社1960年版。

［12］陈相伟等校注：《金碑汇释》，吉林文史出版社1989年版。

［13］陈学霖：《金宋史论丛》，香港中文大学出版社2003年版。

［14］陈衍辑撰，王庆生增订：《金诗纪事》，上海古籍出版社2003年版。

［15］陈垣：《史讳举例》，中华书局1962年版。

［16］程方平：《辽金元教育史》，重庆出版社1993年版。

［17］程千帆、徐有富：《程千帆全集》（第1卷），《校雠广义·版本编》，河北教育出版社2000年版。

［18］董杰英等：《元好问及辽金文学研究》，中国国际广播出版社1998年版。

［19］董克昌：《大金诏令释注》，黑龙江人民出版社1993年版。

［20］范文澜主编，蔡美彪续编：《中国通史》，人民出版社1994年版。

［21］傅海波等著：《剑桥中国辽西夏金元史》，史卫民等译，中国社会科学出版社1998年版。

［22］傅璇琮、谢灼华：《中国藏书通史》，宁波出版社2001年版。

［23］高伟：《金元医史类存》，兰州大学出版社1999年版。

［24］高信成：《中国图书发行史》，复旦大学出版社2005年版。

［25］葛金芳：《宋辽夏金经济研析》，武汉出版社1991年版。

［26］故宫博物院图书馆：《故宫善本书目》，故宫博物院图书馆1934年版。

［27］管成学：《宋辽夏金元科学技术史》，吉林科学技术出版社1990年版。

［28］郭杰：《元好问》，沈阳春风文艺出版社 1999 年版。

［29］郭味蕖：《中国版画史略》，朝花美术出版社 1962 年版。

［30］郭志猛：《中国宋辽金夏科技史》，人民出版社 1994 年版。

［31］国家图书馆金石组编：《历代石刻史料汇编》，北京图书馆出版社影印 2000 年版。

［32］国家图书馆善本金石组编：《辽金元石刻文献全编》，北京图书馆出版社 2003 年版。

［33］韩世明、都兴智校注：《〈金史〉之〈食货志〉与〈百官志〉校注》，中国社会科学出版社 2006 年版。

［34］韩仲民：《中国书籍编纂史稿》，中国书籍出版社 1988 年版。

［35］何俊哲等：《金朝史》，中国社会科学出版社 1992 年版。

［36］河北省地方志编纂委员会编：《河北省志·出版志》，河北人民出版社 1996 年版。

［37］黑龙江省地方志编纂委员会编：《黑龙江省志·出版志》，黑龙江人民出版社 1996 年版。

［38］胡传志：《金代文学研究》，安徽大学出版社 2000 年版。

［39］胡玉缙著，吴格整理：《续四库提要三种》，上海书店出版社 2002 年版。

［40］胡忌：《宋金杂剧考（订补本）》，中华书局 2008 年版。

［41］黄永年：《古籍版本学》，江苏教育出版社 2001 年版。

［42］纪念元好问八百年诞辰学术研讨会筹备会编：《纪念元好问八百年诞辰学术研讨会论文集》，台湾文史哲出版社 1991 年版。

［43］金渭显：《高丽史中中韩关系史料汇编》，食货出版社 1983 年版。

［44］贾贵荣、杜泽逊辑：《地方经籍志汇编》，北京图书馆出版社 2008 年版。

［45］贾敬颜：《五代宋金元人边疆行记十三种疏证稿》，中华书局 2004 年版。

［46］姜吉仲：《高丽与宋金外交经贸关系史论》，文津出版有限公司 2004 年版。

［47］降大任：《元遗山新论》，北岳文艺出版社 1988 年版。

［48］蒋唯心：《金藏雕印始末考》，支那内学院 1935 年版。

［49］金毓黻：《宋辽金史》，乐天出版社 1971 年版。

[50] 景李虎:《宋金杂剧概论》,广东高等教育出版社 1996 年版。

[51] 来新夏:《中国图书事业史》,上海人民出版社 2009 年版。

[52] 李修生:《全元文》,江苏古籍出版社 1998—2004 年版。

[53] 李长生:《元好问研究》,文史哲出版社 1979 年版。

[54] 李桂芝:《辽金简史》,福建人民出版社 2001 年版。

[55] 李瑞良:《中国古代图书流通史》,上海人民出版社 2000 年版。

[56] 李澍田主编,傅朗云辑注:《金史辑佚》,吉林文史出版社 1990 年版。

[57] 李锡厚:《辽史》,人民出版社 2006 年版。

[58] 李锡厚:《临潢集》,河北大学出版社 2001 年版。

[59] 李新祥:《出版传播学》,浙江大学出版社 2007 年版。

[60] 李修生:《中国文学史纲要·宋辽金元文学》,北京大学出版社 2003 年版。

[61] 李致忠:《古代版印通论》,紫禁城出版社 2000 年版。

[62] 李致忠:《历代刻书考述》,巴蜀书社 1990 年版。

[63] 李致忠:《中国出版通史·宋辽西夏金元卷》,中国书籍出版社 2008 年版。

[64] 辽宁省地方志编纂委员会办公室:《辽宁省志·出版志》,辽宁科学技术出版社 1999 年版。

[65] 中共中央马克思恩格斯列宁斯大林著作编译局编:《列宁选集》,人民出版社 1960 年版。

[66] 刘达科:《辽金元诗文史料述要》,中华书局 2007 年版。

[67] 刘国钧:《中国书史简编》,高等教育出版社 1958 年版。

[68] 罗紫初:《编辑出版学导论》,湖南大学出版社 2008 年版。

[69] 马蓉等:《永乐大典方志辑佚》,中华书局 2004 年版。

[70] 毛春翔:《古书版本常谈》,中华书局 1962 年版。

[71] 潘国允、赵坤娟编著:《蒙元版刻综录》,内蒙古大学出版社 1996 年版。

[72] 潘吉星:《中国造纸技术史稿》,文物出版社 1979 年版。

[73] 潘吉星:《中国科学技术史·造纸与印刷卷》,科学出版社 1998 年版。

[74] 潘景郑:《著砚楼书跋》,古典文学出版社 1958 年版。

［75］薄松年：《中国年画史》，辽宁美术出版社 1986 年版。

［76］戚福康：《中国古代书坊研究》，商务印书馆 2007 年版。

［77］漆侠、乔幼梅：《辽夏金经济史》，河北大学出版社 1994 年版。

［78］齐春田、孙玉华主编：《第四次元好问国际学术研讨会论文集》，中国广播电视出版社 1999 年版。

［79］钱超尘等：《张子和研究集成》，中医古籍出版社 2006 年版。

［80］清华大学图书馆：《清华大学图书馆藏善本书目》，清华大学出版社 2003 年版。

［81］山东省地方史志编纂委员会：《山东省志·出版志》，山东人民出版社 1993 年版。

［82］山西省古典文学学会、元好问研究会：《元好问研究文集》，山西人民出版社 1987 年版。

［83］山西省史志研究院：《山西通志》（第 43 卷），《新闻出版志·出版篇》，中华书局 1999 年版。

［84］山西师范大学戏曲文物研究所：《宋金元戏曲文物图论》，山西人民出版社 1987 年版。

［85］上海新四军历史研究会印刷印钞分会：《历代刻书概论》，印刷工业出版社 1991 年版。

［86］史金波：《西夏出版研究》，宁夏人民出版社 2004 年版。

［87］四川大学古籍所编：《宋集珍本丛刊》，线装书局 2004 年版。

［88］宋德金：《中国历史·金史》，人民出版社 2004 年版。

［89］宋德金：《辽金论稿》，湖北教育出版社 2005 年版。

［90］宋德金：《宋德金集》，中国社会科学出版社 2008 年版。

［91］宋德金等：《中华文明史》（第 6 卷），河北教育出版社 1994 年版。

［92］宋德金等：《辽金西夏史研究》，天津古籍出版社 1997 年版。

［93］宋乃光等：《刘完素医学全书》，中国中医药出版社 2006 年版。

［94］宿白：《唐宋时期的雕版印刷》，文物出版社 1999 年版。

［95］孙逊：《董西厢和王西厢》，上海古籍出版社 1983 年版。

［96］孙毓修：《中国雕版源流考》，上海古籍出版社 2008 年版。

［97］谭正璧：《中国文学家大辞典》，上海书店出版社 1981 年版。

［98］唐代剑：《王嚞、丘处机评传》，南京大学出版社 2000 年版。

［99］唐圭璋：《全金元词》，中华书局 1994 年版。

[100] 田建平：《元代出版史》，河北人民出版社 2003 年版。

[101] 陶晋生：《女真史论》，食货出版社 1981 年版。

[102] 陶晋生：《宋辽金元史新论》，台湾稻乡出版社 2003 年版。

[103] 王伯敏：《中国版画史》，上海人民美术出版社 1961 年版。

[104] 王春蕾、杨力：《金上京历史文物研究文集》，人民文学出版社 2002 年版。

[105] 王国维：《观堂集林》，中华书局 2004 年版。

[106] 王国维：《王国维遗书》，上海书店出版社 1983 年版。

[107] 王明荪：《辽金元史》，台湾长桥出版社 1981 年版。

[108] 王欣夫：《文献学讲义》，上海古籍出版社 1986 年版。

[109] 王新英：《金代石刻辑校》，吉林人民出版社 2009 年版。

[110] 王晶辰：《辽宁碑志》，辽宁人民出版社 2002 年版。

[111] 王重民：《中国善本书提要》，上海古籍出版社 1983 年版。

[112] 王重民：《中国善本书提要补编》，书目文献出版社 1991 年版。

[113] 魏隐儒：《古籍版本鉴定丛谈》，印刷工业出版社 1984 年版。

[114] 魏隐儒：《中国古籍印刷史》，印刷工业出版社 1984 年版。

[115] 文物出版社、上海书店、天津古籍出版社：《道藏》，上海书店 1988 年版。

[116] 吴梅：《辽金元文学史》，商务印书馆 1932 年版。

[117] 肖东发：《中国编辑出版史》，辽宁教育出版社 1996 年版。

[118] 谢灼华：《中国图书和图书馆史》，武汉大学出版社 2005 年版。

[119] 新文丰出版公司编辑部：《石刻史料新编》，新文丰出版公司影印 1979 年版。

[120] 徐江雁等：《张子和医学全书》，中国中医药出版社 2006 年版。

[121] 许力以：《许力以出版文集》，中国书籍出版社 1993 年版。

[122] 续修四库全书编委会：《续修四库全书》（第 229 册），经部小学类，上海古籍出版社 2006 年版。

[123] 薛瑞兆、郭明志：《全金诗》，南开大学出版社 1995 年版。

[124] 薛瑞兆：《金代科举》，中国社会科学出版社 2004 年版。

[125] 阎凤梧、康金声：《全辽金文》，山西古籍出版社 2002 年版。

[126] 杨家骆：《辽金元艺文志》（上），《中国目录学名著》第 3 集，世界书局 1976 年版。

［127］余敏：《出版学》，中国书籍出版社 2002 年版。

［128］詹石窗：《南宋金元道教文学研究》，上海文化出版社 2001 年版。

［129］张博泉：《金代经济史略》，辽宁人民出版社 1981 年版。

［130］张博泉：《金史简编》，辽宁人民出版社 1984 年版。

［131］张博泉等：《金史论稿》（1），吉林文史出版社 1986 年版。

［132］张博泉等：《金史论稿》（2），吉林文史出版社 1992 年版。

［133］张国骏：《成无己医学全书》，中国中医药出版社 2006 年版。

［134］张晶：《辽金元文学论稿》，北京广播学院出版社 2004 年版。

［135］张鸣歧：《辽金元教育论著选》，人民出版社 1991 年版。

［136］张年顺：《李东垣医学全书》，中国中医药出版社 2006 年版。

［137］张树栋等：《中华印刷通史》，财团法人印刷传播兴才文教基金会 2004 年版。

［138］张元济著，张树年等导读：《校史随笔》，上海古籍出版社 1998 年版。

［139］张秀民著，韩琦增订：《中国印刷史》，浙江古籍出版社 2006 年版。

［140］张曼涛：《大藏经研究汇编》（上、下），北京图书馆出版社 2005 年版。

［141］张希清：《10—13 世纪中国文化的碰撞与融合》，上海人民出版社 2006 年版。

［142］章宏伟：《出版文化史论》，华文出版社 2002 年版。

［143］章正等：《中国宋辽金夏文学史》，人民出版社 1994 年版。

［144］赵永春：《金宋关系史》，人民出版社 2005 年版。

［145］赵永春：《金宋关系史研究》，吉林教育出版社 1999 年版。

［146］赵永春：《辽宋金元史论》，吉林人民出版社 2004 年版。

［147］赵永春：《奉使辽金行程录》，吉林文史出版社 1995 年版。

［148］郑洪新：《张元素医学全书》，中国中医药出版社 2006 年版。

［149］郑士德：《中国图书发行史》，高等教育出版社 2000 年版。

［150］郑尔康：《郑振铎艺术考古文集》，文物出版社 1988 年版。

［151］郑振铎：《西谛书话》，三联书店 1998 年版。

［152］中国历史博物馆图书资料信息中心：《中国历史博物馆藏普通古籍目录》，北京图书馆出版社 2002 年版。

［153］中国历史地图集编辑组：《中国历史地图集》，中华地图学社 1975 年版。

［154］周宝荣：《宋代出版史研究》，中州古籍出版社 2003 年版。

［155］周惠泉：《金代文学学发凡》，东北师范大学出版社 1994 年版。

［156］周惠泉：《金代文学研究》，文津出版社 2000 年版。

［157］周心慧：《中国古版画通史》，学苑出版社 2000 年版。

［158］周心慧：《中国古代版刻版画史论集》，学苑出版社 1998 年版。

［159］朱平楚等：《诸宫调概说》，陕西人民出版社 1994 年版。

2. 国外著作

［1］［美］钱存训：《中国科学技术史》，上海古籍出版社 1990 年版。

［2］［美］钱存训：《中国书籍纸墨及印刷史论文集》，香港中文大学出版社 1991 年版。

［3］［美］钱存训：《中国古代书籍纸墨及印刷术》，北京图书出版社 2002 年版。

［4］［美］钱存训著，郑如斯编订：《中国纸和印刷文化史》，广西师范大学出版社 2004 年版。

［5］［美］卡特：《中国印刷术的发明和它的西传》，胡志伟译，商务印书馆 1968 年版。

［6］［美］卡特：《中国印刷术源流史》，刘麟生译，商务印书馆 1928 年版。

［7］［苏］斯大林：《斯大林选集》，人民出版社 1979 年版。

（三）相关论文

1. 期刊、辑刊论文

［1］白滨：《〈俄藏黑水城文〉汉文部分述要》，载漆侠等《宋史研究论文集》，宁夏人民出版社 1999 年版。

［2］曹之：《辽金元图书编纂考略》，《图书馆工作与研究》2000 年第 1 期。

［3］都兴智：《金代教育述论》，《辽宁师范大学学报》1988 年第 2 期。

［4］都兴智：《金代科举的女真进士科》，《黑龙江民族丛刊》2004 年第 6 期。

［5］都兴智：《金代女真人与佛教》，《北方文物》1997 年第 3 期。

［6］冯方：《辽金刻书业的发达及其原因》，《古籍整理研究学刊》1994年第2期。

［7］傅荣贤：《金史与金代修史》，《文史知识》2007年第2期。

［8］高谦：《儒门事亲对砭学的贡献》，《世界骨伤杂志》2005年第1期。

［9］郭康松：《辽金对中原典籍的收求》，《北方文物》2000年第1期。

［10］郭阳、高万丽：《论宋辽夏金元时期的历史编辑》，《河南社会科学》1997年第4期。

［11］何梅：《赵城金藏的几个问题》，《中国典籍与文化》2008年第3期。

［12］何宛英：《金代修史制度与史官特点》，《史学史研究》1996年第3期。

［13］何宛英：《金代史学与金代政治》，《北京师范大学学报》1998年第3期。

［14］黄涛：《金元时期医学繁荣的思考》，《南京中医药大学学报》2003年第4期。

［15］金北人：《完颜勖与金代女真史学》，《蒲峪学刊》1992年第1期。

［16］金启孮：《论金代的女真文学》，《内蒙古大学学报》1984年第4期。

［17］金启孮：《陕西碑林发现的女真字文书》，《内蒙古大学学报》1979年第1期。

［18］瞿大风：《元代山西平阳刻书述略》，《图书馆工作与研究》2005年第5期。

［19］孔凡礼：《南宋著述入金述略》，《文史知识》1993年第7期。

［20］李定乾：《王若虚著述考》，《文献》2007年第1期。

［21］李富华：《〈赵城金藏〉研究》，《世界宗教研究》1991年第4期。

［22］李晋林：《金元时期平水刻版印刷考述（上）》，《文献》2001年第2期。

［23］李晋林：《唐宋时期山西刻版印刷史考述》，《山西师大学报》（社会科学版）1999年第1期。

［24］刘光裕：《中国出版史的研究对象和范围——关于编撰中国古代出版通史的基本看法》，《出版科学》2008年第3期。

［25］刘浦江：《文化的边界——两宋与辽金之间的书禁及书籍流通》，张

希清：《10—13 世纪中国文化的碰撞与融合》，上海人民出版社 2006 年版。

[26] 刘浦江：《辽金的佛教政策及其社会影响》，载《佛学研究》（第 5 辑），中国佛教文化研究所 1996 年版。

[27] 刘时觉：《金代医籍年表》，《中医药学报》2004 年第 6 期。

[28] 刘纬毅：《山西古代刻书考略》，《山西大学学报》1979 年第 2 期。

[29] 刘最长、朱捷元：《西安碑林发现女真文书及版画》，《文物》1979 年第 5 期。

[30] 龙建国：《〈刘知远诸宫调〉应是北宋后期的作品》，《文学遗产》 2003 年第 3 期。

[31] ［美］陈学霖：《元好问壬辰杂编与〈金史〉》，《台湾大学历史学系学报》1990 年第 15 期。

[32] 孟东风：《金代女真人的汉化与民族融合》，《东北师大学报》1994 年第 4 期。

[33] 齐峰：《山西平水刻书业与中国古代出版》，《山西大学学报》2004 年第 12 期。

[34] 钱超尘：《现存〈素问〉最早版本金刻本揭秘》，《北京中医药大学学报》2005 年第 5 期。

[35] 钱存训：《印刷术在中国传统文化中的功能》，《汉学研究》1990 年第 12 期。

[36] 瞿大风：《元代山西平阳刻书述略》，《图书馆工作与研究》2005 年第 29 期。

[37] 容坤：《台湾所藏金元时期山西刻本》，《文献》2001 年第 2 期。

[38] 莎日娜：《辽金元时期儒家经典图书的编译及出版》，《内蒙古大学学报》1997 年第 1 期。

[39] 宋德金：《金代文化概述》，《历史教学》1982 年第 2 期。

[40] 宿白：《赵城金藏与弘法藏》，《现代佛学》1964 年第 2 期。

[41] 孙安邦：《山西的雕版印刷宋辽金元时期》（下），《新闻出版交流》 2001 年第 5 期。

[42] 孙继民、杜立晖：《俄藏黑水城金代毛克文书初探》，《历史研究》 2007 年第 4 期。

[43] 孙玉祥：《崔法珍与〈赵城金藏〉》，《编辑之友》1987 年第 6 期。

［44］孙玉祥：《古代山西雕版印刷初探》，载《中国印刷年鉴》（1989—1990），印刷工业出版社 1991 年版。

［45］孙玉祥：《金代出版家张存惠》，《编辑之友》1986 年第 2 期。

［46］孙玉祥：《金元两代刻书中——平水》，《新闻出版交流》1994 年第 1 期。

［47］陶晋生：《金代初期女真人的汉化》，《台湾大学文史哲学报》1968 年第 17 期。

［48］陶晋生：《金代中期的女真本土化运动》，《思与言》1970 年第 6 期。

［49］王德厚：《金世宗与女真人的“汉化”》，《黑龙江民族丛刊》1991 年第 4 期。

［50］王德毅：《元好问的生平及其史学》，载《纪念元好问八百年诞辰学术研讨会论文集》，文史哲出版社 1991 年版。

［51］王定勇：《金代诸宫调文化生态探寻》，《民族文学研究》2005 年第 4 期。

［52］王泽庆：《解州版〈金藏〉募刻的重要文献载——雕藏经主重修大阴寺碑考释》，《文物世界》2003 年第 8 期。

［53］乌拉熙春：《西安碑林女真文字书新考》，载《碑林集刊》（第 5 辑），陕西人民美术出版社 1998 年版。

［54］魏灵芝：《俄藏黑水城文献汉文世俗部分叙录》，《图书馆理论与实践》2001 年第 6 期。

［55］徐松巍、隋丽娟：《明鉴得失　纵论兴亡——〈归潜志〉史论特点探微》，《北方工业大学学报》1997 年第 2 期。

［56］许力以：《出版和出版学》，载《中国大百科全书·新闻出版》，中国大百科全书出版社 1990 年版。

［57］薛瑞兆：《论金国与南宋之间的艺文交流》，《民族文学研究》2007 年第 1 期。

［58］杨浣：《黑城：〈西北诸地马步军编册考释〉》，《中国史研究》2006 年第 1 期。

［59］杨军：《女真语、汉语与女真文化》，载《辽金史论集》（第 10 辑），中国社会科学出版社 2007 年版。

［60］杨文：《宋辽金元时期山西的雕版印刷》（上），《新闻出版交流》

2001 年第 2 期。

［61］杨忠谦：《论金代儒学的传播》，《晋中学院学报》2005 年第 2 期。

［62］姚从吾：《金世宗对中原汉化与女真旧俗的态度》，《台湾大学文史哲学报》1952 年第 4 期。

［63］姚从吾：《女真汉化的分析》，《大陆杂志》1953 年第 3 期。

［64］叶国良：《辽金碑志考释十则》，《台大中文学报》1999 年第 11 期。

［65］叶雪冬：《辽金元时代私家藏书概略》，《烟台师范学院学报》2002 年第 1 期。

［66］于翠玲：《"出版"溯源与中国出版活动的演变》，《延安大学学报》2008 年第 2 期。

［67］于霞裳：《金元时期平水印刷业初探》，《山西师范学院学报》1958 年第 2 期。

［68］张炳森：《西厢记诸宫调究竟创作于何时》，《河北学刊》2002 年第 4 期。

［69］张博泉：《金代教育史论》，《史学集刊》1989 年第 1 期。

［70］张博泉：《元好问与史学》，《晋阳学刊》1985 年第 2 期。

［71］张承宗：《金代刻书中心平水考辨》，《苏州大学学报》1982 年第 2 期。

［72］张德光：《关于赵城〈金藏〉研考中几个问题的商榷》，《文物世界》2006 年第 1 期。

［73］张帆：《金代地方官学略论》，《社会科学辑刊》1993 年第 1 期。

［74］张帆：《金代国子监钩沉》，载《辽金史论集》（第 5 辑），文津出版社 1991 年版。

［75］张晶：《金代教育的儒学化倾向及其文化功能》，《教育研究》1994 年第 3 期。

［76］张晶：《金代文化变异与女真诗人风格》，《民族文学研究》1998 年第 2 期。

［77］张秀兰：《记赵城藏零本》，《文物》1983 年第 12 期。

［78］张秀民：《金源监本考》，《图书季刊》1935 年第 1 期。

［79］张秀民：《辽、金、西夏刻书简史》，《文物》1959 年第 3 期。

［80］赵冬生：《六十年来山西新发现的我国古代印刷品综述》，《山西大学学报》1994 年第 11 期。

［81］ 赵永春：《论金代士风》，《松辽学刊》1999 年第 5 期。

［82］ 甄士龙：《薛史的亡佚与金朝的禁书》，《书品》2005 年第 1 期。

［83］ 周惠泉：《金代女真诗人完颜璹简论》，《社会科学战线》1985 年第
2 期。

［84］ 周益新：《金代医家常仲明生平、家世、著述考略》，《山西中医》
2004 年第 4 期。

［85］ 朱鸿：《简说〈西厢记诸宫调〉》，《齐齐哈尔大学学报》2002 年第
1 期。

［86］ 朱鸿：《谈残本〈刘知远诸宫调〉》，《黄河科技大学学报》2002 年
第 1 期。

［87］ 朱鸿：《诸宫调的作家与作品》，《黄河科技大学学报》2005 年第
4 期。

  2. 学位论文

［1］ 李润民：《河北地方志载金代作家文献研究》，硕士学位论文，山西
大学，2007 年。

［2］ 李宇星：《山西方志所载金代作家资料研究》，硕士学位论文，山西
大学，2007 年。

［3］ 刘辉：《金代儒学研究》，博士学位论文，吉林大学，2008 年。

［4］ 师莹：《河南方志所载金代作家传记资料汇考》，硕士学位论文，山
西大学，2007 年。

［5］ 郑宇：《金代医学研究》，硕士学位论文，吉林大学，2009 年。

附　录

一　《金史·艺文志》统计表

序号	编著者	《千顷堂书目》黄虞稷撰	《补辽金元艺文志》倪灿、卢文弨撰	《补三史艺文志》金门诏撰	《钦定续文献通考经籍考》	《补元史艺文志》钱大昕撰	《金艺文志补录》龚显曾撰	《金史艺文略》孙德谦纂	时间
					经　部				
1	白贲							孝经传	金末
2	利銮孙				春秋握奇图		春秋握奇图	春秋握奇图	
3	韩道冲					周易卜筮断	周易卜筮断		西夏
4	韩道冲					论语小义二十卷	论语小义二十卷		西夏
5	雷思					易解	易解	易解	世宗大定
6	吕豫					易说	易说	易说	金时
7	王天铎				易学集学		易学集说	易学集说	金末
8	袁从义					周易释略	周易释略	易略释	金末
9	袁从义							列子章句	金末
10	袁从义							庄子略解	金末
11	冯延登					学易记	学易记	学易记	金末

序号	编著者	《千顷堂书目》黄虞稷撰	《补辽金元艺文志》倪灿、卢文弨撰	《补三史艺文志》金门诏撰	《钦定续文献通考经籍考》	《补元史艺文志》钱大昕撰	《金艺文志补录》龚显曾撰	《金史艺文略》孙德谦纂	时间
				经 部					
12	张氏				张氏易解十卷	张氏易解十卷	易解		金末
13	薛元					易解	易解		金末
14	刘因						易系辞说		元初
15	刘因						四书精要三十卷		元初
16	刘因						四书语录		元初
17	刘因						小学语录		元初
18	党怀英						钟鼎集韵		世宗大定
19	无撰人				大定重校类篇十五册		大定重校类篇十五册		世宗大定
20	张天锡赵昌世				草韵十册	草韵十册	草书韵会		金末
21	马居易						汉隶分韵七卷		世宗大定
22	无撰人				金国语易经	女直字译易经			世宗大定二十三年(1183)
23	无撰人				国语书经	女直字译尚书			世宗大定
24	无撰人			女直字孝经	国语孝经	女直字孝经			世宗大定
25	无撰人				国语论语				世宗大定
26	无撰人				国语孟子				世宗大定
27	无撰人				国语老子	国语老子			世宗大定

续表

序号	编著者	《千顷堂书目》黄虞稷撰	《补辽金元艺文志》倪灿、卢文弨撰	《补三史艺文志》金门诏撰	《钦定续文献通考经籍考》	《补元史艺文志》钱大昕撰	《金艺文志补录》龚显曾撰	《金史艺文略》孙德谦纂	时间
				经　部					
28	无撰人					扬子	扬子		世宗大定
29	无撰人					文中子	文中子		世宗大定
30	无撰人					刘子			世宗大定
31	无撰人					国语新唐书	国语新唐书		世宗大定
32	无撰人					女直字盘古书	女直字盘古书		世宗大定
33	无撰人					女直字家语	女直字家语		世宗大定
34	无撰人					女直字太公书	女直字太公书		世宗大定
35	无撰人					女直字伍子胥书	女直字伍子胥书		世宗大定
36	无撰人					女直字孙膑书	女直字孙膑书		世宗大定
37	无撰人					女直字黄氏女书	女直字黄氏女书		世宗大定
38	无撰人					女直字百家姓	女直字百家姓		世宗大定
39	无撰人					女直字母	女直字母		世宗大定
40	无撰人						国语列子		世宗大定
41	温迪罕达宗褅璧阿鲁张克宗						四书译解		世宗大定

续表

序号	编著者	《千顷堂书目》黄虞稷撰	《补辽金元艺文志》倪灿、卢文弨撰	《补三史艺文志》金门诏撰	《钦定续文献通考经籍考》	《补元史艺文志》钱大昕撰	《金艺文志补录》龚显曾撰	《金史艺文略》孙德谦纂	时间
经 部									
42	敬铉						春秋备忘		元初
43	敬铉						明三传例八卷		元初
44	敬铉						续屏山杜氏春秋遗说八卷		元初
45	祝简						诗说		金初
46	刘庄孙						论语章旨		南宋末元初
47	王鹗						论语集义一卷		金末
48	黎立武						大学本旨一卷		南宋末元初
49	黎立武						大学发微一卷		南宋末元初
50	黎立武						中庸指归一卷		南宋末元初
51	黎立武						中庸分章一卷		南宋末元初
52	杜瑛						缑山论语旁通四卷		元初
53	杜瑛						孟子旁通四卷		元初
54	杜瑛						律吕律历礼乐杂志三瑛十卷		元初

序号	编著者	《千顷堂书目》黄虞稷撰	《补辽金元艺文志》倪灿、卢文弨撰	《补三史艺文志》金门诏撰	《钦定续文献通考经籍考》	《补元史艺文志》钱大昕撰	《金艺文志补录》龚显曾撰	《金史艺文略》孙德谦纂	时间
				经 部					
55	杜瑛							论语旁通二卷	元初
56	杜瑛							语孟旁通八卷	元初
57	宇文虚中							春秋纪咏三十卷	金初
58	毛苌著郑元笺			毛郑诗经		毛郑诗经			天德三年(1151)印
59	王弼韩康伯			易经注					海陵天德三年(1151)印
60	译经所			女直字译易经					世宗大定二十三年(1183)
61	赵秉文	易丛说十卷	易丛说十卷	易经丛说十卷		易丛说十卷	周易丛说十卷	易丛说十卷	金中期
62	赵秉文		象数杂说	象数杂说	象数杂说		象数杂说		章宗明昌至金末
63	赵秉文			女直字译尚书一部					章宗明昌
64	赵秉文			无逸直解		无逸直解	尚书无逸直解	尚书无逸直解	哀宗正大年间
65	赵秉文							大学解	哀宗正大年间

序号	编著者	《千顷堂书目》黄虞稷撰	《补辽金元艺文志》倪灿、卢文弨撰	《补三史艺文志》金门诏撰	《钦定续文献通考经籍考》	《补元史艺文志》钱大昕撰	《金艺文志补录》龚显曾撰	《金史艺文略》孙德谦纂	时间
				经　部					
66	孔安国			尚书传注					海陵天德三年（1151）印
67	吕造			尚书要略	尚书要略		尚书要略	尚书要略	哀宗正大四年（1227）
68	杜预			左传注					海陵天德三年（1151）印
69	杨云翼							象数杂说	章宗承安至正大四年（1196—1227）
70	杨云翼			左氏赋			左氏赋一篇		章宗承安至正大四年（1196—1227）
71	孔颖达			礼记疏					海陵天德三年（1151）印
72	郑贾			周礼注疏					海陵天德三年（1151）印

序号	编著者	《千顷堂书目》黄虞稷撰	《补辽金元艺文志》倪灿、卢文弨撰	《补三史艺文志》金门诏撰	《钦定续文献通考经籍考》	《补元史艺文志》钱大昕撰	《金艺文志补录》龚显曾撰	《金史艺文略》孙德谦纂	时间
				经　部					
73	张昕			礼纂一百二十卷					世宗
74	张昕			诸礼记录三百卷					世宗
75	温迪罕达宗壁			四书译解					世宗大定
76	阿鲁张克忠			五经译解			五经译解		世宗大定
77	张特立	易集说	易集说				周易集说	易集说	章宗泰和后
78	单沨		三十家易解			三十家易解	三十家易解	三十家易解	
79	王若虚	尚书义粹三卷	尚书义粹三卷		尚书义粹三卷			尚书义粹三卷	金后期
80	李纯甫	中庸集解		中庸集解		中庸集解一卷		中庸集解一卷	金中后
81	李纯甫						屏山杜氏春秋遗说		章宗明昌至金末
82	赵秉文	中庸说二卷		中庸说一卷	中庸说一卷			中庸说一卷	章宗明昌至金末
83	陈大任	辽礼仪制志							熙宗皇统七年（1147）
84	杨云翼	周礼辨一篇	周礼辨一篇	周礼辨一篇			周礼辨一篇	周礼辨一篇	章宗承安至正大四年(1196—1227)

序号	编著者	《千顷堂书目》黄虞稷撰	《补辽金元艺文志》倪灿、卢文弨撰	《补三史艺文志》金门诏撰	《钦定续文献通考经籍考》	《补元史艺文志》钱大昕撰	《金艺文志补录》龚显曾撰	《金史艺文略》孙德谦纂	时间
经　部									
85	李纯甫		中庸集解			中庸集解一卷			章宗泰和到宣宗元光
86	赵秉文		中庸说			中庸说一卷			章宗明昌至金末
87	赵秉文	删集论语解十卷	删集论语解十卷	删集论语解十卷		删集论语解十卷	删集论语解十卷	删集论语解十卷	章宗明昌至金末
88	赵秉文	删集孟子解十卷	删集孟子解十卷	删集孟子解		删集孟子解	删集孟子解	删集孟子解十卷	章宗明昌至金末
89	完颜希尹			太祖女直大字		太祖女直大字	字书		天辅三年（1119）
90	熙宗			熙宗女直小字		熙宗女直小字	女直小字		熙宗
91	蔡珪			续金石遗文跋尾		续金石遗文跋尾十卷	续金石遗文跋尾十卷		熙宗皇统至世宗大定十四年（1174）
92	马定国			六经考		六经考	六经考	六经考	金初
93	马定国						春秋传		金初
94	刘章	刺刺孟	刺刺孟			刺刺孟	刺刺孟一卷	刺刺孟一卷	
95	王若虚	经史辨惑四十卷	经史辨惑四十卷			经史辨惑四十卷（归入子部）	经史辨惑四十卷		金末
96	王若虚	四书辨疑一卷	四书辨疑一卷						金末

序号	编著者	《千顷堂书目》黄虞稷撰	《补辽金元艺文志》倪灿、卢文弨撰	《补三史艺文志》金门诏撰	《钦定续文献通考经籍考》	《补元史艺文志》钱大昕撰	《金艺文志补录》龚显曾撰	《金史艺文略》孙德谦纂	时间
					经 部				
97	王若虚					论语辨惑五卷	论语辨惑五卷	论语辨惑五卷	宣宗兴定五年(1221)
98	王若虚					孟子辨惑一卷	孟子辨惑一卷	孟子辨惑一卷	金末
99	王若虚					五经辨惑二卷	五经辨惑二卷	五经辨惑二卷	金末
100	王若虚					四书辨惑一卷	四书辨惑一卷	四书辨惑一卷	金末
101	王若虚							四书集注说	金末
102	韩孝彦	五音篇十五卷	五音篇十五卷			五音篇十五卷			章宗明昌七年（1196）
103	韩孝彦			四声篇海				四声篇海	章宗明昌七年（1196）
104	韩道昭	五音集韵十五卷	五音集韵十五卷		五音集韵十五卷	改并五音集韵十五卷	五音集韵十五卷	改并五音集韵十五卷	崇庆元年（1212）
105	韩道昭	五音增定并类聚四声篇十五卷	五音增定并类聚四声篇十五卷				五音增定并类聚四声篇十五卷	重编改并五音篇海十五卷	章宗泰和八年（1208）
106	王琠					次韵蒙求（归入子部）		次韵蒙求	世宗大定年间
107	毛麾					平水韵			世宗大定十五年（1176）

续表

序号	编著者	《千顷堂书目》黄虞稷撰	《补辽金元艺文志》倪灿、卢文弨撰	《补三史艺文志》金门诏撰	《钦定续文献通考经籍考》	《补元史艺文志》钱大昕撰	《金艺文志补录》龚显曾撰	《金史艺文略》孙德谦纂	时间
					经 部				
108	王文郁						平水新刊韵略五卷	增注礼部韵略	正大六年（1229）
					史 部				
109	完颜勖	始祖以下十帝实录三卷	始祖以下十帝实录三卷	始祖以下十帝实录三卷		金先朝实录三卷	金始祖以下十帝实录三卷	始祖以下十帝实录三卷	熙宗皇统元年（1141）
110	宗弼	太祖实录	太祖实录	太祖实录完		太祖实录二十卷	太祖实录二十卷	太祖实录二十卷	熙宗皇统八年（1148）
111	纥石烈良弼	太祖（太宗）实录	太祖（太宗）实录	太宗实录		太宗实录	太宗实录	太宗实录	章宗泰和九年（1209）
112	纥石烈良弼	睿宗实录	睿宗实录	睿宗实录		睿宗实录	睿宗实录	睿宗实录	世宗大定十一年（1171）
113	纥石烈良弼			熙宗实录		熙宗实录	熙宗实录	熙宗实录	世宗大定二十年（1180）
114	郑子聃					海陵实录	海陵实录		世宗大定
115	纥石烈良弼				海陵实录				世宗大定
116	郑子聃	海陵庶人实录	海陵庶人实录						世宗大定
117	国史院					世宗实录			世宗大定
118	完颜匡	世宗实录	世宗实录	世宗实录			世宗实录	世宗实录	章宗明昌四年（1193）

续表

序号	编著者	《千顷堂书目》黄虞稷撰	《补辽金元艺文志》倪灿、卢文弨撰	《补三史艺文志》金门诏撰	《钦定续文献通考经籍考》	《补元史艺文志》钱大昕撰	《金艺文志补录》龚显曾撰	《金史艺文略》孙德谦纂	时间
					史　部				
119	完颜匡					显宗实录	显宗实录八十八卷		章宗泰和三年（1203）
120	赵秉文							章宗实录一百卷事目二十卷	宣宗兴定五年（1221）
121	高汝砺张行简					章宗实录	章宗实录		宣宗兴定五年（1221）
122	无撰人	卫王事迹	卫王事迹			卫王事迹	卫王事迹	卫王事迹	宣宗兴定五年（1221）
123	王若虚	章宗实录	章宗实录	章宗实录				章宗实录	宣宗兴定五年（1221）
124	王若虚	宣宗实录	宣宗实录			宣宗实录	宣宗实录	宣宗实录	哀宗正大五年（1228）
125	王若虚							史记辨惑十一卷	章宗承安至金末
126	王若虚							诸书辨惑	章宗承安至金末
127	王若虚							新唐书辨惑	章宗承安至金末
128	宗叙			天德朝起居注			天德朝起居注	天德朝起居注	海陵天德三年（1151）

续表

序号	编著者	《千顷堂书目》黄虞稷撰	《补辽金元艺文志》倪灿、卢文弨撰	《补三史艺文志》金门诏撰	《钦定续文献通考经籍考》	《补元史艺文志》钱大昕撰	《金艺文志补录》龚显曾撰	《金史艺文略》孙德谦纂	时间
				史　部					
129	纥石烈良弼等			世宗起居注		世宗起居注	世宗起居注	世宗大定年间
130	守贞等			章宗起居注		章宗起居注	章宗起居注	章宗时
131	杨廷秀	四朝圣训	四朝圣训			四朝圣训	四朝圣训	四朝圣训	章宗承安二年(1197)
132	无撰人			史记译解					世宗大定六年(1166)
133	徒单镒					史记译解			世宗大定六年(1166)
134	徒单镒			西汉书译解		西汉书译解			世宗大定六年前
135	萧永祺	辽记三十卷	辽记三十卷	辽史		辽史七十五卷	辽史纪三十卷	辽史七十五卷	熙宗皇统
136	党怀英			辽史					熙宗皇统
137	陈大任	辽史	辽史			辽史		辽史	熙宗皇统
138	完颜宇迭	中兴事迹	中兴事迹			中兴事迹	中兴事迹	中兴事迹	宣宗贞祐五年(1217)
139	萧贡	史记注一百卷	史记注一百卷	注史记一百卷		史记注一百卷	史记注一百卷	世宗大定二十二年至宣宗兴定(1182—1222)

续表

序号	编著者	《千顷堂书目》黄虞稷撰	《补辽金元艺文志》倪灿、卢文弨撰	《补三史艺文志》金门诏撰	《钦定续文献通考经籍考》	《补元史艺文志》钱大昕撰	《金艺文志补录》龚显曾撰	《金史艺文略》孙德谦纂	时间
史 部									
140	萧贡						泰和律令		章宗泰和年间（1202—1208）
141	萧贡				五声姓谱五卷	五声姓谱五卷（归入子类）		五声姓谱五卷	
142	蔡珪	南北史志三十卷	南北史志三十卷	南北史志三十卷			南北史志三十卷	南北史志三十卷	金中期
143	杨云翼等	续资治通鉴	续资治通鉴	续资治通鉴			续资治通鉴	续资治通鉴	卫绍王大安元年（1209）
144	杨云翼校			大金礼仪		大金礼仪	校大金礼仪		卫绍王大安年间（1209—1211）
145	赵秉文			龟鉴					哀宗正大二年（1225）
146	赵秉文			贞观政要	贞观政要申鉴	贞观政要申鉴		贞观政要申鉴	哀宗正大元年（1224）
147	赵秉文			申鉴					哀宗正大元年（1224）
148	赵秉文杨云翼等	龟镜万年录	龟镜万年录			龟镜万年录二十篇	龟镜万年录	龟镜万年录	哀宗正大二年（1225）

续表

序号	编著者	《千顷堂书目》黄虞稷撰	《补辽金元艺文志》倪灿、卢文弨撰	《补三史艺文志》金门诏撰	《钦定续文献通考经籍考》	《补元史艺文志》钱大昕撰	《金艺文志补录》龚显曾撰	《金史艺文略》孙德谦纂	时间
				史　部					
149	赵秉文杨云翼等			君臣政要		君臣政要	君臣政要	君臣政要	哀宗正大三年（1226）
150	傅慎微	兴亡金镜录一百卷	兴亡金镜录一百卷	兴亡金镜录一百卷	兴亡金鉴录一百卷（归入子部）	兴亡金镜录一百卷	兴亡金镜录一百卷		世宗大定前
151	徒单镒			女直字贞观政要			女直字贞观政要		世宗大定五年（1165）
152	史公奕			大定遗训		大定遗训	大定遗训	大定遗训	哀宗正大四年（1227）
153	张珍							叠代世范	
154	范拱			初政录		初政录十五篇	初政录十五篇	初政录十五篇	太宗天会八年（1130）
155	张行简			会同记录		会同朝献禘祫丧葬录	会同朝献禘祫丧葬录		章宗
156	张行简			朝献记录					章宗
157	张行简			祫记录					章宗
158	张行简			丧葬记录					章宗
159	张行简			清台记		清台记	清台记	清台记	章宗
160	张行简			皇华记		皇华戒严记	皇华戒严记	皇华记	章宗
161	张行简			戒严记					章宗
162	张行简			为善自公记		为善记	为善记	为善记	章宗

序号	编著者	《千顷堂书目》黄虞稷撰	《补辽金元艺文志》倪灿、卢文弨撰	《补三史艺文志》金门诏撰	《钦定续文献通考经籍考》	《补元史艺文志》钱大昕撰	《金艺文志补录》龚显曾撰	《金史艺文略》孙德谦纂	时间
				史　部					
163	张行简							自公记	章宗
164	章宗							章宗飞龙记	章宗
165	杨圃祥				百斛珠	百斛珠	百斛珠		章宗
166	韩玉			元勋传			元勋传十卷	金元勋传十卷	章宗
167	王郁			王小子传			王小子传	王子小传	金末
168	李纯甫						屏山故人外传		章宗泰和至宣宗元光
169	李纯甫						屏山赘谈		章宗泰和至宣宗元光
170	吕子羽						吕跛子传		金末
171	无撰人						胥莘公家传		
172	徒单履						张候言行录		
173	滕茂实					凤山思远			北宋
174	张特立	历年系事记	历年系事记				历年系事记	历年系事记	金末
175	李大谅							征蒙记	金末
176	元好问	壬辰杂编	壬辰杂编				壬辰杂编	壬辰杂编三卷	金末
177				金源野史			野史	金源野史	金末
178	元好问						金源君臣言行录	金源君臣言行录	金末

续表

序号	编著者	《千顷堂书目》黄虞稷撰	《补辽金元艺文志》倪灿、卢文弨撰	《补三史艺文志》金门诏撰	《钦定续文献通考经籍考》	《补元史艺文志》钱大昕撰	《金艺文志补录》龚显曾撰	《金史艺文略》孙德谦纂	时间
				史　部					
179	元好问							南冠录	金末
180	元好问							千秋录	金末
181	元好问							帝王镜略	卫绍王大安前后至金末
182	无							金国文具录	金初
183	李俊民							李氏家谱	金后期
184	刘祁	归潜志十四卷		归潜志			归潜志十四卷	归潜志十四卷（归入子部）	金末
185	路铎						十二训		宣宗贞祐四年（1216）前
186	无撰人						金国志		
187	无撰人						金图经		
188	张汇						金国节要三卷		南宋
189	无						大辽古今录	大辽古今录	辽代
190	无						大辽事迹	大辽事迹	辽代
191	宇文懋昭	大金国志四十卷	大金国志四十卷					大金国志四十卷	金亡后

续表

序号	编著者	《千顷堂书目》黄虞稷撰	《补辽金元艺文志》倪灿、卢文弨撰	《补三史艺文志》金门诏撰	《钦定续文献通考经籍考》	《补元史艺文志》钱大昕撰	《金艺文志补录》龚显曾撰	《金史艺文略》孙德谦纂	时间
				史　部					
192	王磐、徐世隆	大定治绩二卷	大定治绩二卷						至元二年
193	无撰人				炀王江上录	炀王江上录	炀王江上录一卷		世宗大定
194	无撰人				大金德运图说	大金德运图说	大金德运图说一卷	金德运议一册	宣宗贞祐二年（1214）
195	无撰人				士民须知	士民须知	士民须知		金中期
196	孙镇				历代登科记	历代登科记	历代登科记		章宗
197	李世弼						登科记		世宗大定二十年（1180）
198	无撰人						承安庚申登科记		章宗承安间
199	敬铉					国朝宪章十五卷			元初
200	无撰人					金国官制	金国官制一卷		
201	无撰人						总格		
202	无撰人						金格		
203	无撰人	金人吊伐录二卷	金人吊伐录二卷		大金吊伐录	大金吊伐录	大金吊伐录四卷	大金吊伐录四卷	金初
204	无撰人	北风扬沙录	北风扬沙录				北风扬沙录一卷	北风扬沙录一卷	元初

续表

序号	编著者	《千顷堂书目》黄虞稷撰	《补辽金元艺文志》倪灿、卢文弨撰	《补三史艺文志》金门诏撰	《钦定续文献通考经籍考》	《补元史艺文志》钱大昕撰	《金艺文志补录》龚显曾撰	《金史艺文略》孙德谦纂	时间
				史 部					
205	无撰人	天兴墨泪	天兴墨泪				天兴墨泪	天兴墨泪	元初
206	无撰人					金国刑统	金国刑统		
207	无撰人					金重修玉牒	金重修玉牒	金重修玉牒	章宗承安五年(1200)
208	无撰人							金国世系	
209	张师颜				南迁录	金人南迁录一卷	南迁录一卷		南宋
210	王寂					北迁录	北迁录		熙宗皇统至章宗明昌
211	王绘						甲寅通和录		太宗天会十二年(1134)
212	王鹗					汝南遗事			金亡后
213	元杨奂	天兴近鉴三卷							金末
214	蔡珪	晋阳志十二卷	晋阳志	晋阳志十二卷		晋阳志	晋阳志十二卷	晋阳志十二卷	海陵天德到世宗大定十四年(1174)
215	蔡珪	补正水经五篇		补正水经五篇		水经补亡四十篇三卷			海陵天德到世宗大定十四年(1174)

续表

序号	编著者	《千顷堂书目》黄虞稷撰	《补辽金元艺文志》倪灿、卢文弨撰	《补三史艺文志》金门诏撰	《钦定续文献通考经籍考》	《补元史艺文志》钱大昕撰	《金艺文志补录》龚显曾撰	《金史艺文略》孙德谦纂	时间
				史　部					
216	杨伯雄	瑶山往鉴	瑶山往鉴		瑶山往鉴（归入子部）	瑶山往鉴	瑶山往鉴	瑶山往鉴	世宗大定初
217	张浩							皇制	金初
218	孔元措					孔氏祖庭广记十二卷	孔氏祖庭广记十二卷		哀宗正大四年（1227）
219	孔环							续编祖庭广记	
220	孔元措					孔氏实录			哀宗正大
221	礼官修	礼器纂修杂录四百卷	礼器纂修杂录四百卷			礼器纂修杂录四百卷	礼器纂修杂录四百卷		世宗大定
222	无撰人							大金仪礼四十卷	章宗明昌
223	张晔等		大金仪礼四十卷			大金仪礼四十卷			章宗明昌
224	张晔等撰	大金集礼四十卷	大金集礼四十卷		大金集礼四十卷	大金集礼四十卷	大金集礼四十卷	大金集礼四十卷	章宗明昌六年（1195）
225	陈大任		辽礼仪志			辽礼仪志	辽礼仪志		皇统八年（1148）
226	无撰人				皇统制条	皇统制条			熙宗皇统
227	无撰人							正隆续降制书	海陵正隆
228	无撰人							军前权宜条理	世宗大定初

续表

序号	编著者	《千顷堂书目》黄虞稷撰	《补辽金元艺文志》倪灿、卢文弨撰	《补三史艺文志》金门诏撰	《钦定续文献通考经籍考》	《补元史艺文志》钱大昕撰	《金艺文志补录》龚显曾撰	《金史艺文略》孙德谦纂	时间
					史　部				
229	李佑之					删注刑统赋	删注刑统赋	删注刑统赋	
230	李佑之							刑统赋删要	
231	移剌慆			皇统制条大定律例		大定重修制条十二卷		大定律例十二卷	世宗大定
232	张行简	礼例纂一百二十卷	礼例纂			礼例纂一百二十卷	礼例纂一百二十卷	礼例纂一百二十卷	章宗泰和年间（1201—1209）
233	司空襄等	新定律令敕条格式五十二卷	新定律令敕条格式五十二卷			新定律令敕条格式五十二卷	新定律令敕条格式五十二卷	新定律令敕条格式五十三卷	章宗泰和元年（1201）
234	无撰人	泰和律义	泰和律义			泰和律义三十卷	泰和律义三十卷	泰和律义三十卷	章宗泰和元年
235	无撰人					承安律义		承安律义	章宗承安
236	郑当时	节义事实	节义事实			节义事实	节义事实	节义事实	章宗时
237	蔡珪					续欧阳公集录金石遗文六十卷	续欧阳公集录金石遗文六十卷	续欧阳文忠公集录金石遗文六十卷	海陵天德至世宗大定十四年（1174）
238	蔡珪		水经补亡			补正水经三卷		补正水经三卷	海陵天德至世宗大定十四年（1174）

续表

序号	编著者	《千顷堂书目》黄虞稷撰	《补辽金元艺文志》倪灿、卢文弨撰	《补三史艺文志》金门诏撰	《钦定续文献通考经籍考》	《补元史艺文志》钱大昕撰	《金艺文志补录》龚显曾撰	《金史艺文略》孙德谦纂	时间
				史　部					
239	蔡珪				燕王墓辨		燕王墓辨一卷	燕王墓辨一卷	世宗大定九年（1269）
240	完颜勖	女直郡望姓氏谱	女直郡望姓氏谱	女直郡望姓氏谱		女直郡望姓氏谱	女直郡望姓氏谱二卷	女直郡望姓氏谱二卷	海陵正隆二年（1157）前
241	完颜勖			熙宗尊号册文				熙宗尊号册文	熙宗时期
242	阿里合懑							本朝谱牒	金初
243	潘希孟							宣宗哀册	哀宗元光二年（1223）
244	潘希孟							宣宗玉册	宣宗时
245	无撰人							天眷新官制	熙宗天眷
246	萧颐							河南北官通注格	
247	无撰人							换官格	
248	无撰人							大定官制	世宗大定
249	吕贞幹				碣石志		碣石志	碣石志	章宗泰和
250	王寂				辽东行部志一卷		辽东行部志一卷	辽东行部志一卷	章宗明昌元年（1190）
251	王寂				鸭江行部志		鸭江行部志	鸭江行部志	章宗明昌二年（1191）

续表

序号	编著者	《千顷堂书目》黄虞稷撰	《补辽金元艺文志》倪灿、卢文弨撰	《补三史艺文志》金门诏撰	《钦定续文献通考经籍考》	《补元史艺文志》钱大昕撰	《金艺文志补录》龚显曾撰	《金史艺文略》孙德谦纂	时间
					史　部				
252	阎子秀							鸭江行记	
253	无撰人							金初州郡志	金初
254	无撰人							正隆郡志	海陵正隆
255	萧显之							西湖行记	
256	马定国						石鼓辨	石鼓辨	金初
257	徒单镒						学之急一篇		章宗明昌至崇庆三年
258	徒单镒						道之要一篇		章宗明昌至崇庆
259	赵秉文						法言微旨	法言微旨	哀宗元光元年(1222)
					子　部				
260	赵秉文	扬子发微一卷	扬子发微一卷	扬子发微一卷		扬子发微一卷	扬子发微一卷		金末
261	赵秉文	太玄笺赞六卷	太玄笺赞一卷	太玄笺赞六卷		太玄笺赞一卷			哀宗元光元年(1222)
262	赵秉文	文中子类说六卷	文中子类说一卷	文中子类说一卷		文中子类说一卷	中说类解	中说类解一卷	金末
263	赵秉文						道学发源	道学发源(无撰人)	宣宗兴定三年(1219)
264	赵秉文							道德真集解四卷	金末

序号	编著者	《千顷堂书目》黄虞稷撰	《补辽金元艺文志》倪灿、卢文弨撰	《补三史艺文志》金门诏撰	《钦定续文献通考经籍考》	《补元史艺文志》钱大昕撰	《金艺文志补录》龚显曾撰	《金史艺文略》孙德谦纂	时间
子　部									
265	赵秉文			南华略释		南华略释	南华略释一卷	南华略释一卷	金末
266	赵秉文			列子解					金末
267	赵秉文						老子解		金末
268	赵秉文					列子补注一卷	列子补注一卷	列子补注一卷	金末
269	赵秉文			资暇录十五卷		资暇录十五卷	资暇录十五卷	资暇录十五卷	金末
270	赵秉文					太元笺赞六卷	太元笺赞六卷		金末
271	赵秉文					百里指南一册	百里指南一册	百里指南一卷	金末
272	萧贡					公论二十卷	公论二十卷	公论二十五卷	章宗
273	时雍					道德经全解六卷	道德经全解六卷		
274	陈规							律身日录	章宗明昌至哀宗正大五年(1228)
275	董国华							论道编	
276	刘处元				阴符经注	阴符经注一卷	阴符经注一卷	阴符经注一卷	金中期
277	刘处元							道德经注	金中期
278	刘处元							长生真人至真语录一卷	金中期

序号	编著者	《千顷堂书目》黄虞稷撰	《补辽金元艺文志》倪灿、卢文弨撰	《补三史艺文志》金门诏撰	《钦定续文献通考经籍考》	《补元史艺文志》钱大昕撰	《金艺文志补录》龚显曾撰	《金史艺文略》孙德谦纂	时间
					子　部				
279	唐淳				阴符经注二卷	阴符经注二卷		阴符经注二卷	
280	郝大通							周易参同契简要释义	金中期
281	郝大通							三教入易论一卷	金中期
282	郝大通							示教直言	金中期
283	又元子							太微仙君功过格	
284	李霖				道德经取善集十二卷	道德经取善集十二卷			世宗大定十二年（1172）
285	寇才质				道德经四子古道集解十卷	道德经四子古道集解十卷		道德经四子古道集解十卷	世宗大定二十年（1180）
286	无撰人							道德真经全解六卷	
287	刘祁	处言四十三篇					处言四十三篇	处言四十三篇	金末
288	阎长言							笔录	宣宗贞祐五年（1217）前
289	李纯甫		中国心学						章宗泰和至哀宗元光

序号	编著者	《千顷堂书目》黄虞稷撰	《补辽金元艺文志》倪灿、卢文弨撰	《补三史艺文志》金门诏撰	《钦定续文献通考经籍考》	《补元史艺文志》钱大昕撰	《金艺文志补录》龚显曾撰	《金史艺文略》孙德谦纂	时间
				子　部					
290	李纯甫			鸣道集解	鸣道集说	鸣道集解五卷		鸣道集解一卷	章宗泰和至哀宗元光
291	李纯甫			老子集解		老子解	老子解	老子解	章宗泰和至哀宗元光
292	李纯甫			庄子集解		庄子解	庄子解	庄子解	章宗泰和至哀宗元光
293	李纯甫			无量寿经					章宗泰和至哀宗元光
294	李纯甫			楞严经解		楞严外解	楞严经解	楞严外解	章宗泰和中
295	李纯甫			西方父教			西方父教		章宗泰和至哀宗元光
296	李纯甫				金刚经别解	金刚经解		屏山居士金刚经别解	章宗泰和
297	李纯甫							屏山翰林佛事	哀宗元光二年（1223）
298	李纯甫							成都大悲寺集三卷	章宗泰和至哀宗元光

续表

序号	编著者	《千顷堂书目》黄虞稷撰	《补辽金元艺文志》倪灿、卢文弨撰	《补三史艺文志》金门诏撰	《钦定续文献通考经籍考》	《补元史艺文志》钱大昕撰	《金艺文志补录》龚显曾撰	《金史艺文略》孙德谦纂	时间
					子　部				
299	万松老人					评唱天童觉和尚颂古从容庵录			哀宗元光三年(1223)
300	万松老人					万寿语录			元初
301	万松老人					评唱天童拈古请益后录			哀宗正大七年(1230)
302	万松老人					释氏新闻			天兴三年(1234)
303	释圆机					弥陀偈			
304	无撰人					无量寿经			章宗承安二年(1197)
305	无撰人				道藏经目录			万寿道藏经目录十卷	
306	无撰人				净发须知二卷			净发须知二卷	
307	张珣			金刚般若经		金刚般若经注		金刚般若经注	
308	李演							朝宗禅林记	
309	蔡珪					古器类编三十卷		古器类编三十卷(归入史部)	海陵天德至大定十四年(1174)

序号	编著者	《千顷堂书目》黄虞稷撰	《补辽金元艺文志》倪灿、卢文弨撰	《补三史艺文志》金门诏撰	《钦定续文献通考经籍考》	《补元史艺文志》钱大昕撰	《金艺文志补录》龚显曾撰	《金史艺文略》孙德谦纂	时间
子部									
310	张特立		集说				集说	集说	章宗以后
311	王庭筠	丛语十卷	丛语十卷						章宗
312	王庭筠	朝宗禅		丛辨（谈）		丛辨十卷	丛辨十卷	丛辨十卷	章宗
313	王庭筠 张汝芳			品第书法名画五百五十卷		品第法书名画记	品第书法名画记五百五十卷	品第法书名画记五百五十五卷	章宗明昌三年（1192）
314	元好问		续夷坚志		续夷坚志			续夷坚志四卷	宣宗贞祐五年（1217）
315	元好问						续古今考九卷	续古今考九卷	
316	李治							壁书丛削十二卷	
317	李治							泛说四十卷	
318	李治							敬斋古今	
319	李治							测圆海镜十二卷	元定宗三年（1248）
320	李治							益古衍段三卷	元宪宗九年（1259）
321	张守愚	平辽议三篇	平辽议三篇			平辽议三篇	平辽议三卷	平辽议三卷	章宗承安元年（1196）

续表

序号	编著者	《千顷堂书目》黄虞稷撰	《补辽金元艺文志》倪灿、卢文弨撰	《补三史艺文志》金门诏撰	《钦定续文献通考经籍考》	《补元史艺文志》钱大昕撰	《金艺文志补录》龚显曾撰	《金史艺文略》孙德谦纂	时间
子部									
322	无撰人						太乙新历		章宗泰和六年（1206）
323	杨云翼	句股机要	句股机要			句股机要（归入子部）			章宗承安至哀宗正大四年（1196—1227）
324	杨云翼	悬象赋一篇	悬象赋一篇			悬象赋一篇	天象赋一篇	悬象赋一篇	金末
325	杨云翼	五星聚井辨一篇	五星聚井辨一篇	五星聚井辨一篇		五星聚井辨一篇	五星聚井辨一篇	五星聚井辨一篇	金末
326	杨云翼			庄列赋				庄列赋	金末
327	杨云翼			句股机要			句股机要一卷		金末
328	杨云翼	气数杂说	气数杂说	象数杂说		象数杂说	象数杂说	气数杂说	金末
329	杨云翼						绩年杂说		金末
330	徐次宾							大六壬玉连环一字诀	
331	岳熙载					天文精义赋三卷	天文精义赋三卷	天文精义赋三卷	金末
332	岳熙载					天文详异赋一卷	天文详异赋一卷	天文详异赋一卷	金末
333	岳熙载					天文主管释义三卷	天文主管释义三卷	天文主管释义三卷	金末

续表

序号	编著者	《千顷堂书目》黄虞稷撰	《补辽金元艺文志》倪灿、卢文弨撰	《补三史艺文志》金门诏撰	《钦定续文献通考经籍考》	《补元史艺文志》钱大昕撰	《金艺文志补录》龚显曾撰	《金史艺文略》孙德谦纂	时间
子部									
334	岳熙载					注李淳风天文类要四卷	注李淳风天文类要四卷	注李淳风天文类要四卷	金末
335	无撰人				天文主管				章宗明昌元年（1190）
336	武亢						天文主管一卷	校正天文主管一卷	章宗明昌元年（1190）
337	张行简							天象传	章宗泰和年间
338	张翼					天象传	天象传		章宗泰和年间
339	张翼	大明历十卷	大明历十卷			金大明历十卷			太宗天会五年（1127）
340	无撰人						金大明历十卷	金大明历十卷	太宗天会五年（1127）
341	无撰人						大明历一卷		世宗大定十三年（1173）
342	赵知微	重修大明历	重修大明历			重修大明历	重修大明历	重修大明历	世宗大定十一年（1171）
343	张行简				人伦大统赋	人伦大统赋一卷	人伦大统赋一卷	人伦大统赋二卷	章宗泰和年间

序号	编著者	《千顷堂书目》黄虞稷撰	《补辽金元艺文志》倪灿、卢文弨撰	《补三史艺文志》金门诏撰	《钦定续文献通考经籍考》	《补元史艺文志》钱大昕撰	《金艺文志补录》龚显曾撰	《金史艺文略》孙德谦纂	时间
					子　部				
344	张行简	改定太乙新历	改定太乙新历			改定太乙新历	改定太一新历	改定太一新历	章宗泰和六年（1206）
345	耶律履	乙未历	乙未历	乙未历		乙未元历	乙未元历	乙未元历	世宗大定十一年（1171）
346	耶律履							揲蓍说	章宗明昌元年前（1191）
347	杜瑛					皇极引用八卷		皇极引用八卷	元初
348	杜瑛							律历志十卷	元初
349	杜瑛					皇极疑事四卷		皇极疑事四卷	金末
350	杜瑛					极学十卷		极学十卷	元初
351	杨云翼							句股杂说	章宗承安至哀宗正大四年（1196—1227）
352	杨云翼							积年杂说	章宗承安至哀宗正大四年（1196—1227）

续表

序号	编著者	《千顷堂书目》黄虞稷撰	《补辽金元艺文志》倪灿、卢文弨撰	《补三史艺文志》金门诏撰	《钦定续文献通考经籍考》	《补元史艺文志》钱大昕撰	《金艺文志补录》龚显曾撰	《金史艺文略》孙德谦纂	时间
				子　部					
353	刘因							希圣解	元初
354	张谦				新校地理新书十五卷	新校地理新书十五卷		校正地理新书十五卷	章宗明昌三年（1192）
355	毕履道							图解地理新书十五卷	世宗大定
356	兀钦	注青乌子葬经一卷	注青乌子葬经一卷			注青乌子葬经一篇	注青乌子葬经一卷	青乌先生葬经注一卷	
357	徒单镒			白氏策林			译白氏策林		世宗大定五年（1165）
358	张居中	六壬无惑钤六卷	六壬无惑钤六卷				六壬无惑钤六卷	六壬无惑钤六卷	
359	王处一				华山志一卷		华山志一卷	西岳华山志一卷	世宗大定二十三年（1183）
360	王处一				云光集四卷		云光集四卷	云光集四卷	世宗大定至宣宗贞祐五年（1217）
361	邱处机							大丹直指	世宗大定二十年至哀宗正大四年（1180—1227）

序号	编著者	《千顷堂书目》黄虞稷撰	《补辽金元艺文志》倪灿、卢文弨撰	《补三史艺文志》金门诏撰	《钦定续文献通考经籍考》	《补元史艺文志》钱大昕撰	《金艺文志补录》龚显曾撰	《金史艺文略》孙德谦纂	时间
					子　部				
362	梁有修							续列仙传	
363	纪天锡	集注难经五卷	集注难经五卷	注难经五卷					世宗大定七年（1167）
364	成无己					注伤寒论十卷		伤寒论注十卷	海陵皇统四年（1144）
365	成无己					伤寒明理论三卷	伤寒明理论三卷	伤寒明理论二卷	世宗正隆元年（1156）
366	成无己					论方一卷	论方一卷	论方一卷	海陵贞元前
367	成无己						医学启源		海陵贞元前
368	杨用道						附广肘后方八卷		海陵皇统三年（1143）
369	张元素	洁古注叔和脉诀十卷	洁古注叔和脉诀十卷			注叔和脉诀十卷	洁古注叔和脉诀十卷	洁古注叔和脉诀十卷	世宗大定
370	张元素	病机气宜保命集四卷（治法机要）	病机气宜保命集四卷（治法机要）	病机气宜保命集四卷（治法机要）	病机气宜保命集四卷（活法机要）	病机气宜保命集三卷（活法机要）	治法机要三卷		世宗大定二十六年（1186）
371	张元素	洁古珍珠囊一卷	洁古珍珠囊一卷			洁古珍珠囊一卷	洁古珍珠囊一卷		章宗泰和初

序号	编著者	《千顷堂书目》黄虞稷撰	《补辽金元艺文志》倪灿、卢文弨撰	《补三史艺文志》金门诏撰	《钦定续文献通考经籍考》	《补元史艺文志》钱大昕撰	《金艺文志补录》龚显曾撰	《金史艺文略》孙德谦纂	时间
子　部									
372	张元素		东垣十书						世宗大定至金末
373	张元素		东垣试效方						世宗大定至金末
374	张元素					洁古本草二卷		洁古本草二卷	世宗大定
375	张元素					洁古老人医学启元三卷		洁古老人医学启元三卷	世宗大定二十六年(1186)
376	张元素							难经注	世宗大定至金末
377	张元素							洁古云岐针法	世宗大定至金末
378	张元素							洁古家珍一卷	世宗大定至金末
379	刘完素	素问要旨八卷	素问要旨八卷			素问要旨八卷	素问要旨八卷		太宗天会至章宗泰和
380	刘完素						素问要旨论	素问要旨论八卷	太宗天会至章宗泰和
381	刘完素			运气要旨论		运气要旨论一卷		运气要旨论一卷	太宗天会至章宗泰和
382	刘完素	素问玄机原病式二卷	素问玄机原病式二卷	素问玄机原病式	原病式	素问玄机原病式二卷	素问玄机原病式二卷	素问玄机原病式二卷	世宗大定二十二年(1182)

续表

序号	编著者	《千顷堂书目》黄虞稷撰	《补辽金元艺文志》倪灿、卢文弨撰	《补三史艺文志》金门诏撰	《钦定续文献通考经籍考》	《补元史艺文志》钱大昕撰	《金艺文志补录》龚显曾撰	《金史艺文略》孙德谦纂	时间
				子 部					
383	刘完素	治病心印一卷	治病心印一卷			治病心印一卷	治病心印一卷	治病心印一卷	太宗天会至章宗泰和
384	刘完素	河间刘先生十八剂一卷	河间刘先生十八剂一卷			河间刘先生十八剂一卷	河间刘先生十八剂一卷	河间刘先生十八剂一卷	太宗天会至章宗泰和
385	刘完素	宣明论方十五卷	宣明论方十五卷			宣明方论十五卷	宣明方论十五卷	宣明方论十五卷	世宗大定十二年(1172)
386	刘完素			精要宣明论		精要宣明论五卷	精要宣明论五卷	精要宣明论五卷	太宗天会至章宗泰和
387	刘完素	伤寒标本心法类萃二卷	伤寒标本心法类萃二卷		伤寒标本心法类萃二卷	伤寒标本心法类萃二卷	伤寒标本心法类萃二卷	伤寒标本心法类萃二卷	太宗天会至章宗泰和
388	刘完素						伤寒心要一卷		太宗天会至章宗泰和
389	刘完素	伤寒心镜一卷	伤寒心镜一卷				伤寒心镜一卷		太宗天会至章宗泰和
390	刘完素							伤寒直格三卷	太宗天会至章宗泰和
391	刘完素	伤寒直格论方三卷	伤寒直格论方三卷		伤寒直格方三卷	伤寒直格论方三卷	伤寒直格方三卷	伤寒直格论方三卷	太宗天会至章宗泰和

续表

序号	编著者	《千顷堂书目》黄虞稷撰	《补辽金元艺文志》倪灿、卢文弨撰	《补三史艺文志》金门诏撰	《钦定续文献通考经籍考》	《补元史艺文志》钱大昕撰	《金艺文志补录》龚显曾撰	《金史艺文略》孙德谦纂	时间
				子 部					
392	刘完素					伤寒直格三卷、续集一卷、后集一卷、别集一卷			太宗天会至章宗泰和
393	刘完素	素问玄机气宜保命集三卷	素问玄机气宜保命集三卷				素问玄机气宜保命集三卷	素问玄机气宜保命集三卷	太宗天会至章宗泰和
394	刘完素	伤寒医鉴一卷	伤寒医鉴一卷			伤寒医鉴一卷	伤寒医鉴一卷	伤寒医鉴一卷	太宗天会至章宗泰和
395	刘完素							六经传变直格	太宗天会至章宗泰和
396	刘完素							伤寒类证	太宗天会至章宗泰和
397	李庆嗣	伤寒纂类四卷	伤寒纂类四卷	伤寒纂类四卷		伤寒纂类四卷	伤寒纂类四卷	伤寒纂类四卷	金中期
398	李庆嗣	改证活人书二卷	改证活人书二卷	改证活人书二卷		改证活人书二卷	改证活人书二卷	改证活人书二卷	金中期
399	李庆嗣	伤寒论三卷	伤寒论三卷	伤寒论三卷		伤寒论三卷	伤寒论二卷	伤寒论三卷	金中期
400	李庆嗣	针经一卷	针经一卷	针经一卷		针经一卷		针经一卷	金中期
401	李庆嗣	医学启元	医学启元			医学启元	医学启元	医学启元	金中期

序号	编著者	《千顷堂书目》黄虞稷撰	《补辽金元艺文志》倪灿、卢文弨撰	《补三史艺文志》金门诏撰	《钦定续文献通考经籍考》	《补元史艺文志》钱大昕撰	《金艺文志补录》龚显曾撰	《金史艺文略》孙德谦纂	时间
					子　部				
402	纪天锡			注难经五卷		集注难经五卷	集注难经五卷	集注难经五卷	世宗大定十五年（1175）
403	何若愚							流注指微针赋一卷	海陵贞元元年（1153）
404	何若愚							指微论三卷	海陵贞元元年（1153）
405	何若愚							流注经络井荥图歌诀	海陵贞元元年（1153）
406	窦汉卿							针经指南	
407	窦汉卿						标幽赋二卷	标幽赋	
408	窦汉卿							流注通元指要赋	
409	窦汉卿						铜人针经密语		
410	窦汉卿						指迷赋		
411	窦汉卿						疮疡经验全书十二卷		
412	陈文中						小儿痘疹方论一卷		金初

序号	编著者	《千顷堂书目》黄虞稷撰	《补辽金元艺文志》倪灿、卢文弨撰	《补三史艺文志》金门诏撰	《钦定续文献通考经籍考》	《补元史艺文志》钱大昕撰	《金艺文志补录》龚显曾撰	《金史艺文略》孙德谦纂	时间
子 部									
413	赵秉文							素问标注	章宗明昌至金末
414	袁从义							云庵妙选方	
415	张从政	儒门事亲十五卷	儒门事亲十五卷	儒门事亲十四卷	儒门事亲十五卷	儒门事亲十四卷	儒门事亲十五卷	儒门事亲三卷	哀宗正大五年（1228）
416	张从政	治病撮要一卷	治病撮要一卷			治病撮要一卷	治病撮要一卷	治病撮要一卷	章宗明昌至哀宗正大四年（1227）
417	张从政	伤寒心镜一卷	伤寒心镜一卷		伤寒心镜一卷	伤寒心镜一卷	伤寒心镜一卷	伤寒心镜一卷	章宗明昌至哀宗正大四年（1227）
418	张从政	张氏经验方二卷	张氏经验方二卷			张氏经验方二卷	张氏经验方二卷	张氏经验方二卷	章宗明昌至哀宗正大四年（1227）
419	张从政	秘传奇方二卷	秘传奇方二卷			秘传奇方二卷	秘传奇方二卷	秘录奇方二卷	章宗明昌至哀宗正大四年（1227）
420	张从政			汗下吐法		汗下吐法	汗下吐法	汗下吐法	章宗明昌至哀宗正大四年（1227）

序号	编著者	《千顷堂书目》黄虞稷撰	《补辽金元艺文志》倪灿、卢文弨撰	《补三史艺文志》金门诏撰	《钦定续文献通考经籍考》	《补元史艺文志》钱大昕撰	《金艺文志补录》龚显曾撰	《金史艺文略》孙德谦纂	时间
				子　部					
421	张从政			六门二法					章宗明昌至哀宗正大四年（1227）
422	张从政							直言治病百法二卷	章宗明昌至哀宗正大四年（1227）
423	张从政							十形三疗三卷附杂记一卷	章宗明昌至哀宗正大四年（1227）
424	张从政							治法杂论一卷	章宗明昌至哀宗正大四年（1227）
425	李杲							药性赋	金末元初
426	李杲							饮食劳倦伤论	金末元初
427	李杲							内外伤辨惑论三卷	哀宗正大八年（1231）
428	李杲							内外伤寒辨三卷	金末元初
429	李杲							医学发明九卷	金末元初

续表

序号	编著者	《千顷堂书目》黄虞稷撰	《补辽金元艺文志》倪灿、卢文弨撰	《补三史艺文志》金门诏撰	《钦定续文献通考经籍考》	《补元史艺文志》钱大昕撰	《金艺文志补录》龚显曾撰	《金史艺文略》孙德谦纂	时间
子　部									
430	李杲							此事难知二卷	金末元初
431	李杲							伤寒会要	金末元初
432	李杲							校评崔真人脉诀	金末元初
433	李杲							外科经义二卷	金末元初
434	李杲				直言治病百法二卷	直言治病百法二卷			金末元初
435	李杲				十形三疗三卷附杂记一卷	十形三疗三卷附杂记一卷			金末元初
436	李杲					东垣十书十册二十卷			金末元初
437	李杲					东垣试效方九卷	东垣试效方九卷		金末元初
438	李杲					用药法象一卷	用药法象一卷		金末元初
439	李杲					珍珠囊指掌补遗药性赋四卷			金末元初
440	李杲				内外经辨惑论三卷	内外经辨惑论三卷			金末元初
441	李杲				脾胃论三卷	脾胃论三卷	李氏脾胃论三卷		金末元初

序号	编著者	《千顷堂书目》黄虞稷撰	《补辽金元艺文志》倪灿、卢文弨撰	《补三史艺文志》金门诏撰	《钦定续文献通考经籍考》	《补元史艺文志》钱大昕撰	《金艺文志补录》龚显曾撰	《金史艺文略》孙德谦纂	时间
					子　部				
442	李杲				兰室秘藏三卷		兰室秘藏六卷	兰室秘藏六卷	金末元初
443	元好问							元氏集验方一卷	乃马真后元年（1242）
444	元好问							如积释琐细草	
445	元好问							故物谱	至元二年（1236）
446	王翼							素问注疑难二十卷	
447	王翼							本草歌括一卷	
448	王翼							伤寒歌括一卷	
449	王翼							算术一卷	
450	封仲坚							素问注	
451	郑当时	韵类节事	韵类节事		韵类节事（归入经部）	韵类节事	韵类节事（归入经部）		熙宗时期
452	郑当时	群书会要	群书会要		群书会要	群书会要	群书会要		熙宗时期
453	李纯甫	鸣道集说五卷	鸣道集说五卷			鸣道集解五卷			章宗泰和至宣宗元光
454	马饵					北新子	北新子		金末
455	完颜纲		类编陈言文字		泰和编类陈言文字二十卷	泰和编类陈言文字二十卷	泰和编类陈言文字二十卷		章宗泰和四年（1204年）

序号	编著者	《千顷堂书目》黄虞稷撰	《补辽金元艺文志》倪灿、卢文弨撰	《补三史艺文志》金门诏撰	《钦定续文献通考经籍考》	《补元史艺文志》钱大昕撰	《金艺文志补录》龚显曾撰	《金史艺文略》孙德谦纂	时间
					子　部				
456	无撰人			衍庆宫功臣图像		衍庆宫功臣图像			世宗大定十一年（1171）
457	无撰人			徒单克宁图像		徒单克宁图像			世宗大定二十八年（1188）
458	王喆					全真前后韬光集			世宗大定初至世宗大定十年（1170）
459	王喆				全真集十三卷	全真集十三卷		重阳全真集九卷	世宗大定十年（1170）
460	王喆				重阳教化集三卷	重阳教化集三卷		重阳教化集三卷	世宗大定初至大定十年（1170）
461	王喆				分梨十化集二卷	分梨十化集二卷		分梨十化集二卷	大定初至大定十年（1170）
462	王喆				金关玉锁诀一卷	金关玉锁诀一卷		金关玉锁诀一卷	世宗大定初至大定十年（1170）
463	王喆				重阳授丹阳二十四诀	重阳授丹阳二十四诀一卷		重阳授丹阳二十四诀一卷	世宗大定七年（1167）

续表

序号	编著者	《千顷堂书目》黄虞稷撰	《补辽金元艺文志》倪灿、卢文弨撰	《补三史艺文志》金门诏撰	《钦定续文献通考经籍考》	《补元史艺文志》钱大昕撰	《金艺文志补录》龚显曾撰	《金史艺文略》孙德谦纂	时间
子　部									
464	马钰					金丹口诀一卷		金丹口诀一卷	世宗大定七年至大定二十三年（1167—1183）
465	马钰					神光灿一卷		丹阳神光灿一卷	世宗大定十五年（1175）
466	马钰					洞元金玉集十卷		洞元金玉集十卷	世宗大定七年至大定二十三年（1167—1183）
467	大征					仙君功过格一卷			
468	王朋寿						重刊增广分门类林杂说十五卷	重刊增广分门类林杂说十五卷	世宗大定二十九年（1189）
集　部									
469	完颜勖			完颜勖集			金源郡王完颜勖集	完颜勖集	海陵时
470	完颜琦	如庵小稿六卷	如庵小稿六卷	如庵小稿诗		如庵小稿六卷	如庵小稿六卷	如庵小稿六卷	金末

序号	编著者	《千顷堂书目》黄虞稷撰	《补辽金元艺文志》倪灿、卢文弨撰	《补三史艺文志》金门诏撰	《钦定续文献通考经籍考》	《补元史艺文志》钱大昕撰	《金艺文志补录》龚显曾撰	《金史艺文略》孙德谦纂	时间
				集　部					
471	完颜璹			乐府诗一百首					章宗明昌至哀宗正大元年（1224）
472	完颜璹			诗三百首					章宗明昌至哀宗正大元年（1224）
473	允当子						樗轩居士集		
474	完颜永成	乐善居士集	乐善居士集	乐善居士集		乐善居士文集	乐善居士文集	乐善老人集	章宗泰和四年（1204）前
475	虞仲文			虞仲文集			虞仲文集		
476	宇文虚中			宇文虚中集		宇文虚中集	宇文虚中文集	宇文虚中文集	金初
477	张行简			叔甫集十五卷		张行简文集十五卷			宣宗贞祐三年（1215）前
478	杨云翼			之美集		杨云翼文集	杨云翼文集		金后期
479	杨云翼						左氏庄列赋各一篇		金后期
480	无撰人			左氏庄列赋		左氏庄列赋			
481	孟宗献					金丹赋			

续表

序号	编著者	《千顷堂书目》黄虞稷撰	《补辽金元艺文志》倪灿、卢文弨撰	《补三史艺文志》金门诏撰	《钦定续文献通考经籍考》	《补元史艺文志》钱大昕撰	《金艺文志补录》龚显曾撰	《金史艺文略》孙德谦纂	时间
				集　部					
482	徒单镒	弘道集六卷	宏道集六卷	弘道集六卷		宏道集六卷	宏道集六卷	宏道集六卷	章宗承安泰和年间
483	刘豫	刘曹王集十卷	曹王集十卷			刘豫集十卷	曹王集十卷		金初
484	吴激	东山集十卷	东山集十卷	东山集十卷		东山集十卷	东山集十卷	东山集十卷	熙宗皇统前
485	吴激						乐府		熙宗皇统前
486	吴激						吴彦高诗集		熙宗皇统前
487	闫咏			复轩集					章宗承安泰和年间
488	张斛	南游北归等诗	南游北归等诗			南游诗	南游集	南游集	金初
489	张斛						北游集		金初
490	张斛					北归诗		北归诗	金初
491	蔡松年	蔡松年文集	蔡松年文集	蔡松年集五十五卷		蔡松年集	蔡松年集	蔡松年文集五十五卷	海陵正隆四年（1159）前
492	蔡松年魏道明注						萧闲老人明秀集注三卷		世宗大定年间
493	蔡珪	蔡珪文集五十五卷	蔡珪文集五十五卷	正甫集五十五卷		蔡珪文集五十五卷	蔡珪文集五十五卷		世宗大定十四年（1174）前

续表

序号	编著者	《千顷堂书目》黄虞稷撰	《补辽金元艺文志》倪灿、卢文弨撰	《补三史艺文志》金门诏撰	《钦定续文献通考经籍考》	《补元史艺文志》钱大昕撰	《金艺文志补录》龚显曾撰	《金史艺文略》孙德谦纂	时间
集　部									
494	高士谈	蒙城集	蒙城集	蒙城集		蒙城集	蒙城集	蒙城集	金初
495	郑子聃			郑子聃集		郑子聃诗文二千余篇	郑子聃诗文二千余篇	郑子聃诗文二千余篇	世宗大定二十年前
496	郑子聃			郑子聃诗					海陵贞元至世宗大定二十年（1180）
497	郑子聃			忠臣犹孝子诗					海陵贞元三年（1155）
498	郑子聃			不贵异物民乃足赋			不贵异物民乃足赋		海陵贞元三年（1155）
499	郑子聃			忧国如饥渴论			忧国如饥渴论		海陵贞元三年（1155）
500	王郁			王郁集			王郁集		金末
501	马定国	莘堂先生集	莘堂先生集	马定国集		莘堂先生集	莘堂先生集	莘堂集	金初
502	祝简	鸣鸣集	鸣鸣集			鸣鸣集	鸣鸣集	鸣鸣集	
503	朱之才	霖堂集	霖堂集			霖堂集	霖堂集	霖堂集	
504	施宜生	三住老人集	三住老人集			施宜生集	三住老人集	三住老人集	世宗大定前
505	赵可	玉峰散人集	玉峰散人集	玉峰散人集		玉峰散人集	玉峰散人集	玉峰散人集	世宗

续表

序号	编著者	《千顷堂书目》黄虞稷撰	《补辽金元艺文志》倪灿、卢文弨撰	《补三史艺文志》金门诏撰	《钦定续文献通考经籍考》	《补元史艺文志》钱大昕撰	《金艺文志补录》龚显曾撰	《金史艺文略》孙德谦纂	时间
					集 部				
506							玉峰闲情集		世宗
507	刘汲	西严集	西严集			西严集	西严集	西严集	世宗
508	刘瞻	樱宁居士集	樱宁居士集			刘瞻集	樱宁居士集	樱宁居士集	世宗
509	刘迹	南荣集	南荣集			南荣集	南荣集诗文二册	南荣集	
510	刘仲尹	龙山集	龙山集			龙山集	龙山集	龙山集	
511	郝俣	虚舟居士集	虚舟居士集			虚舟居士集	虚舟居士集	虚舟居士集	
512	张公乐	竹堂集	竹堂集			竹堂集	竹堂集	竹堂集	
513	任询							任询诗数千首	
514	冯子翼							冯子翼集	
515	史旭	史旭诗	史旭诗			史旭诗	史旭诗一卷	史旭诗一卷	世宗大定二十四年(1184)前
516	王寀						曲全子诗集		海陵时
517	王础							王础诗	章宗明昌前
518	耶律履	文献公集	文献公集			耶律履集十五卷	耶律文献集十五卷		世宗大定
519	董师中	漳川集	漳川集			漳川集	漳川集	漳川集	章宗泰和二年(1202)前

序号	编著者	《千顷堂书目》黄虞稷撰	《补辽金元艺文志》倪灿、卢文弨撰	《补三史艺文志》金门诏撰	《钦定续文献通考经籍考》	《补元史艺文志》钱大昕撰	《金艺文志补录》龚显曾撰	《金史艺文略》孙德谦纂	时间
				集　部					
520	董师中						燕赐边部诗		章宗泰和二年（1202）前
521	王寂	拙轩集	拙轩集		拙轩集六卷	拙轩集六卷	拙轩集六卷	拙轩集六卷	章宗明昌五年（1194）前
522	张行简	张行简文集三十卷	张行简文集三十卷				张敬甫集三十卷	张行简文章十五卷	章宗明昌五年（1194）前
523	李仲略	丹源钓徒集	丹源钓徒集			丹源徒钓集	丹源徒钓集	丹源钓徒集	章宗泰和五年（1205）
524	刘迎	山林长语	山林长语			山林长语	山林长语	山林长语	世宗大定二十九年（1189）前
525	党怀英	竹溪集	竹溪集			竹溪集	竹溪先生文集十卷	竹溪先生文集十卷	金初
526	党怀英							党学士诗集	金初
527	赵沨	黄山集	黄山集	黄山集		黄山集	黄山集	黄山集	中后期
528	王庭筠	王翰林文集四十卷	翰林文集四十卷	王庭筠集四十卷		王庭筠文集四十卷	王庭筠文集四十卷	黄华文集四十卷	章宗明昌承安间
529	王庭筠			秋山应制诗三十首					章宗明昌间
530	王庭筠						雪溪堂帖十卷	雪溪堂帖十卷	章宗明昌三年（1192）

续表

序号	编著者	《千顷堂书目》黄虞稷撰	《补辽金元艺文志》倪灿、卢文弨撰	《补三史艺文志》金门诏撰	《钦定续文献通考经籍考》	《补元史艺文志》钱大昕撰	《金艺文志补录》龚显曾撰	《金史艺文略》孙德谦纂	时间
					集　部				
531	苗秀实							琴辨	
532	田秀实							田秀实集	
533	赵秉文	滏水集三十卷	滏水集三十卷	滏水集	滏水集二十卷	滏水集三十卷	滏水集内集二十卷		宣宗元光二年(1223)
534	赵秉文						滏水集外集十卷	闲闲外集	宣宗元光正大年间
535	赵秉文			诗资					宣宗元光正大年间
536	刘中	刘中文集	刘中文集			刘中文集	刘中文集	刘中文集	
537	周昂					常山集	常山集	常山集	
538	侯大中					侯大中诗集	侯大中诗集		世宗大定
539	路铎	虚舟居士集	虚舟居士集	虚舟居士集		虚舟居士集	虚舟居士集	虚舟居士集	宣宗贞祐二年(1214)
540	郦权	披轩集	披轩集			坡轩集	披轩集	坡轩集	章宗明昌初
541	张庭玉					张庭玉诗集			
542	姚孝锡					鸡肋集	鸡肋集		
543	耶律楚材						移剌楚材湛然集三十五卷		金末
544	离峰老人						离峰子诗集二卷		

续表

序号	编著者	《千顷堂书目》黄虞稷撰	《补辽金元艺文志》倪灿、卢文弨撰	《补三史艺文志》金门诏撰	《钦定续文献通考经籍考》	《补元史艺文志》钱大昕撰	《金艺文志补录》龚显曾撰	《金史艺略》孙德谦纂	时间
					集　部				
545	秦志安						林泉集二十卷		
546	无名老人陶氏						天游集		哀宗正大四年（1227）前
547	赵元					愚轩集	愚轩集		金后期
548	马钰					渐悟集	渐悟集二卷		世宗大定
549	李纯甫	李纯甫内稿	李纯甫内稿	李纯甫内集		李纯甫内外稿	李纯甫文集内稿	屏山内外稿	宣宗元光二年（1223）
550	李纯甫	李纯甫外稿	李纯甫外稿	李纯甫外集			李纯甫文集外稿		宣宗元光二年（1223）
551	史肃	澹轩遗稿	澹轩遗稿			澹轩遗稿	澹轩遗稿	澹轩遗稿	
552	萧贡	萧贡文集十卷	萧贡文集十卷			萧贡文集十卷	萧真卿文集	萧贡文集十卷	金末
553	白宝莹							莹禅师诗集	
554	史公奕	洹水集	洹水集			洹水集	洹水集	洹水集	哀宗正大四年（1227）前
555	冯延登	横溪翁集	横溪翁集			横溪翁集	横溪翁集		金末
556	王若虚	滹南遗老集四十五卷	滹南遗老集四十五卷	滹南遗老集四十五卷	滹南遗老集四十五卷	滹南遗老集四十五卷	滹南遗老集四十五卷		元至元二年（1242）

续表

序号	编著者	《千顷堂书目》黄虞稷撰	《补辽金元艺文志》倪灿、卢文弨撰	《补三史艺文志》金门诏撰	《钦定续文献通考经籍考》	《补元史艺文志》钱大昕撰	《金艺文志补录》龚显曾撰	《金史艺文略》孙德谦纂	时间
				集　部					
557	王若虚	佣夫集	佣夫集	佣夫集		佣夫集	佣夫集		金末
558	刘从益	蓬门先生集	蓬门先生集	蓬门集		蓬门先生集	蓬门集		哀宗正大前
559	章建	兰泉老人集	兰泉老人集	兰泉老人集		兰泉老人集	兰泉老人集		
560	毛麾	平水集	平水集			平水老人诗集十卷	平水集		章宗明昌元年（1190）前
561	王琢	姑汾漫士集	姑汾漫士集			姑汾漫士集	姑汾漫士集		章宗明昌至哀宗正大元年（1224）
562	王琢						中圣人赋		章宗明昌至哀宗正大元年（1224）
563	郭伯英						香山赋		
564	完颜勖			完颜勖诗集					海陵正隆二年（1157）前
565	虞仲文			虞仲文诗					章宗承安至宣宗元光二年（1223）

续表

序号	编著者	《千顷堂书目》黄虞稷撰	《补辽金元艺文志》倪灿、卢文弨撰	《补三史艺文志》金门诏撰	《钦定续文献通考经籍考》	《补元史艺文志》钱大昕撰	《金艺文志补录》龚显曾撰	《金史艺文略》孙德谦纂	时间
集　部									
566	许安仁			无隐论		无隐论		无隐论（归入子部）	世宗大定至章宗泰和五年（1205）
567	朱澜					朱巨观集			世宗大定年间
568	杨鹏					陶然集			
569	麻革					贻溪先生文集			元初
570	曹之谦					兑斋文集			元初
571	吕中孚			兰泉集					世宗大定
572	吕中孚	清漳集	清漳集	清漳集		清漳集	清漳集		世宗大定
573	景覃	渭滨野叟集	渭滨野叟集			景覃集	渭滨野叟集		世宗大定至章宗明昌
574	刘铎	柳谿先生集	柳溪先生集			刘铎集	柳溪先生集		哀宗天兴二年（1233）
575	秦略	西谿老人集	西溪老人集			秦略集	西谿老人集		金末
576	张琚	韦斋集	韦斋集			韦斋集	韦斋集	韦斋集	
577	杜佺	锦溪集	锦溪集			锦溪集	锦溪集		金初
578	李之翰	漆园集	漆园集			漆园集	漆园集		海陵天德年间
579	杨兴宗	龙南集	龙南集			龙南集	龙南集		熙宗天眷前
580	晁会	澶水集	澶水集			澶水集	泫水集		

序号	编著者	《千顷堂书目》黄虞稷撰	《补辽金元艺文志》倪灿、卢文弨撰	《补三史艺文志》金门诏撰	《钦定续文献通考经籍考》	《补元史艺文志》钱大昕撰	《金艺文志补录》龚显曾撰	《金史艺文略》孙德谦纂	时间
				集　部					
581	郭长倩	昆仑集	昆仑集	昆仑集		昆仑集	昆仑集	昆仑集	
582	郭用中	寂照居士集	寂照居士集			寂照居士集	寂照居士集		
583	张邦彦	松堂集	松堂集			松堂集	松堂集		金末
584	王元节	遁斋诗集	遁斋诗集	王元节诗集		遁斋诗集	遁斋诗集		章宗前
585	张澄						橘轩诗集		
586	李汾			李汾诗			李汾诗		金后期
587	何宏中						成真集		海陵正隆四年(1159)前
588	何宏中						通理集		海陵正隆四年(1159)前
589	王世赏	浚水老人集	浚水老人集			浚水老人集	浚水老人集		章宗时
590	桑子维	东皋集	东皋集(桑之维)			东皋集	东皋集		
591	许悦					许悦诗集	许悦诗集		
592	张廷玉	周廷玉集	张庭玉集				张子荣集		
593	邢安国						丹崖集		
594	杨叔能						叔亨集		元初
595	王敏夫	王敏夫集	王敏夫集			王敏夫集	王敏夫集		宣宗兴定间
596	李献甫	天倪集	天倪集	天倪集		天倪集	天倪集		金末

续表

序号	编著者	《千顷堂书目》黄虞稷撰	《补辽金元艺文志》倪灿、卢文弨撰	《补三史艺文志》金门诏撰	《钦定续文献通考经籍考》	《补元史艺文志》钱大昕撰	《金艺文志补录》龚显曾撰	《金史艺文略》孙德谦纂	时间
				集　部					
597	元德明	东严诗集三卷	东严诗集三卷	东山集三卷		东严集三卷	东严集三卷		章宗泰和五年（1205）
598	元好问	遗山文集四十卷	遗山文集四十卷		遗山集四十卷附录一卷		遗山集四十卷附录一卷		
599	元好问	遗山诗集二十卷	遗山诗集二十卷	元好问诗集二十卷	遗山诗集二十卷		遗山诗集二十卷		
600	元好问			元好问集十二卷					
601	元好问	遗山长短句							
602	完颜勖			东狩射虎赋			东狩射虎赋		熙宗
603	完颜勖			完颜勖谏表			谏表韩昉集		熙宗
604	韩昉			韩昉表					熙宗
605	韩昉			金太祖睿德神功碑			金太祖睿德神功碑		太祖天辅七年（1123）
606	刘炳			便宜十事疏					
607	施宜生			一日获三十六熊赋			一日获三十六头熊赋		太宗天会十三年（1135）

续表

序号	编著者	《千顷堂书目》黄虞稷撰	《补辽金元艺文志》倪灿、卢文弨撰	《补三史艺文志》金门诏撰	《钦定续文献通考经籍考》	《补元史艺文志》钱大昕撰	《金艺文志补录》龚显曾撰	《金史艺文略》孙德谦纂	时间
					集　部				
608	徒单镒			汉武中兴赋		汉武中兴赋			世宗大定末
609	刘祁	神川遁士集二十二卷				神川遁士文集二十二卷			金末元初
610	梁襄			世宗幸金莲川疏一卷		世宗幸金莲川疏一卷			世宗大定二十七年（1187）
611	无撰人			陈规章奏		陈规章奏			
612	无撰人			许古章奏		许古章奏			
613	魏道明					鼎新诗话			海陵贞元正隆年间
614	李俊民	庄靖先生集十卷	庄靖先生集十卷		庄靖集十卷	庄靖集十卷			元初
615	白君举					茅亭诗			
616	曹珪	卷澜集二卷	卷澜集三卷	卷澜集三卷		卷澜集二卷	卷澜集二卷		
617	曹望之	曹望之诗集二十卷	曹望之诗集二十卷	曹望之诗集三十卷		曹户部诗集	曹户部诗集		
618	李愈	狂愚集二十卷	狂愚集二十卷	狂愚集二十卷		狂愚集二十卷	狂愚集二十卷		
619	张铉	韦斋集	韦斋集						
620	宗经	云严文集	云严文集			云严文集			
621	段克已 段成已	二妙集八卷	二妙集八卷		二妙集八卷				

序号	编著者	《千顷堂书目》黄虞稷撰	《补辽金元艺文志》倪灿、卢文弨撰	《补三史艺文志》金门诏撰	《钦定续文献通考经籍考》	《补元史艺文志》钱大昕撰	《金艺文志补录》龚显曾撰	《金史艺文略》孙德谦纂	时间
					集　部				
622	郝大通	郝太古诗集	郝太古诗集			太古集	太古集四卷		世宗大定十八年（1178）
623	谭处渊	水云集	水云集				水云前后集		世宗大定时
624	赵抱渊					混成篇	混成篇		世宗大定至章宗明昌
625	候先生						常清静经注		
626	王若虚						君事实辨二卷		章宗承安至金末
627	王若虚						臣事实辨		章宗承安至金末
628	王若虚						论义辨惑一卷		章宗承安至金末
629	王若虚						著述辨惑一卷		章宗承安至金末
630	王若虚						杂辨一卷		章宗承安至金末
631	王若虚						谬误杂辨一卷		章宗承安至金末
632	常彦修孙增补					两汉策要十二卷	校补两汉策要十二卷		
633	齐伯颜						大定编制一卷		世宗大定时

续表

序号	编著者	《千顷堂书目》黄虞稷撰	《补辽金元艺文志》倪灿、卢文弨撰	《补三史艺文志》金门诏撰	《钦定续文献通考经籍考》	《补元史艺文志》钱大昕撰	《金艺文志补录》龚显曾撰	《金史艺文志略》孙德谦纂	时间
					集　部				
634	赵秉文						明昌辞人雅致		章宗明昌三年（1192）
635	完颜纲	类编陈言文字二十卷							章宗时期
636	王绘	注太白诗	注太白诗			注太白诗			金前期
637	元好问	唐诗鼓吹十卷	唐诗鼓吹						元初
638	元好问	中州集十卷	中州集	中州集	中州集十卷				元初
639	元好问	杜诗学一卷	杜诗学一卷	杜诗学一卷					哀宗正大二年（1225）
640	元好问	东坡诗雅三卷	东坡诗雅三卷	东坡诗雅三卷					哀宗正大六年（1229）
641	元好问	锦机一卷	锦机一卷	锦机一卷（归入史部）					宣宗兴定元年（1217）
642	元好问	诗文自警一卷	诗文自警一卷	诗文自警十八卷					宣宗兴定元年（1217）前后
643	元好问	中州乐府一卷	中州乐府一卷		中州乐府一卷		中州乐府一卷		

续表

序号	编著者	《千顷堂书目》黄虞稷撰	《补辽金元艺文志》倪灿、卢文弨撰	《补三史艺文志》金门诏撰	《钦定续文献通考经籍考》	《补元史艺文志》钱大昕撰	《金艺文志补录》龚显曾撰	《金史艺文略》孙德谦纂	时间
				集　部					
644	元好问	遗山乐府二卷	遗山乐府二卷				遗山先生新乐府五卷		
645	孙镇	注东坡乐府	注东坡乐府			注东坡乐府			
646	房祺	河汾诸老诗集	河汾诸老诗集						元大德五年（1301）
647	段成己	遁斋乐府一卷	遁斋乐府一卷				遁斋乐府一卷		
648	段克己	菊庄乐府一卷	菊庄乐府一卷				菊轩乐府一卷		
649	韩玉	东浦词一卷	东浦词一卷				东浦词一卷		
650	韩玉			应制集			应制集		
651	白朴		天籁集二卷		天籁集二卷		天籁集二卷		元初

注：杨家骆主编的《中国目录学名著》第三集《辽金元艺文志（上）》是对上表所列七部《艺文志》的汇编，故此处不再重复列出。表中金人各著作的成书时间由笔者著录，有的书籍成书时间是有明确记载的，对于没有明确记载的，笔者依据作者的生平标注大致的成书时间。对于大致时间也不能确定的著作则不作标注。表中共列作品651部，剔除完成时间为元代的作品18部，西夏人作品2部，金代创作的作品约有631部。太祖与太宗时期（天辅至天会年间）的著作共有27部；熙宗时期（天眷至皇统年间）的著作23部；海陵王时期（天德至正隆年间）的著作21部；世宗时期（大定年间）的著作130部；章宗时期（明昌、承安、泰和年间）的著作69部；卫绍王时期（大安年间）的著作2部；宣宗到金亡时期（崇庆至天兴年间）的著作共有118部。另外还有成书时间只能确定在一个时间段内的，如明昌至金末间共有著作22部；大定至金末间著作6部；承安至正大间著作7部。合计可以确定创作时间的著作为425部。因以上各书的统计尚有遗漏，笔者对其进行了补录，下面表格中为补录的内容。

二　《金史·艺文志》补表

序号	书名	作者	时间
1	五音集韵	荆璞	皇统年间
2	韵学	弥文焕	皇统前后
3	十七史蒙求	吴庭秀	大定二年（1162）
4	内经运气要旨论	刘完素	大定二十二年（1182）
5	习医药用直格并药方	刘完素	大定二十二年（1182）
6	三消论	刘完素	具体时间不详
7	素问药注	刘完素	具体时间不详
8	类玉篇海	王太	大定二十四年（1184）
9	增广类玉篇海	王太	大定年间
10	磐山栖云王真人语录	王真人	大定二十七年（1187）
11	冲虚至德真经四解	高守元	大定二十九年（1189）
12	刘知远诸宫调	作者不详	大定年间
13	《风骚格序》注	王琢	大定年间
14	《风骚闲客诗录》注	王琢	大定年间
15	体公禅师语录	体公禅师	大定年间
16	华严规兼带集	体公禅师	大定年间
17	荆山集	吕恭	大定年间
18	注《指玄》	蒋校元	明昌七年（1196）
19	西厢记诸宫调	董解元	章宗年间
20	诸仙降批词颂珠璧集	作者不明	正大元年（1224）
21	太原昭禅师语录	昭公禅师	正大二年（1225）
22	大方集	郎志清	正大七年（1230）
23	解心经	郝大通	具体时间不详
24	救苦经	郝大通	具体时间不详
25	新编诏告章表机要	郭明如	具体时间不详
26	注《心经》	赵秉文	具体时间不详
27	太上老君说常清静经颂	刘通微	具体时间不详
28	退休集	清凉相禅师	具体时间不详
29	归乐集	清凉相禅师	具体时间不详
30	清凉集	清凉相禅师	具体时间不详
31	离风老人集	于道显	具体时间不详

续表

序号	书名	作者	时间
32	道德真经四子古道集解	寇才质	具体时间不详
33	太上黄庭中景经	李千乘	具体时间不详
34	栖霞长春子丘神仙磻溪集	丘处机	具体时间不详

三　金代所刻书籍统计表

序号	书名	时间	备注
1	女真字母	天辅三年（1119）始	
2	大明历	天会五年（1127）	司天杨级绍造《大明历》，十五年，始颁行之①
3	成唯识论了义灯钞科文	天会十五年（1137）	
4	妙法莲花经	天眷二年（1139）	
5	附广肘后方	皇统四年（1144）	
6	大藏经（赵城金藏）	皇统八年（1148）至大定十三年（1173）	
7	大方广佛华严经合论	皇统九年（1149）	
8	易	天德以后	
9	诗	天德以后	
10	书	天德以后	
11	春秋	天德以后	
12	礼记	天德以后	
13	周礼	天德以后	
14	孝经	天德以后	
15	论语	天德以后	
16	孟子	天德以后	
17	荀子	天德以后	
18	扬子	天德以后	
19	老子	天德以后	
20	史记	天德以后	
21	前汉书	天德以后	

① （元）脱脱等：《金史·历上》卷21，中华书局1975年版，第441页。

续表

序号	书名	时间	备注
22	后汉书	天德以后	
23	三国志	天德以后	
24	晋书	天德以后	
25	宋书	天德以后	
26	齐书	天德以后	
27	梁书	天德以后	
28	陈书	天德以后	
29	魏书	天德以后	
30	北齐书	天德以后	
31	周书	天德以后	
32	隋书	天德以后	
33	新唐书	天德以后	
34	旧唐书	天德以后	
35	新五代史	天德以后	
36	旧五代史	天德以后	
37	佛说生天经	贞元三年（1155）	
38	佛说生天经	贞元三年（1155）	经上刻有"长命村信佛弟子刘友张氏印造……尽形散施，愿天下人安乐"①
39	据辽藏印	贞元初年	
40	据辽藏印	贞元初年	
41	伤寒明理论	正隆元年（1156）	
42	祖庭广记	正隆元年（1156）	
43	道德真经全解	正隆四年（1159）	
44	节事	正隆五年（1160）前	
45	薄伽藏教	大定二年（1162）	
46	伤寒类证	大定三年（1163）	
47	政和道藏	大定四年（1164）前	
48	清凉传	大定四年（1164）	
49	广清凉传	大定四年（1164）	
50	续清凉传	大定四年（1164）	
51	白氏策林	大定五年（1165）	
52	史记	大定六年（1166）	

① 韩琦：《在美国发现金刻本佛经》，载《中国出版年鉴1991—1992》，印刷工业出版社1993年版，第373页。

续表

序号	书名	时间	备注
53	西汉书	大定六年（1166）	
54	春秋	大定六年（1166）	
55	贞观政要	大定六年（1166）	
56	大般若经	大定六年（1166）	
57	道德真经取善集	大定十二年（1172）	
58	壬辰重改证吕太尉经进庄子全集	大定十二年（1172）	
59	伤寒论注解	大定十二年（1172）	
60	大明历	大定十三年（1173）	
61	女真字孟子	大定十五年（1175）	
62	女真字老子	大定十五年（1175）	
63	女真字新唐书	大定十五年（1175）	
64	女真字文中子	大定十五年（1175）	
65	女真字论语	大定十五年（1175）	
66	殿试试卷	大定十九年（1179）	《泌州刺史李君神道碑》载李君"登科时，御题《易无体》，同年生六十人，自甲选张行简至黄士表，赋学家谓人人可以魁天下，程卷皆锓木以传"①
67	东狩射虎赋	大定二十年（1180）	
68	内经运气要旨论	大定二十二年（1182）以前	因著医书《内经运气要旨论》《医方精要宣明论》二部，总一十七万余言，精微浩汗，造化详悉。而又述《习医要用直格并药方》，已板行于世②

① 元好问撰，姚奠中主编，李正民增订：《元好问全集·泌州刺史李君神道碑》，山西古籍出版社 2004 年版，第 399 页。

② 程道济：《素问玄机原病式序》，（清）张金吾：《金文最》卷 37，中华书局 1990 年版，第 532 页。

续表

序号	书名	时间	备注
69	医方精要宣明论	大定二十二年 （1182）以前	因著医书《内经运气要旨论》《医方精要宣明论》二部，总一十七万余言，精微浩汗，造化详悉。而又述《习医要用直格并药方》，已板行于世①
70	习医要用直格并药方	大定二十二年 （1182）以前	因著医书《内经运气要旨论》《医方精要宣明论》二部，总一十七万余言，精微浩汗，造化详悉。而又述《习医要用直格并药方》，已板行于世②
71	女真字刘子	大定二十三年（1183）	
72	女真字易	大定二十三年（1183）	
73	女真字书	大定二十三年（1183）	
74	女真字诗	大定二十三年（1183）	
75	女真字礼	大定二十三年（1183）	
76	女真字孝经	大定二十三年（1183）	
77	杨子	大定二十三年（1183）	
78	西岳华山志	大定二十三年（1183）	
79	教化下手迟	大定二十三年（1183）	
80	分梨十化	大定二十三年（1183）	
81	好离乡	大定二十三年（1183）	
82	两汉策要	大定二十五年（1185）前	
83	校补两汉策要	大定二十五年（1185）	
84	宣明	大定二十六年（1186）前	
85	伤寒直格	大定二十六年（1186）	
86	素问病机气宜保命集	大定二十六年（1186）	

①　程道济：《素问玄机原病式序》，（清）张金吾：《金文最》卷37，中华书局1990年版，第532页。

②　同上。

序号	书名	时间	备注
87	水云集	大定二十六年（1186）	
88	水云集	大定二十七年（1187）	
89	新修累音引证群籍玉篇	大定二十八年（1188）	
90	重阳全真集	大定二十八年（1188）	
91	增广分门类林杂说	大定二十九年（1189）	
92	圣济总录	大定间	
93	七真要训	大定间	
94	东坡奏议	大定间	
95	无量寿经	大定间	
96	华严经	大定间	
97	昆仑文集	大定间	
98	周易参同契简要释义	大定间	
99	大定新编便览	大定	
100	河防通议	大定四五年至明昌四五年间	
101	大金玄都宝藏	明昌元年（1190）	
102	山林长语	明昌元年（1190）	
103	皇帝阴符经注	明昌二年（1191）	
104	杜甫文集	明昌二年（1191）	
105	韩愈文集	明昌二年（1191）	
106	刘禹锡文集	明昌二年（1191）	
107	杜牧文集	明昌二年（1191）	
108	贾岛文集	明昌二年（1191）	
109	王建文集	明昌二年（1191）	
110	宋王禹称文集	明昌二年（1191）	
111	欧阳修文集	明昌二年（1191）	
112	王安石文集	明昌二年（1191）	
113	苏轼文集	明昌二年（1191）	
	张耒文集	明昌二年（1191）	
	秦观文集	明昌二年（1191）	
	解校正地理新书	明昌二年（1191）	

续表

序号	书名	时间	备注
117	山林长语	明昌初	
118	魏全死节事	泰和元年（1201）	
119	三昧华鲜经	泰和六年（1206）	
120	丹渊集	泰和六年（1206）	
121	大金玄都宝藏	泰和七年（1207）	
122	磻溪集	泰和八年（1208）	
123	泰和五音新改并类聚四声篇	泰和八年（1208）	
124	重编改并五音篇	泰和年间	
125	捕蝗图	章宗年间	
126	百斛珠	章宗年间	
127	飞龙记	章宗年间	
128	崇庆新雕改并五音集韵	崇庆元年（1212）	
129	崇庆新雕改并五音集韵	崇庆年间	
130	诗经	贞祐前	
131	易经	贞祐前	
132	春秋	贞祐前	
133	礼	贞祐前	
134	书	贞祐前	
135	泰和律义篇	贞祐前	
136	经史证类大全本草	贞祐二年（1214）	
137	本草衍义	贞祐二年（1214）	
138	道学发源	兴定三年（1219）	《道学发源后序》："国家承平既久，特以经术取人……而明道之说，亦未甚行。三数年来，其传乃始浸广，好事者往往闻风而悦之。今省庭诸君，尤为致力。慨话以兴起斯文为己任，且将与未知者共之。此《发源》之书，所以汲汲乎锓木也。"①

① 王若虚：《滹南遗老集·附续诗集》，《丛书集成初编本》，中华书局1985年版，第291页。

续表

序号	书名	时间	备注
139	屏山翰墨佛事	贞祐后，元光以前	
140	扬子法言微旨	元光元年（1222）	
141	孔氏祖庭广记	正大四年（1215）	
142	水云集	贞祐后正大六年（1217）前	
143	平水新刊韵略	正大六年（1229）	
144	水云集	正大六年（1229）	
145	阴符经注	正大六年（1229）	
146	道德宝章	正大年间	
147	明昌辞人雅制	明昌后天兴前	
148	首楞严经	天兴三年（1234）前	
149	尚书注疏	金末	
150	如庵小稿	金末	
151	萧闲老人明秀集注	金末	
152	大方集	金末	《庄靖集》卷八，《大方集序》载《大方集》，著者净然子，"襄事后，志源等鸠集生前遗稿，刊之于木"①。净然子去世时间为正大七年（1230）庚寅岁，死后其弟子将其遗稿刊行
153	公是先生七经小传	具体时间不详	《续古逸丛书》收杨守敬等人从日本搜罗的我国古籍，其中有金本《山谷琴趣外篇》《公是先生七经小传》《礼部韵略》《孔氏祖庭广记》②

"庄靖集·大方集序》卷 8，山西古籍出版社 2006 年版，第 423 页。
报话旧》，中华书局 2005 年版，第 14 页。

续表

序号	书名	时间	备注
154	小儿痘疹方	具体时间不详	太医局医生陈文中："取家藏已验之方集为一卷，名之曰《小儿痘疹方论》，刻梓流布，以广古人活幼之意。"①
155	磐山栖云王真人语录	具体时间不详	"门下刘公先生从师有年，密记老师之謦欬，裒以成集，约百余则……命工锓梓，以广其传。"②
156	礼记注释	具体时间不详	
157	坤雅	具体时间不详	
158	广韵	具体时间不详	
159	草书韵会	具体时间不详	
160	重编补添分门字苑撮要	具体时间不详	
161	资治通鉴	具体时间不详	
162	通鉴详节	具体时间不详	
163	新编诏告章表机要	具体时间不详	
164	汉书陈咸传	具体时间不详	
165	李师师小传	具体时间不详	
166	周礼十二卷	具体时间不详	
167	春秋纂例	具体时间不详	
168	潜虚	具体时间不详	
169	新雕注疏珞琭子三命消息赋	具体时间不详	
170	新雕李燕阴阳三命	具体时间不详	
171	玉髓经	具体时间不详	
172	六壬课秘诀	具体时间不详	
173	重修政和经史证类备用本草	具体时间不详	
174	新刊补注铜人腧穴针灸图经	具体时间不详	

---

① 陈文中：《小儿痘诊方论序》，（清）张金吾：《金文最》卷45，中华书局1990年版，第648页。

② 论志焕：《盘山栖云王真人语录》，阎凤梧主编：《全辽金文》，山西古籍出版社2002年版，第3764页。

序号	书名	时间	备注
175	图解素问要旨论	具体时间不详	
176	太医张子和先生儒门事亲	具体时间不详	
177	皇帝内经素问	具体时间不详	
178	辰龙麝保命丹	具体时间不详	
179	孙真人千真方	具体时间不详	
180	邙山偈	具体时间不详	
181	观音偈	具体时间不详	
182	禅院蒙求	具体时间不详	
183	妙法莲华经	具体时间不详	
184	妙法莲华经①	具体时间不详	
185	高王观士音经	具体时间不详	
186	南华真经	具体时间不详	
187	摩诃般若波罗密多心经注	具体时间不详	
188	佛说三十五佛名经	具体时间不详	
189	大方广佛华严经梵行品	具体时间不详	
190	大方广圆觉修多罗了义经略疏	具体时间不详	
191	大乘庄严经论	具体时间不详	
192	女真字盘古书	具体时间不详	
193	女真字孔夫子书	具体时间不详	
194	女真字孔夫子游国章	具体时间不详	
195	女真字家语贤能言语传	具体时间不详	
196	女真字孙膑书	具体时间不详	
197	女真字百家姓	具体时间不详	
198	女真字哈答呼儿于	具体时间不详	
199	女真字十八国斗宝传	具体时间不详	
200	女真字善御书	具体时间不详	
201	女真字黄氏女书	具体时间不详	
202	女真字家语	具体时间不详	
	女真字姜太公书	具体时间不详	
	女真字伍子胥书	具体时间不详	

① 《妙法莲华经》非同一版本。

续表

序号	书名	时间	备注
205	女真字海钱公书	具体时间不详	
206	道藏	具体时间不详	
207	赵闲闲外集	具体时间不详	
208	滏水集	具体时间不详	
209	集注分类东坡先生诗	具体时间不详	
210	稼轩乐府	具体时间不详	
211	宋徽宗谢表	具体时间不详	
212	乐善老人集	具体时间不详	
213	忘言居士集	具体时间不详	
214	萧闲老人明秀集	具体时间不详	
215	南丰曾子固先生集	具体时间不详	
216	山谷琴趣外篇	具体时间不详	《续古逸丛书》收杨守敬等人从日本搜罗的我国古籍，其中有金本《山谷琴趣外篇》《公是先生七经小传》《礼部韵略》《孔氏祖庭广记》[1]
217	湖海新闻夷坚续志	具体时间不详	
218	新雕文酒清话	具体时间不详	
219	新雕云斋广录	具体时间不详	余所见乃"国立中央图书馆"藏金刊本，称《新雕云斋广录》卷数与《提要》同。自绛云楼书目以后，各家书目亦仅潘祖荫《滂喜斋藏书记》著录之[2]
220	刘知远诸宫调	具体时间不详	
221	四美图	具体时间不详	
222	义勇武安王位	具体时间不详	

上表主要根据张秀民《中国印刷史》及相关论文、著作和现存金刻本统计，表中有备注的书籍为笔者补录的金代刻本 13 部。

---

[1] 郑逸梅：《书报话旧》，中华书局 2005 年版，第 14 页。
[2] 钟克豪：《宋代小说考证》，新文丰出版公司 1987 年版，第 88 页。

后　记

　　《金代图书出版研究》成为我博士论文的选题并不是一件偶然的事。当年从专门史专业硕士毕业后，机缘巧合，我没能从事历史教学，而是成为了一名高校编辑出版学专业的教师。几年后考取吉林大学专门史博士，仍是投在赵永春先生门下，跟随先生继续从事辽金史的研究。硕士时曾对金朝的行政建置进行过初步探究，对金朝历史研究有了初步了解。金朝作为一个少数民族建立的政权，处在我国古代雕版印刷业大发展的时期，在这样有利的背景下，金朝的出版业有怎样的表现，其发展状况如何等，尚无人做系统性的挖掘。这更让我感到金朝仍是一个有许多地方不为今人所了解的有着美丽容颜的姑娘。数年的出版学教学经历又使我对图书出版研究产生了独特的情感，于是将金代的图书出版事业呈现于世人眼前成为我渐渐明晰的一个愿望。当我把《金代图书出版研究》作为博士论文选题与先生讨论时，立即得到了先生的认可与支持。

　　对金代图书出版进行研究，首先面临的困难就是史料的缺乏。没有史料，就像没有描绘金代出版画卷的笔墨，于是阅读大量的史料成为我撰写论文的首要重任，也是最辛苦的工作。出版的史料是零散地分布在各种文献当中的，为了尽可能地搜集到最全面的资料，必须不能忽略任何一本可能记载出版信息的书籍。可以说需要阅读的史料在数量上是非常大的，需要付出极大的辛苦与耐心。但先生勤于钻研的　　，一直给我鼓舞，使我相信只要肯下功夫，一定能在一篇篇的史　　寻得金代图书出版的踪迹。在具体的查阅史料的过程中，也　　一本书后却毫无收获的困境，可是就在这时忽然一条从未　　又将我带入"柳暗花明又一村"的惊喜之中，使我深切体会到了科学研究中独特的乐趣。金代流传到现在的出版物，最真实地承载着当时的历史事实。在研究的过程中，也时常被这些遥远时代的印刷品的精美与独特所震撼。当面对图书扉页或是佛经上裙裾飘飞的画像时，我似乎看到了金出版者的洒脱与骄傲，看到了一个包容差异、个性飞扬的时代。书中的古人似正一点一滴地轻诉着千年前出版的景象，就这样在一种时而能与古人交流的喜悦中完成了本篇博士论文的写作。

此外，在写作的过程当中，也曾一段时间面临没有突破，写作无进展的状态，也曾在坚持与放弃之间摇摆，幸有先生坚定不移的支持与鼓励，有师门与家人的帮助与鼓舞，使我有了继续走下去的信心。在博士论文答辩时，北京师范大学的陈其泰先生，东北师范大学的王德忠先生、刁树仁先生，吉林大学的程妮娜先生、杨军先生都给出了很多切实、中肯的意见，从中我感受到了前辈对后学的认可与激励，也找到了自己继续努力的方向。

四年的时间完成了论文的写作，但由于所接触到的史料尚不全面，以及笔者理论水平尚浅，论文还存在诸多的不足。在博士毕业后，我继续在论文的基础上申报并主持完成了吉林省社会科学基金项目、吉林省教育厅基金项目和吉林师范大学博士启动项目，在这些项目的支持下发表了一系列相关论文，对金代图书出版有了更深入的探讨，对论文内容做了进一步的修改与补充，形成了今天的《金代图书出版研究》一书。

在书稿即将付梓之际，我要对所有为本书的出版付出关心与帮助的人们致以诚挚的谢意！感谢我的导师赵永春先生一直以来的悉心教诲与不懈支持！感谢北京师范大学陈其泰先生对我论文的肯定与赞赏，先生的评价一直让我诚惶诚恐，更是我做好后续研究的动力。也正是因为有先生的引荐，书稿才有幸送到中国社会科学出版社罗莉女士的手中。作为书稿的责任编辑，罗莉女士的热心与周到让我倍感温暖与亲切，罗女士工作上细心而又负责的精神让我心生敬佩。在此，向罗莉女士的辛勤付出表示最衷心的感谢！

家是温馨的港湾，家也是孤灯苦读人最坚实的后盾。可以说没有家人的理解与支持，没有家人的帮助与鼓励，就没有本书的出版。感谢爱人、感谢儿子、感谢父母、感谢每一位亲人！是你们的爱助我达成了自己的心愿!

路漫漫,其修远兮!科研之路永无止境,我将继续坚定步伐,向前求索。

李西亚

2015 年 9 月